丛书主编：汪泓

21世纪物流管理系列教材

供应链管理

GONGYINGLIAN GUANLI（第3版）

主　编◎施丽华　胡　斌
副主编◎杨　萌　赵程程　孟翠翠

清华大学出版社
北京

内容简介

供应链管理的实现,是把供应商、制造商、分销商、零售商等在一条供应链上的所有节点企业都联系起来进行优化,使生产资料以最快的速度,通过生产、分销环节变成增值的产品,到达有消费需求的消费者手中。供应链管理能有效地消除重复、浪费与不确定性,减少库存总量,创造竞争的成本优势。

本书从供应链管理基础理论出发,对供应链的类型和特征以及业务外包和供应链合作伙伴关系做了详细介绍,同时还深入阐述了供应链管理下的采购管理、库存管理、分销管理、信息技术管理等,并且本书还结合供应链管理实际发展的需求,对物联网、冷链物流管理及绿色供应链管理也做了相应的介绍。

本书可作为高等学校中管理科学与工程、物流管理、企业管理等有关专业的高年级本科生的教科书,也可供企业决策层的管理人员和供应链管理人士学习参考。

本书封面贴有清华大学出版社防伪标签,无标签者不得销售。
版权所有,侵权必究。举报: 010-62782989, beiqinquan@tup.tsinghua.edu.cn。

图书在版编目(CIP)数据

供应链管理/施丽华,胡斌主编. —3版. —北京:清华大学出版社,2023.11
21世纪物流管理系列教材
ISBN 978-7-302-64940-3

Ⅰ. ①供… Ⅱ. ①施… ②胡… Ⅲ. ①供应链管理-高等学校-教材 Ⅳ. ①F252

中国国家版本馆CIP数据核字(2023)第224496号

责任编辑:梁云慈
封面设计:汉风唐韵
责任校对:宋玉莲
责任印制:刘海龙

出版发行:清华大学出版社
    网　　址: http://www.tup.com.cn, http://www.wqbook.com
    地　　址: 北京清华大学学研大厦A座　　邮　编: 100084
    社 总 机: 010-83470000　　邮　购: 010-62786544
    投稿与读者服务: 010-62776969, c-service@tup.tsinghua.edu.cn
    质量反馈: 010-62772015, zhiliang@tup.tsinghua.edu.cn
印 装 者:北京鑫海金澳胶印有限公司
经　　销:全国新华书店
开　　本:185mm×260mm　　印　张:14.75　　字　数:339千字
版　　次:2008年11月第1版　 2023年12月第3版　　印　次:2023年12月第1次印刷
定　　价:49.00元

产品编号: 095825-01

前　言

随着全球化竞争的日益激烈,产品品种的多样化、生命周期的缩短、顾客要求的提高,再加上政治、经济、社会环境的巨大变化,企业仅仅依靠自身的力量来进行市场竞争已经不能够再满足顾客需求了。面对这样一个变化迅速而且无法预测的买方市场,企业为了提高竞争力,开始关注与供应商和销售商的合作,通过与供应商等建立合作伙伴关系,构建供应链联盟,从而形成利益共同体。因此,供应链管理强调核心企业与最杰出的企业建立战略合作关系,通过业务外包将企业的非核心业务外包给合作伙伴完成,自己则集中精力和资源,做好关键性业务,这样不仅能大大提高企业的竞争能力,而且还能使供应链上的其他方都受益。

20世纪80年代中期以来,工业发达国家中有近80%的企业放弃了"纵向一体化"模式,取而代之的是全球供应链管理这一新的经营模式。近年来,供应链管理的实践已经超越了供应链出现初期的那种主要以短期的、基于某些业务活动的经济关系,而是已经扩展到了一种全球范围内杰出企业加盟的合作关系,这种变化使供应链从原本的仅基于作业层的操作模式上升为战略层的管理模式。为此,本教材紧密结合供应链管理的实践,详细阐述了供应链管理的理论基础和概念、特征,以及供应链管理下的采购管理、库存管理、分销管理、信息技术管理等,每一章都配有丰富的企业实际运作案例以及章后复习和思考题,以此来进一步加深读者对供应链管理中的一些基本概念和运作过程的理解。

本教材分为上、中、下三篇,共十章。上篇共三章,主要阐述供应链管理的基础理论知识,其中第1章、第2章是供应链及供应链管理的基础理论;第3章是业务外包和供应链合作伙伴关系。中篇共四章,主要阐述供应链管理的运行,包括供应链管理下的采购管理、库存管理、分销管理及信息技术管理。下篇共三章,主要结合当前实际形势阐述了供应链管理的发展趋势,包括第8章的物联网、第9章的冷链物流管理及第10章的绿色供应链管理。

本书由施丽华、胡斌担任主编,杨萌、赵程程、孟翠翠担任副主编,全书总框架由胡斌进行重新设计。施丽华负责编写第1章至第5章;杨萌负责编写第6章与第8章;赵程程负责编写第7章;孟翠翠负责编写第9章及第10章。此外,本书能够再版,离不开汤世强、黄新祥等老师在前版中付出的努力,在此表示诚挚的感谢。

本书在编写过程中,参考了大量国内外专家学者的论著和文献资料,作者已经尽可能详细地在参考文献中列出,在此对这些专家、学者们表示深深的谢意。也有可能引用了一些资料而由于疏忽没有指出资料出处,若有这类情况发生,在此表示万分歉意!

由于作者水平有限,书中还存在不少缺点和错误,敬请各位专家学者以及广大读者批评指正。

编　者
2023年3月

目 录

上篇:供应链管理的基础理论

第1章 供应链管理概述 ··· 1
  1.1 供应链管理的发展背景 ·· 1
  1.2 供应链管理的含义及特点 ·· 5
  1.3 供应链管理的运营机制与实施流程 ···································· 7
  本章小结 ··· 12
  复习与思考 ·· 12
  案例分析 ··· 13
  即测即练 ··· 14

第2章 供应链的设计与构建 ·· 15
  2.1 供应链的含义及其特征 ·· 15
  2.2 供应链的构成及其结构模型 ··· 18
  2.3 供应链的类型 ··· 25
  2.4 供应链的设计策略与步骤 ·· 28
  本章小结 ··· 33
  复习与思考 ·· 34
  案例分析 ··· 34
  即测即练 ··· 37

第3章 业务外包与供应链合作伙伴关系 ···································· 38
  3.1 核心竞争力 ·· 38
  3.2 供应链业务外包 ··· 41
  3.3 供应链合作伙伴关系 ·· 46
  3.4 供应链合作伙伴关系中的约束理论 ·································· 51
  本章小结 ··· 53
  复习与思考 ·· 54
  案例分析 ··· 54
  即测即练 ··· 55

中篇：供应链管理的运行

第 4 章　供应链管理下的采购管理 …………………………………………… 56
　　4.1　传统的采购模式 …………………………………………………………… 56
　　4.2　供应链环境下的采购管理 ………………………………………………… 59
　　4.3　供应链管理下的准时采购策略 …………………………………………… 64
　　4.4　供应链管理下的供应商选择与评价 ……………………………………… 69
　　本章小结 ………………………………………………………………………… 72
　　复习与思考 ……………………………………………………………………… 73
　　案例分析 ………………………………………………………………………… 73
　　即测即练 ………………………………………………………………………… 76

第 5 章　供应链管理下的库存管理 …………………………………………… 77
　　5.1　库存管理的基本原理 ……………………………………………………… 77
　　5.2　供应链管理环境下的库存问题 …………………………………………… 81
　　5.3　供应商管理库存 …………………………………………………………… 86
　　5.4　联合库存管理 ……………………………………………………………… 90
　　本章小结 ………………………………………………………………………… 93
　　复习与思考 ……………………………………………………………………… 94
　　案例分析 ………………………………………………………………………… 94
　　即测即练 ………………………………………………………………………… 96

第 6 章　供应链管理下的分销管理 …………………………………………… 97
　　6.1　供应链分销系统概述 ……………………………………………………… 97
　　6.2　供应链分销系统的作用 …………………………………………………… 101
　　6.3　供应链分销系统的设计与管理 …………………………………………… 103
　　6.4　供应链管理下的客户关系管理 …………………………………………… 109
　　本章小结 ………………………………………………………………………… 119
　　复习与思考 ……………………………………………………………………… 120
　　案例分析 ………………………………………………………………………… 120
　　即测即练 ………………………………………………………………………… 121

第 7 章　供应链管理与信息技术 ……………………………………………… 122
　　7.1　信息技术的概念及其对供应链管理的支撑 ……………………………… 122
　　7.2　信息技术在供应链管理中的应用 ………………………………………… 124
　　7.3　基于互联网/内联网的供应链管理信息技术支撑体系 …………………… 127
　　7.4　电子商务与供应链管理 …………………………………………………… 132
　　7.5　智能技术与供应链管理 …………………………………………………… 144
　　本章小结 ………………………………………………………………………… 148
　　复习与思考 ……………………………………………………………………… 148

| 案例分析 | 149 |
| 即测即练 | 150 |

下篇：供应链管理的发展

第8章 物联网 151
- 8.1 物联网概述 151
- 8.2 物联网感知识别技术 157
- 8.3 物联网网络构建 163
- 8.4 物联网数据与安全 170
- 8.5 物联网与智慧供应链 177
- 本章小结 182
- 复习与思考 182
- 案例分析 182
- 即测即练 183

第9章 冷链物流 184
- 9.1 冷链物流的概念及意义 184
- 9.2 冷链物流的主要环节 187
- 9.3 冷链物流的主要设备与设施 189
- 9.4 冷链物流的范围及操作流程 191
- 9.5 实现冷链物流的关键因素和条件 195
- 9.6 冷链物流的发展趋势 198
- 本章小结 200
- 复习与思考 200
- 案例分析 200
- 即测即练 202

第10章 绿色供应链管理 203
- 10.1 绿色供应链及其发展意义 203
- 10.2 绿色供应链管理的主导内容及关键技术 208
- 10.3 绿色供应链管理的实施策略及注意问题 214
- 10.4 绿色渠道体系 217
- 本章小结 221
- 复习与思考 222
- 案例分析 222
- 即测即练 225

参考文献 226

上 篇

供应链管理的基础理论

第1章 供应链管理概述

本章关键词

供应链(supply chain)　　　　　　纵向一体化(vertical integration)
横向一体化(horizontal integration)　供应链管理(supply chain management)
顾客导向化(customization)　　　　价值链(value chain)

> 在全球市场的激烈竞争中,企业面对的是一个变化迅速且无法准确预测的买方市场,传统的"纵向一体化"经营管理模式对市场变化的响应速度越来越缓慢。为了摆脱传统企业中存在的职能矛盾、利益目标冲突、信息分散等问题,供应链管理模式应运而生,它以流程为基础,以价值链的优化为核心,强调供应链整体的集成与协调,通过信息共享、资源优化配置和有效的价值链激励机制等方法来实现经营一体化。

1.1 供应链管理的发展背景

1.1.1 供应链管理的经济背景分析

随着经济的发展,影响企业在市场上获取竞争优势的主要因素也发生着变化。认清主要竞争因素的影响力,对于企业管理者把握资源应用、获取最大竞争优势具有非常重要的意义。

1. 产品生命周期越来越短

随着消费者需求的多样化,企业的产品开发能力也在不断提高。目前,新产品的研制周期大大缩短。如图1.1所示。与此相对应的是产品的生命周期缩短,革新换代速度加快。由于产品在市场上存留时间大大缩短了,企业在产品开发和上市时间的活动余地也越来越小,给企业造成巨大压力。例如当今的计算机,几乎是一上市就已经过时了,就连消费者都有些应接不暇。虽然在企业中流行着"销售一代、生产一代、研究一代、构思一代"的说法,然而这毕竟需要企业投入大量的资源,一般的中小企业在这样的环境面前显得力不从心。

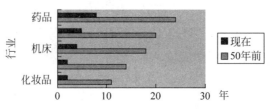

图 1.1　产品生命周期不断缩短

2. 产品品种数飞速膨胀

因消费者需求的多样化越来越突出,厂家为了更好地满足其要求,便不断推出新的品种。这样一来引起了一轮又一轮的产品开发竞争,结果是产品的品种数成倍增长。

3. 对订单响应速度越来越快

一般来说,品种、质量、价格、时间和服务是决定企业竞争力的五大要素,但在不同历史时期,这五大要素对企业竞争力的作用是不同的。在工业化初期,主要依靠价格进行竞争;第二次世界大战以后,随着工业化水平的提高,质量逐渐成为影响竞争力的关键;20世纪80年代以来,企业竞争和经营环境发生了深刻变化,竞争优势逐渐转移到品种和服务上;而进入20世纪90年代以后,由于科学技术的进步、经济的发展,全球化信息网络和全球化市场的形成,以及技术变革的加速,围绕新产品的市场竞争更加激烈,所有这些都要求企业能对不断变化的市场做出快速反应,不断地开发出满足用户需求的定制化产品,去占领市场以赢得竞争。用户不但要求厂家要按期交货,而且要求的交货期越来越短。例如,在20世纪90年代初期,日本汽车制造商平均两年可向市场推出一个新车型,而同期的美国汽车制造商推出相同档次的车型却要5~7年。可以想象,美国的汽车制造商在市场竞争中该有多么被动。对于现在的厂家来说,市场机会几乎是稍纵即逝,留给企业思考和决策的时间极为短暂。如果一个企业对用户要求的反应稍微慢一点,很快就会被竞争对手抢占先机。因此,缩短产品的开发、生产周期,在尽可能短的时间内满足用户要求,已成为当今所有管理者最为关注的问题之一。

所以,技术进步和客户需求的个性化使得产品生命周期不断缩短,企业则必须面临不断缩短响应周期的巨大压力,竞争力的决定因素最终转移到时间上来。毋庸置疑,谁能对市场的变化做出快速反应,迅速将新产品推向市场,以最快的速度满足顾客的需求,谁就能在市场中获得竞争优势。因此,各国企业纷纷将竞争战略基点建立在时间基础之上,出现了基于时间竞争(time-based competition,TBC)的思想。实施基于时间的竞争战略就是旨在改善企业的各种与时间有关的绩效指标,快速地对市场变化做出反应以取得竞争优势。

4. 对产品和服务的期望越来越高

进入20世纪90年代以后,用户对产品质量和服务质量的要求越来越高。用户已不满足于从市场上买到标准化生产的产品,他们希望得到按照自身要求定制的产品或服务。这些变化导致产品生产方式革命性的变化。传统的标准化生产方式是"一对多"的关系,即企业开发出一种产品,然后组织规模化大批量生产,用一种标准产品满足不同消费者的需求。然而,这种模式已不再能使企业继续获得效益。现在的企业必须具有根据每一个顾客的特别要求定制产品或服务的能力,即所谓的"一对一"的定制化服务。企业为了能在新的环境下继续保持发展,纷纷转变生产管理模式,采取措施从大量生产转向定制化大量生产。例如,位于美国戴顿的一家化学公司,有1700多种工业肥皂配方,用于汽车、工厂、铁路和矿山的清洗工作。公司分析客户要清洗的东西,或者访问客户所在地,分析之后,公司酿制一批清洁剂提供给客户使用。大多数客户都会觉得没有必要对另一家公司描述他们清洁方面的要求,所以该化学公司的95%的客户都不会离去。再如,我国的海尔是一家全球著名的家电制造企业,每年的产品产量非常大,一般人看来应属于备货型生产类型,但是,在2000年以后,海尔却采取一套按订单生产的战略来组织生产。其结果是不仅满足客户的个性化需求,同时也把库存降到了最低限度,拉近了与用户的距离,实现了向三个"零"("零距离""零缺陷""零营运资本")目标的迈进。不过,应该看到,虽然个性化定制生产能高质量、低成本快速响应客户需求,但是对企业的运作模式提出了更高的要求。

由此可见,企业面临外部环境变化带来的不确定性,包括市场因素(顾客对产品、产量、质量、交货期的需求和供应方面)和企业经营目标(新产品、市场扩展等)的变化。这些变化增加了企业管理的复杂性。

企业要想在这种严峻的竞争环境下生存下去,必须具有强有力的处理环境变化和由环境引起的不确定性的能力。

1.1.2 传统管理模式的弊端

在20世纪的40～60年代,企业处于相对稳定的市场环境中,企业主要采取"纵向一体化"模式,"纵向一体化"模式是传统企业一贯采用的"大而全、小而全"经营模式,这种模式适合于计划经济体制。但是在20世纪90年代科技迅速发展、世界竞争日益激烈、顾客需求不断变化的形势下,"纵向一体化"模式则暴露出种种缺陷。

(1)增加企业投资负担。不管是投资建新的工厂,还是控股其他公司,都需要企业自己筹集必要的资金。这一工作给企业带来许多不利之处。首先,企业必须花费人力、物力设法在金融市场上筹集所需要的资金。其次,资金到位后,随即进入项目建设周期。为了尽快完成基本建设任务,企业还要花费精力从事项目实施的监管工作,这样一来又消耗了大量的企业资源。由于项目有一个建设周期,在此期间内企业不仅不能安排生产,而且还要按期偿还借款利息。显而易见,用于项目基本建设的时间越长,企业背负的利息负担越重。

(2)承担丧失市场时机的风险。对于某些新建项目来说,由于有一定的建设周期,往往出现项目建成之日,也就是项目下马之时的现象。市场机会早已在项目建设过程中逝去。从选择投资方向看,决策者当时的决策可能是正确的,但就是因为花在生产系统基本建设上的时间太长,等生产系统建成投产时,市场行情可能早已发生了变化,过了进入市场的最佳时机而使企业招致损失。因此,项目建设周期越长,企业承担的风险越高。

(3) 迫使企业从事不擅长的业务活动。"纵向一体化"管理模式的企业实际上是"大而全""小而全"的翻版,这种企业把产品设计、计划、财务、会计、生产、人事、管理信息、设备维修等工作看作本企业必不可少的业务工作,许多管理人员往往花费过多的时间、精力和资源去从事辅助性的管理工作。由于精力分散,他们无法做好关键性业务活动的管理工作。结果是,辅助性的管理工作没有抓起来,关键性业务也无法发挥出核心作用,不仅使企业失去了竞争特色,而且增加了企业产品成本。通用汽车公司曾经死抱着纵向管理思想不放,为它自己的公司生产 70% 的零部件,而福特公司只有 50%,克莱斯勒只有 30%。通用汽车公司因为生产汽车零部件而耗去的劳动费用远远高于其他两个公司,每生产一个动力系统,它就比福特公司多 440 美元,而比克莱斯勒公司多出 600 美元,在市场竞争中始终处于劣势。这种情况在国内也经常出现。例如,某机器制造厂为了解决自己单位富余人员的就业问题,成立了一个附属企业,把原来委托供应商生产的某种机床控制电器转为自己生产。由于缺乏技术和管理能力,不仅成本比外购的高,而且产品质量低劣,最后影响到整机产品的整体性能和质量水平。一些老客户纷纷撤出订单,使企业蒙受不必要的损失。

(4) 在每个业务领域都直接面临众多竞争对手。采用"纵向一体化"管理模式企业的另一个问题是,它必须在不同业务领域直接与不同的竞争对手进行竞争。例如,有的制造商不仅生产产品,而且还拥有自己的运输公司。这样一来,该企业不仅要与制造业的对手竞争,而且还要与运输业的对手竞争。在企业资源、精力、经验都十分有限的情况下,四面出击的结果是可想而知的。事实上,即使是 IBM 这样的大公司,也不可能拥有所有业务活动必需的才能。因此,从 20 世纪 80 年代末期起,IBM 就不再进行纵向发展,而是与其他企业建立广泛的合作关系。例如,IBM 与苹果公司合作开发软件,协助 MCT 联营公司进行计算机基本技术研究工作,与西门子公司合作设计动态随机存储器,等等。

(5) 增大企业的行业风险。如果整个行业不景气,采用纵向一体化模式的企业不仅会在最终用户市场遭受损失,而且会在各个纵向发展的市场遭受损失。过去曾有这样一个例子,某味精厂为了保证原材料供应,自己建了一个辅料厂。但后来味精市场饱和,该厂生产的味精大部分没有销路。结果不仅味精厂遭受损失,与之配套的辅料厂也举步维艰。

1.1.3 新型管理模式的产生

20 世纪 90 年代,"横向一体化"(horizontal integration)思想开始兴起,即利用企业外部资源快速响应市场需求,本企业只需抓住最核心的东西:产品方向和市场。至于生产,只抓住关键零部件的制造,甚至全部委托其他企业加工。例如,福特汽车公司的 Festiva 车,车型由美国人设计,在日本的马自达工厂生产发动机,由韩国的制造厂生产其他零件和装配,最后在美国市场上销售。制造商把零部件生产和整车装配都放在了企业外部,这样做的目的是利用其他企业的资源促使产品快速上马,避免自己投资带来的基建周期长等问题,从而赢得产品在成本、质量、上市速度诸方面的竞争优势。"横向一体化"形成了一条从供应商到制造商再到分销商的贯穿所有企业的"链"。由于相邻节点企业表现出一种需求与供应的关系,当把所有相邻企业以此连接起来,便形成了供应链(supply chain)。这条链上的节点企业必须达到同步、协调运行,才有可能使链上的所有企业都能受益。于是便产生了供应链管理这一新的经营与运作模式。

供应链管理利用现代信息技术,通过改造和集成业务流程、与供应商以及客户建立协同的业务伙伴联盟、实施电子商务,大大提高了企业的竞争力,使企业在复杂的市场环境下立于不败之地。根据有关资料统计,供应链管理的实施可以使企业总成本下降10%;供应链上的节点企业按时交货率提高15%以上。这些数据说明,供应链企业在不同程度上都取得了发展,其中以"订货—生产的周期时间缩短"最为明显。能取得这样的成果,完全得益于供应链企业的相互合作、相互利用对方资源的经营策略。试想一下,如果制造商从产品开发、生产到销售完全自己包下来,不仅要背负沉重的投资负担,而且还要花相当长的时间。采用了供应链管理模式,则可以使企业在最短时间里寻找到最好的合作伙伴,用最低的成本、最快的速度、最好的质量赢得市场,受益的不只是一家企业,而是一个企业群体。

总而言之,21世纪的竞争不是企业和企业之间的竞争,而是供应链与供应链之间的竞争。竞争优势也不是哪一个企业所独有的,其体现的是整个供应链的综合能力。

1.2 供应链管理的含义及特点

人们对供应链管理的重点最早放在库存管理上,把它作为平衡有限的生产能力和适应用户需求变化的缓冲手段,通过各种协调手段,寻求把产品迅速、可靠地送到用户手中所需的费用与生产、库存管理费用之间的平衡点,从而确定最佳的库存投资额。因此其主要的工作任务是管理库存和运输。现在的供应链管理则把供应链上的各个企业作为一个不可分割的整体,使供应链上各企业分担的采购、生产、分销和销售的职能成为一个协调发展的有机体。

1.2.1 供应链管理的含义

供应链只是供应链管理的客体,供应链管理是一种集成的管理思想和方法,它执行供应链中从供应商到最终用户的物流的计划和控制等职能。关于供应链管理的各种比较典型的定义如下:

(1) Monczka,Trent 和 Handfiel(1998)供应链管理(SCM)要求传统上分离的职能物料汇报到一个负责的经理人员那里,由他协调整个物流过程,并且还要求与横贯整个流程各个层次上的供应商形成伙伴关系。认为供应链管理的主要目标是以系统的观点,对多个职能和多层供应商进行整合和管理外购、业务流程和物料控制。

(2) Stevens(1989)认为"管理供应链的目标是使来自供应商的物流与满足客户需求协同运作,以协调高客户服务水平和低库存、低成本的相互冲突的目标"。

(3) Houlihan(1988)认为:①供应链被看成是一个统一的过程。链上的各个环节不能分割成诸如制造、采购、分销、销售等职能部门。②供应链管理强调战略决策。"供应"是链上每一个职能的共同目标并具有特别的战略意义,因为它影响整个链的成本及市场份额。③供应链管理强调以不同的观点看待库存,将其看成新的平衡机制。④一种新系统方法——整合而不是接口连接。

(4) Cooper et al(1997)认为供应链管理是"一种管理从供应商到最终客户的整个渠道的总体流程的集成哲学"。

(5) Mentzer et al(2001)认为供应链管理是对传统的企业内部各业务部门间及企业之间的职能从整个供应链进行系统的、战略性的协调,目的是提高供应链及每个企业的长期绩效。

在以上研究分析的基础上,本书给出了一个供应链管理的定义:供应链管理就是使供应链运作达到最优化,以最少的成本,令供应链从采购开始,到满足最终顾客的所有过程,包括工作流、实物流、资金流和信息流等均高效率地操作,把合适的产品以合理的价格,及时准确地送到消费者手中。

1.2.2 供应链管理基本特点

供应链管理具有以下基本特点:

(1) 供应链管理是一种基于流程的集成化管理模式。

传统的管理以职能部门为基础,往往由于职能矛盾、利益目标冲突、信息分散等原因,各职能部门无法完全发挥其潜在效能,因而很难实现整体目标最优。供应链管理则是一种纵横的、一体化经营的集成管理模式。它以流程为基础,以价值链的优化为核心,强调供应链整体的集成与协调,通过信息共享、技术扩散(交流与合作)、资源优化配置和有效的价值链激励机制等方法来实现经营一体化。

(2) 供应链管理是全过程的战略管理。

供应链中各环节不是彼此分割的,而是环环相扣的一个有机整体。因此,从总体上考虑,如果只依赖于部分环节的信息,则会由于信息的局限或失真,导致决策失误、计划失控、管理失效。进一步来说,由于供应链上供应、制造、分销等职能目标之间的冲突是经济生活中无可争议的事实,只有最高管理层才能从整体上认识到供应链管理的重要性,只有运用战略管理思想才能有效实现供应链的管理目标。

(3) 供应链管理提出了全新的库存观。

传统的库存思想认为,库存是维系生产与销售的必要措施,它是基于"保护"的原则来保护生产、流通或市场,避免受到上游或下游在供需方面的影响。因而企业与其上下游企业之间在不同的市场环境下只是实现了库存的转移,整个社会库存总量并未减少。在买方市场的今天,供应链管理的实施可以加快产品通向市场的速度,尽量缩短从供应商到消费者的通道的长度;另外,供应链管理把供应商看作伙伴,而不是对手,从而使企业对市场需求的变化反应更快、更经济,总体库存大幅度降低。所以说,库存是供应链管理的平衡机制。

(4) 供应链管理是以最终客户为中心。

不管供应链的节点企业有多少类型,也无论供应链是长是短,供应链都是由客户需求驱动的,企业创造的价值只能通过客户的需求得到满足并产生利润来衡量。只有客户取得成功,供应链才得以存在、延续并发展。因此,供应链管理以最终客户为中心,将客户服务、客户满意与客户成功作为管理的出发点,并贯穿供应链管理的全过程;将改善客户服务质量、实现客户满意、促进客户成功作为创造竞争优势的根本手段。

(5) 供应链管理采取新的管理方法

诸如用总体综合方法代替接口的方法,用解除最薄弱链寻求总体平衡,用简化供应链方法防止信号的堆积放大,用经济控制论方法实现控制等等。

1.3 供应链管理的运营机制与实施流程

1.3.1 供应链管理的运营机制

供应链有广义和狭义两种解释,狭义地讲,供应链是指一种企业网络;广义地讲,任何一个企业组织都是一个供应链结构体(产供销一体化)。因此应该从集成化的角度研究供应链管理模式,即综合这两方面的内容,由内向外,由表及里,由企业内部的协调分工到企业间的协作与联盟,最终目的是追求企业更强的竞争力和更大的效益。供应链运作的表象是物流、信息流、资金流,但是供应链的成长过程实质包含两方面的含义:一是通过产品(技术、服务)的扩散机制来满足社会的需求;二是通过市场的竞争机制来发展壮大企业的实力。因此,供应链管理实际上是一种基于"竞争—合作—协调"机制的、以分布企业集成和分布作业协调为保证的新的企业运作模式。

当考查一个供应链成长过程时,我们不仅应该看到企业有形的力量在壮大,更应该看到企业无形的能量在升华,因此供应链的成长过程既是一种几何(组织)生长过程,也是一种能量的集聚过程和思想文化的变迁过程。供应链成长过程体现在企业在市场竞争中的成熟与发展之中,通过供应链管理的合作机制(cooperation mechanism)、决策机制(decision mechanism)、激励机制(encourage mechanism)和自律机制(benchmarking)等来实现满足顾客需求、使顾客满意以及留住顾客等功能目标,从而实现供应链管理的最终目标:社会目标(满足社会就业需求)、经济目标(创造最佳利益)和环境目标(保持生态与环境平衡)的合一(如图1.2所示),这可以说是对供应链管理思想的哲学概括。

1. 合作机制

供应链合作机制体现了战略伙伴关系和企业内外资源的集成与优化利用。基于这种企业环境的产品制造过程,从产品的研究开发到投放市场,周期大大地缩短,而且顾客导向化(customization)程度更高,模块化、简单化产品、标准化组件,使企业在多变的市场中柔性和敏捷性显著增强,虚拟制造与动态联盟提高了业务外包(outsourcing)策略的利用程度。企业集成的范围扩展了,从原来的中低层次的内部业务流程重组上升到企业间的协作,这是一种更高级别的企业集成模式。在这种企业关系中,市场竞争的策略最明显的变化就是基于时间的竞争(time-based competition)和价值链(value chain)及价值让渡系统管理或基于价值的供应链管理。

2. 决策机制

由于供应链企业决策信息的来源不再仅限于一个企业内部,而是在开放的信息网络

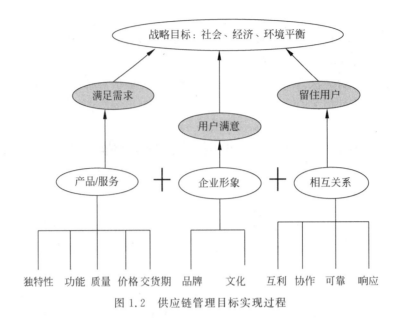

图 1.2　供应链管理目标实现过程

环境下,不断进行信息交换和共享,达到供应链企业同步化、集成化计划与控制的目的,而且随着互联网/内联网(Internet/Intranet)发展成为新的企业决策支持系统,企业的决策模式将会产生很大的变化,因此处于供应链中的任何企业决策模式应该是基于互联网/内联网的开放性信息环境下的群体决策模式。

3. 激励机制

归根到底,供应链管理和任何其他的管理思想一样,都是要使企业在21世纪的竞争中在"TQCSF"上有上佳表现(T为时间,指反应快,如提前期短,交货迅速等;Q指质量,控制产品、工作及服务质量;C为成本,企业要以更少的成本获取更大的收益;S为服务,企业要不断提高用户服务水平,提高用户满意度;F为柔性,企业要有较好的应变能力)。缺乏均衡一致的供应链管理业绩评价指标和评价方法是目前供应链管理研究的弱点和导致供应链管理实践效率不高的一个主要问题。为了掌握供应链管理的技术,必须建立、健全业绩评价和激励机制,使我们知道供应链管理思想在哪些方面、多大程度上给予企业改进和提高,以推动企业管理工作不断完善和提高,也使得供应链管理能够沿着正确的轨道与方向发展,真正成为企业管理者乐于接受和实践的新的管理模式。

4. 自律机制

自律机制要求供应链企业向行业的领头企业或最具竞争力的竞争对手看齐,不断对产品、服务和供应链业绩进行评价,并不断地改进,以使企业能保持自己的竞争力和持续发展。自律机制主要包括企业内部的自律、对比竞争对手的自律、对比同行企业的自律和比较领头企业的自律。企业通过推行自律机制,可以降低成本,增加利润和销售量,更好地了解竞争对手,提高客户满意度,增加信誉,企业内部部门之间的业绩差距也可以得到缩小,提高企业的整体竞争力。

1.3.2 供应链管理的实施流程

企业从传统的管理模式转向集成化供应链管理模式,一般要经过5个阶段,包括从最低层次的基础建设到最高层次的集成化供应链动态联盟,各个阶段的不同之处主要体现在组织结构、管理核心、计划与控制系统、应用的信息技术等方面,其步骤如图1.3。

1. 基础建设

这一阶段是在原有企业供应链的基础上分析、总结企业现状,分析企业内部影响供应链管理的阻力和有利之处,同时分析外部市场环境,对市场的特征和不确定性做出分析和评价,最后相应地完善企业的供应链。

处于这一阶段的企业主要采用短期计划,出现困难时需要一个一个解决。虽然企业强调办公自动化,但这样一种环境往往导致整个供应链的效率低下,同时也增加了企业对供应和需求变化影响的敏感度。

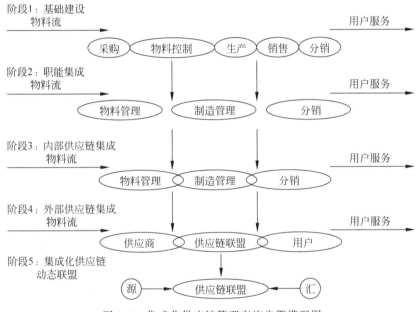

图1.3 集成化供应链管理实施步骤模型图

2. 职能集成管理

职能集成阶段集中于处理企业内部的物流,企业围绕核心职能对物流实施集成化管理,对组织实行业务流程重构,实现职能部门的优化集成,通常可以建立交叉职能小组,参与计划和执行项目,以提高职能部门之间的合作,克服这一阶段可能存在的不足能很好满足用户订单的问题。

职能集成强调满足用户的需求。事实上,用户需求在今天已经成为驱动企业生产的主要动力,而成本在其次,但这样往往导致第二阶段的生产、运输、库存等成本的增加。此时供应链管理主要有以下特征:

(1) 将分销和运输等职能集成到物流管理中来,制造和采购职能集成到生产职能中来;
(2) 强调降低成本而不注重操作水平的提高;
(3) 积极为用户提供各种服务,满足用户需求;
(4) 职能部门结构严谨,均有库存做缓冲;
(5) 具有较完善的内部协定,如采购折扣、库存投资水平、批量等;
(6) 主要以订单完成情况及其准确性作为评价指标。

在集成化供应链管理的第二阶段一般采用 MRP 系统进行计划和控制。对于分销网,需求得不到准确的预测和控制,分销的基础设施也与制造没有有效的连接。由于用户的需求得不到确切的理解,从而导致计划不准确和业务的失误,所以在第二阶段要采用有效的预测技术和工具对用户的需求做出较为准确的预测、计划和控制。

但是,以上采用的各项技术之间、各项业务流程之间、技术与业务流程之间都缺乏集成,库存和浪费等问题仍可能困扰企业。

3. 内部集成化供应链管理

这一阶段要实现企业直接控制的领域的集成,要实现企业内部供应链与外部供应链中供应商和用户管理部分的集成,形成内部集成化供应链。集成的输出是集成化的计划和控制系统。为了支持企业内部集成化供应链管理,主要采用供应链计划(supply chain planning,SCP)和企业资源计划(enterprise resource planning,ERP)系统来实施集成化计划和控制。有效的 SCP 集成了企业的主要计划和决策业务,包括:需求预测、库存计划、资源配置、设备管理、优化路径、基于能力约束的生产计划和作业计划、物料和能力计划、采购计划等。而 ERP 系统集成了企业业务流程中主要的执行职能,包括:订单管理、财务管理、库存管理、生产制造管理、采购等职能。而 SCP 和 ERP 通过基于事件的集成技术联结在一起。

本阶段的企业管理的核心是内部集成化供应链管理的效率问题,主要考虑在优化资源、能力的基础上,以最低的成本和最快的速度生产最好的产品,快速地满足用户的需求,以提高企业反应能力和效率。这对于生产多品种或提供多种服务的企业来说意义更大。投资提高企业的运作柔性也变得越来越重要。在第二阶段需构建新的交叉职能业务流程,逐步取代传统的职能模块,以用户需求和高质量的预测信息驱动整个企业供应链的运作。因满足用户需求而导致的高服务成本是此阶段管理的主要问题。

这一阶段可以采用 DRP(分销资源计划,distribution requirement planning)系统、MRPII(制造资源计划,manufacturing resources planning)系统管理物料,运用 JIT(准时制,just in time)等技术支持物料计划的执行。JIT 的应用可以使企业缩短市场反应时间、降低库存水平和减少浪费。

在这个阶段,企业可以考虑同步化的需求管理,将用户的需求与制造计划和供应商的物料流同步化,减少不增值的业务。同时企业可以通过广泛的信息网络(而不是大量的库存)来获得巨大的利润。

此阶段的供应链管理具有以下特征:
(1) 强调战术问题而非战略问题;

(2)制订中期计划,实施集成化的计划和控制体系;
(3)强调效率而非有效性,即保证要做的事情尽可能好、尽可能快地完成;
(4)从采购到分销的完整系统具有可见性;
(5)信息技术(information technology,IT)的应用,广泛地运用 EDI(电子数据交换,electronic data interchange)和互联网(Internet)等信息技术支持与供应商及用户的联系和获得快速的反应能力。EDI 是集成化供应链管理的重要工具,特别是在进行国际贸易合作需要大量关于运输的文件时,利用 EDI 可以使企业快速获得信息和更好地为用户提供优质服务;
(6)与用户建立良好的关系,而不是"管理"用户。

4. 外部集成化供应链管理

实现集成化供应链管理的关键在于第四阶段,将企业内部供应链与外部的供应商和用户集成起来,形成一个集成化供应网链。而与主要供应商和用户建立良好的合作伙伴关系,即所谓的供应链合作关系(supply chain partnership),是集成化供应链管理的关键之关键。

此阶段企业要特别注重战略伙伴关系管理。管理的焦点要以面向供应商和用户取代面向产品,增加与主要供应商和用户的联系,增进相互之间的了解(对产品、工艺、组织、企业文化等),相互之间保持一定的一致性,实现相互之间信息共享等,企业通过为用户提供与竞争者不同的产品、服务或增值的信息而获利。供应商管理库存(VMI)和共同计划预测与库存补充(collaborative planning forecasting and replenishment,CPFR)的应用就是企业转向改善、建立良好的合作伙伴关系的典型例子。通过建立良好的合作伙伴关系,企业就可以很好地与用户、供应商和服务提供商实现集成和合作,共同在预测、产品设计、生产、运输计划和竞争策略等方面设计和控制整个供应链的运作。对于主要用户,企业一般建立以用户为核心的小组,这样的小组具有不同职能领域的功能,从而更好地为主要用户提供有针对性的服务。

处于这个阶段的企业,生产系统必须具备更高的柔性,以提高对用户需求的反应能力和速度。企业必须能根据不同用户的需求,既能按订单生产,按订单组装、包装,又能按备货方式生产,这样一种根据用户的不同需求对资源进行不同的优化配置的策略称为动态用户约束点策略。延迟技术可以很好地实现以上策略,延迟技术强调企业产品生产加工到一定阶段后,等待收到用户订单以后根据用户的不同要求完成产品的最后加工、组装,这样企业供应链的生产就具有了很高的柔性。

为了达到与外部供应链的集成,企业必须采用适当的信息技术为企业内部的信息系统提供与外部供应链节点企业的很好的接口,达到信息共享和信息交互,达到相互操作的一致性。这需要采用 Internet 信息技术。

本阶段企业采用销售点驱动的同步化、集成化的计划和控制系统。它集成了用户订购数据和合作开发计划、基于约束的动态供应计划、生产计划等功能,以保证整个供应链中的成员以一致的眼光来同步化进行供应链管理。

5. 集成化供应链动态联盟

在完成以上 4 个阶段的集成以后,已经构成了一个网链化的企业结构,我们称之为供应链共同体,它的战略核心及发展目标是占据市场的领导地位。为了占据市场的领导地位,随着市场竞争的加剧,供应链共同体必将成为一个动态的网链结构,以适应市场变化、柔性、速度、革新、知识等的需要,不能适应供应链需求的企业将从供应链联盟中淘汰。供应链从而成为一个能快速重构的动态组织结构,即集成化供应链动态联盟。企业通过Internet网络商务软件等技术集成在一起以满足用户的需求,一旦用户的需求消失,它也将随之解体。而当另一需求出现时,这样的一个组织结构又由新的企业动态地重新组成。在这样的一个环境中,企业如何成为一个能及时、快速满足用户需求的供应商,是企业生存、发展的关键。

本章小结

供应链管理以流程为基础,以价值链的优化为核心,强调供应链整体的集成与协调,并通过信息共享、资源优化配置和有效的价值链激励机制等方法来实现经营一体化。

供应链管理的经济背景包括:(1)产品生命周期越来越短;(2)产品品种数飞速膨胀;(3)对订单响应速度越来越快;(4)对产品和服务的期望越来越高。

传统管理模式的弊端体现在:(1)增加企业投资负担;(2)承担丧失市场时机的风险;(3)迫使企业从事不擅长的业务活动;(4)在每个业务领域都直接面临众多竞争对手;(5)增大企业的行业风险。

横向一体化模式即利用企业外部资源快速响应市场需求,本企业只需抓住最核心的东西:产品方向和市场。横向一体化模式形成了一条从供应商到制造商再到分销商的贯穿所有企业的"链",由于相邻节点企业表现出一种需求与供应的关系,当把所有相邻企业以此连接起来,便形成了供应链。这条链上的节点企业必须达到同步、协调运行,才有可能使链上的所有企业都能收益,于是便产生了供应链管理这一新的经营与运作模式。

供应链管理就是使供应链运作达到最优化,以最少的成本,令供应链从采购开始,到满足最终顾客的所有过程,包括工作流、实物流、资金流和信息流等均高效率地操作,把合适的产品以合理的价格,及时准确地送到消费者手中。

供应链管理的特点有:(1)供应链管理是一种基于流程的集成化管理模式;(2)供应链管理是全过程的战略管理;(3)供应链管理提出了全新的库存观;(4)供应链管理是以最终客户为中心;(5)供应链管理采取新的管理方法。

供应链管理的运营机制包括:(1)合作机制;(2)决策机制;(3)激励机制;(4)自律机制。

供应链管理的实施流程包括:(1)基础建设;(2)职能集成管理;(3)内部集成化供应链管理;(4)外部集成化供应链管理;(5)集成化供应链动态联盟。

复习与思考

1. 传统管理模式的弊端有哪些?
2. 什么是供应链管理?

3. 供应链管理的特点有哪些？
4. 供应链管理的运营机制是什么？
5. 实施供应链管理要经过哪几个阶段？

案例分析

沃尔玛公司供应链管理分析

"让顾客满意"是沃尔玛公司的首要目标，顾客满意是保证未来成功与成长的最好投资，这是沃尔玛数十年如一日坚持的经营理念。为此，沃尔玛为顾客提供"高品质服务"和"无条件退款"的承诺绝非一句漂亮的口号。在美国，只要是从沃尔玛购买的商品，无需任何理由，甚至没有收据，沃尔玛都无条件受理退款。沃尔玛每周都有对顾客期望和反映的调查，管理人员根据计算机收集的信息，以及通过直接调查收集到的顾客期望即时更新商品的组合，组织采购，改进商品陈列，营造舒适的购物环境。

沃尔玛能够做到及时地将消费者的意见反馈给厂商，并帮助厂商对产品进行改进和完善。过去，商业零售企业只是作为中间人，将商品从生产厂商传递到消费者手里，反过来再将消费者的意见通过电话或书面形式反馈到厂商那里。看起来沃尔玛并没有独到之处，但是结果却差异很大。原因在于，沃尔玛能够参与到上游厂商的生产计划和控制中去，因此能够将消费者的意见迅速反映到生产中，而不是简单地充当二传手或者电话筒。

供应商是沃尔玛唇齿相依的战略伙伴。早在20世纪80年代，沃尔玛采取了一项政策，要求从交易中排除制造商的销售代理，直接向制造商订货，同时将采购价格降低2%～6%，大约相当于销售代理的佣金数额，如果制造商不同意，沃尔玛就拒绝与其合作。沃尔玛的做法造成和供应商关系紧张，一些供应商为此还在新闻界展开了一场谴责沃尔玛的宣传活动。技术革新提供了更多督促制造商降低成本、削减价格的手段，供应商开始全面改善与沃尔玛的关系，通过网络和数据交换系统，沃尔玛与供应商共享信息，从而建立伙伴关系。沃尔玛与供应商努力建立关系的另一做法是在店内安排适当的空间，有时还在店内安排制造商自行设计布置自己商品的展示区，以在店内营造更具吸引力和更专业化的购物环境。

沃尔玛还有一个非常好的系统，可以使得供应商们直接进入到沃尔玛的系统，沃尔玛称其为零售链接。任何一个供应商可以进入这个系统来了解他们的产品卖得怎么样，昨天，今天，上一周，上个月和去年卖得怎么样。他们可以知道这种商品卖了多少，而且可以在24小时之内就进行更新。供货商们可以在沃尔玛公司的每一个店中及时了解到有关情况。

另外，沃尔玛不仅仅是等待上游厂商供货、组织配送，而且也直接参与到上游厂商的生产计划中去，与上游厂商共同商讨和制订产品计划、供货周期，甚至帮助上游厂商进行新产品研发和质量控制方面的工作。这就意味着沃尔玛总是能够最早得到市场上最希望看到的商品，当别的零售商正在等待供货商的产品目录或者商谈合同时，沃尔玛的货架上已经开始热销这款产品了。

沃尔玛的前任总裁大卫·格拉斯曾说过:"配送设施是沃尔玛成功的关键之一,如果说我们什么比别人干得好的话,那就是配送中心。"沃尔玛第一间配送中心于1970年建立,占地6000平方米,负责供货给4个州的32家商场,集中处理公司所销商品的40%。在整个物流中,配送中心起中枢作用,将供应商向其提供的产品运往各商场。从工厂到上架,实行"无缝链接"。供应商只需将产品提供给配送中心,无须自己向各商场分发。这样,沃尔玛的运输、配送以及对于订单与购买的处理等所有的过程,都是一个完整的网络当中的一部分,可以大大降低成本。

随着公司的不断发展壮大,配送中心的数量也不断增加。现在沃尔玛的配送中心,分别服务于美国18个州约2500家商场,配送中心约占地10万平方米。整个公司销售的商品85%由这些配送中心供应,而其竞争对手只有约50%~65%的商品集中配送。如今,沃尔玛在美国拥有100%的物流系统,配送中心只是其中一小部分,沃尔玛完整的物流系统不仅包括配送中心,还有更为复杂的资料输入采购系统、自动补货系统等。

供应链的协调运行建立在各个环节主体间高质量的信息传递与共享的基础上。沃尔玛投资4亿美元发射了一颗商用卫星,实现了全球联网。沃尔玛在全球的4000多家门店通过全球网络,可在1小时之内对每种商品的库存、上架、销售量全部盘点一遍,所以在沃尔玛的门店,不会发生缺货情况。沃尔玛利用电子数据交换系统(EDI)与供应商建立了自动订货系统,该系统又称为无纸贸易系统,通过网络系统,向供应商提供商业文件、发出采购指令,获取数据和装运清单等,同时也让供应商及时准确把握其产品的销售情况。沃尔玛还利用更先进的快速反应系统代替采购指令,真正实现了自动订货。该系统利用条码扫描和卫星通信,与供应商每日交换商品销售、运输和订货信息。凭借先进的电子信息手段,沃尔玛做到了商店的销售与配送保持同步,配送中心与供应商运转一致。

资料来源:https://fanwen.geren-jianli.org/415440.html。

思考题:
1. 请总结沃尔玛供应链管理的成功之处。
2. 沃尔玛是如何强化供应链战略伙伴关系的?

即 测 即 练

第 2 章 供应链的设计与构建

本章关键词

供应链(supply chain)　　　　　　增值(value-added)
网络结构(supply network)　　　　物流(logistics)
资金流(funds flow)　　　　　　　信息流(information flow)

> 供应链是一种客观存在,在供应链中,原材料和零部件的供应商、产品制造企业、运输和分销公司、零售企业以及售后服务企业作为经济实体和供应链中供需的节点企业向最终消费者提供产品和服务,供应链同时又是在相互关联的业务流程以及业务伙伴间所发生的、从产品设计到最终客户交付全过程中的物流、信息流和资金流。

2.1 供应链的含义及其特征

在任何社会中——工业化或非工业化——产品都必须从生产地点运到消费地点,交换过程是社会经济活动的基础。如果社会中的一个或多个个人和组织拥有过剩的产品,而这些产品又是其他人所需要的,即当可供产品和需求产品之间存在数量、类型、供应时间的差异时,交换的基础就产生了。当生产者和顾客之间发生许多交换时,那些将产品或服务带到市场上的企业所组成的序列就成为供应链、需求链或价值链。

2.1.1 供应链的含义

供应链概念经历了一个发展过程。早期的观点认为:供应链是制造企业中的一个内部过程,它是指将采购的原材料和收到的零部件,通过生产的转换和销售等过程传递到企业用户的一个过程。传统的供应链概念局限于企业的内部操作,注重企业自身的利益目标。

随着企业经营的进一步发展,供应链的概念范围扩大到了与其他企业的联系,扩大到供应链的外部环境,因此偏向于定义它为:一个通过链中不同企业的制造、组装、分销、零售等过程将原材料转换成产品到最终用户的转换过程,它是更大范围、更为系统的概念。美国的史蒂文斯(Stevens)认为:"通过增值过程和分销渠道控制从供应商的供应商到用户的用户的流就是供应链,它开始于供应的源点,结束于消费的终点。"这种定义注明了供应链的完整性,考虑了供应链中所有成员操作的一致性。

现代供应链的概念更加注重围绕核心企业的网链关系,如核心企业与供应商、供应商的供应商乃至一切前向的关系,与用户、用户的用户以及一切后向的关系。此时的供应链成为一个网链的概念,像丰田(Toyota)、耐克(Nike)和麦当劳(McDonalds)等公司的供应链管理都从网链的角度来实施。

供应链是一种客观存在,一个完整的供应链始于原材料的供应商,止于最终用户,是由原材料供应商、制造商、仓库、外部供应商、运输公司、配送中心、分销商、零售商、顾客组成的链状结构或网络。在供应链中,原材料和零部件的供应商、产品制造企业、运输和分销零售企业以及售后服务企业作为经济实体和供应链中供需的节点向最终消费者提供产品和服务。供应链同时又是在相互关联的业务流程以及业务伙伴间所发生的,从产品设计到最终客户交付全过程中的物流、信息流和资金流。

英国著名物流专家马丁·克里斯多夫(Martin Christopher)教授在《物流与供应链管理》一书中对供应链进行了如下定义:"供应链是指涉及将产品或服务提供给最终消费者的过程和活动的上游及下游企业组织所构成的网络。"比如,衬衣制造商是供应链的一部分,它的上游是化纤厂和织布厂,下游是分销商和零售商,最后到最终消费者。按此定义,这条供应链的所有企业都是相互依存的,但实际上它们彼此并没有太多的协作。这种供应链仍然是传统意义上理解的供应链。

我国2001年发布实施的《物流术语》国家标准(GB/T 18354—2001)中对供应链的定义是:生产及流通过程中,涉及将产品或服务提供给最终用户活动的上游与下游企业所形成的网链结构。

美国供应链协会认为:供应链是目前国际上广泛使用的一个术语,涉及从供应商的供应商到顾客的顾客的最终产品生产与交付的一切努力。

通过对上述的分析,本书可以给出一个比较确切的供应链定义:供应链是围绕核心企业,通过对信息流、物流、资金流的控制,从采购原材料开始,制成中间产品以及最终产品,最后由销售网络把产品送到消费者手中的将供应商、制造商、分销商、零售商直到最终用户连成一个整体的网链结构和模式。它是一个范围更广的企业结构模式,它包含所有加盟的节点企业,从原材料的供应商开始,经过链中不同企业的制造加工、组装、分销等过程直到最终用户。这个概念强调了供应链的战略伙伴关系,从形式上看,客户是在购买商品,但实质上客户是在购买能带来效益的价值。各种物料在供应链上移动,是一个不断采用高新技术增加其技术含量或附加值的增值过程。因此,供应链不仅是一条连接供应商到用户的物料链、信息链、资金链,而且是一条增值链。物料在供应链上因加工、包装、运输等关系而增加其价值,给相关企业都带来收益。这样的一条在21世纪全球制造业竞争加剧的环境下围绕核心企业的网链结构可以简单地以图2.1表示。

可以看出供应链的结构由供应体系、核心企业、分销体系及客户群及他们之间的业务流程和关系组成,同时伴随信息流和资金流。业务流程主要包括采购和供应、生产和制造、运输、装卸、存储、加工、包装、配送,至送达后的售后服务、反向物流业务等。供应链关系主要包括上游关系、下游关系、合作关系、伙伴关系、外包关系等,但共赢关系是供应链上所有成员的核心关系。

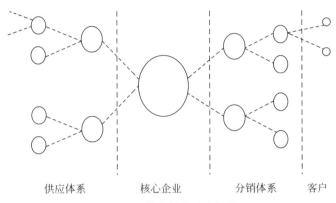

图 2.1 供应链的基本结构

2.1.2 供应链的特征

从供应链的结构模型不难看出,供应链是一个网链结构,由核心企业、供应商、供应商的供应商、用户、用户的用户组成。一个企业是一个节点,节点企业和节点企业之间是一种需求与供应关系。因此,现代意义上的供应链主要具有以下特征:

(1) 协调性和整合性。供应链本身是一个整体合作、协调一致的系统,它由多个合作者,像链条似地环环相扣,参与者为了一个共同的目标,协调运作,紧密配合。每个供应链成员企业都是"链"中的一个环节,都要与整个链的运作一致,绝对服从于全局,做到方向一致。

(2) 复杂性和虚拟性。供应链是一个复杂的网络,这个网络是由具有不同冲突目标的成员和组织构成的。特别当供应链是跨国、跨地区和跨行业的组合时,由于各国国情、制度、法律、文化、环境、习俗等方面的差异,经济发达程度、物流基础设施以及管理水平、技术能力等也有很大的不同,而供应链的操作又必须保证其目的的准确性、行动的快速反应性和服务的高水准,因而导致供应链复杂性的特点。同时,根据供应链节点企业组成的跨度(层次)不同,可以有生产型、加工型和服务型等,也可以有核心层和非核心层等,即供应链往往是由多个、多类型甚至多国企业构成,所以与一般单个企业的结构模式相比,供应链的结构模式更为复杂。在虚拟性方面,主要表现在供应链是一个协作组织,而并不是一个集团企业或者托拉斯企业,这种协作组织以协作的方式组合在一起,依靠信息网络的支撑和相互信任关系,为了共同的利益,强强联合,优势互补,协调运转。

(3) 选择性和动态性。供应链系统会随时间而发生变化。因为在供应链上,即使能够较准确地预测需求,计划过程也需要考虑在一段时间内由于季节波动、趋势、广告和促销、竞争者的策略等因素引起的需求和成本参数的变化。这些随时间而变化的需求和成本参数使确定最有效的供应链变得很困难,这种动态性给管理带来了挑战。同时,供应链中的企业都是在众多企业中筛选出来的合作伙伴,合作关系是非固定的,需要根据企业战略和市场需求的变化,实时动态地更新,这也使得供应链具有明显的动态性。

(4) 面向用户需求。供应链的形成、存在、重构,都是基于最终用户需求而发生,并且在供应链的运作过程中,用户的需求拉动是供应链中信息流、物流/服务流、资金流运作的驱动源。因此,准确、及时、有效地收集用户需求信息,并快速、动态、高质量地满足用户需求,应该是供应链管理存在的主要目标之一。

(5) 交叉性。供应链节点企业既可以是某个供应链的成员,同时又可能是另一个供应链的成员,众多的供应链形成交叉结构,增加了协调管理的难度,也对供应链管理的绩效产生了挑战。

2.2 供应链的构成及其结构模型

2.2.1 供应链构成要素

供应链体系结构模型中包括了供应链成员、供应链网络结构及类型和供应链的流程连接。

在设计供应链之前,必须找出谁是供应链的成员。将所有类型的成员包括进来,可能导致整个网络变得高度复杂,增加管理难度。关键在于制定一些基本原则,以决定哪些成员对企业的成功最为重要,从而在管理上给予更多的关注并为其分配资源。

供应链成员包括从原产地到消费地,通过供应商或客户直接或间接地与核心企业相互作用的所有企业和组织。不过,为了使非常复杂的网络更加容易管理,有必要区分主要成员和辅助成员。

供应链的主要成员是指所有那些自主管理的企业或战略业务单位,在为特定的客户或市场产生特定输出的业务流程中,这些企业实际上执行着运营或管理活动。供应链的辅助成员是指那些仅仅为供应链主要成员提供资源的企业,例如出租卡车给制造商的代理商,贷款给零售商的银行,提供仓库空间的房屋业主以及供应生产设备、打印营销宣传册或提供临时秘书工作的企业。对核心企业和供应链来说,资源、知识、公共设施或资产的提供者有重要的贡献,但是在为最终用户将输入转变为输出的增值过程中,它们并不直接参与或执行活动。

但是,在某些情况下,同一家企业可以同时执行主要和辅助的活动,即同一家企业可以执行与一个过程相关的主要活动以及和另一个过程相关的辅助活动。例如,原始设备制造商(OEM)从供应商那里购买一些关键和复杂的生产设备。当 OEM 开发新产品时,它和设备供应商紧密合作,因而,该供应商是 OEM 产品开发过程的主要成员。但是,当考察制造商的管理过程时,该供应商是辅助成员而不是主要成员,因为供应设备本身并没有为过程的输出增加价值。

所以,主要成员和辅助成员之间的区别并不是在所有情况下都很明显。不过,这一区别提供了合理的管理简化方法,并且抓住了谁应该被认为是供应链的关键成员这一本质。

具体来讲,供应链的构成要素主要有以下几类:

(1) 供应商,指给生产厂家提供原材料或零部件的企业。

(2) 制造商,即厂家。制造产品是产品生产的最重要环节,厂家负责产品生产、开发和售后服务等。

(3) 分销商,指为实现将产品送到经营所涉及的地理范围的每一个角落而设的产品流通代理企业。

(4) 零售商,是将产品销售给消费者的企业。

(5) 客户,即用户,指最终的消费者。

供应链的构成要素及联系如图 2.2 所示。

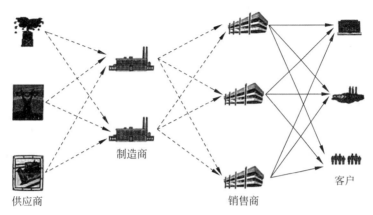

图 2.2　供应链的构成要素及联系

2.2.2　供应链设计原则

在供应链的设计过程中,应遵循一些基本的原则,以保证供应链的设计和重建能满足供应链管理思想得以实施和贯彻的要求。下面从宏观和微观两个方面来讨论。

1. 宏观设计原则

从宏观角度来把握供应链的设计应遵循以下七条原则:

(1) 自顶向下与自底向上相结合的设计原则

存在两种系统建模设计方法,即自顶向下和自底向上的方法。自顶向下的方法是从全局走向局部的方法,自底向上的方法是一种从局部走向全局的方法;自上而下是系统分解的过程,而自下而上则是一种集成的过程。在设计一个供应链系统时,往往是先有主管高层做出战略规划与决策,规划与决策的依据来自市场需求和企业发展规划,然后由下层部门实施决策过程,因此供应链的设计是自顶向下和自底向上的综合。

(2) 简洁性原则

简洁性是供应链的一个重要原则,为了能使供应链具有灵活快速响应市场的能力,供应链的每个节点都应是精简、具有活力的能实现业务流程的快速组合。比如供应商的选择就应以少而精为原则,通过和少数的供应商建立战略伙伴关系,减少采购成本,方便实施 JIT 采购法和准时生产。生产系统的设计更是应以精细思想(lean thingking)来制定,从精细的制造模式到精细的供应链是努力追求的目标。

(3) 集优原则(互补性原则)

供应链的各个节点的选择应遵循强强联合的原则,以达到实现资源外用的目的,每个企业只集中精力致力于各自核心业务过程,就像一个独立的制造单元(独立制造岛)。这些所谓单元化企业具有自我组织、自我优化、面向目标、动态运行和充满活力的特点,能够实现供应链业务的快速重组。

(4) 协调性原则

供应链业绩好坏取决于供应链合作伙伴关系是否和谐,因此建立战略伙伴关系的合作企业关系模型是实现供应链最佳效能的保证。和谐描述系统是否充分发挥系统成员和子系统的能动性、创造性及系统与环境的总体协调性。只有和谐而协调的系统才能发挥最佳的效能。

(5) 动态性(不确定性)原则

不确定性在供应链中随处可见,许多学者在研究供应链运作效率时都提到不确定性问题。由于不确定性的存在,导致需求信息的扭曲,因此要预见各种不确定因素对供应链运作的影响,减少信息传递过程中的信息延迟和失真。降低安全库存总是和服务水平的提高相矛盾,因此增加透明性,减少不必要的中间环节,提高预测的精度和时效性对降低不确定性的影响都是极为重要的。

(6) 创新性原则

创新设计是系统设计的重要原则。没有创新性思维,就不可能有创新的管理模式。因此在供应链的设计过程中,创新性是很重要的一个原则。要产生一个创新的系统,就要敢于打破各种陈旧的思维框框,用新的角度、新的视野审视原有的管理模式和体系,进行大胆的创新设计。进行创新设计,主要包括以下几点:(1)创新必须在企业总体目标和战略的指导下进行,并与战略目标保持一致;(2)要从市场需求的角度出发,综合运用企业的能力和优势;(3)发挥企业各类人员的创造性,集思广益,并与其他企业共同协作,发挥供应链整体优势;(4)建立科学的供应链和项目评价体系和组织管理系统,进行技术经济分析和可行性论证。

(7) 战略性原则

供应链的建模应有战略性观点,通过战略的观点考虑减少不确定的影响。从供应链的战略管理的角度考虑,供应链建模的战略性原则还体现在供应链发展的长远规划和预见性上,供应链的系统结构发展和企业的战略规划保持一致,并在企业战略指导下进行。

2. 微观设计原则

从微观管理的角度,在实际应用中,应注意供应链设计的一些具体原则:

(1) 总成本最小原则

成本管理是供应链管理的重要内容。供应链管理中常出现成本悖反问题,即各种活动的成本的变化模式常常表现出相互冲突的特征。解决冲突的办法是平衡各项成本使其达到整体最优,供应链管理就是要进行总成本分析,判断哪些因素具有相关性,从而使总成本最小。

(2) 多样化原则

供应链设计的一条基本原则就是要对不同的客户提供不同的产品和服务水平。要求企业将适当的商品在恰当的时间、恰当的地点传递给恰当的客户。一般的企业分拨多种产品,因此要面对各种产品的不同的客户要求、不同产品特征、不同的销售水平,也就是意味着企业要在同一产品系列内采用多种分拨战略,比如在库存管理中,就要区分出销售速度不一的产品,销售最快的产品应放在位于最前列的基层仓库,依次摆放产品。

(3) 推迟原则

推迟原则就是分拨过程中,运输的时间和最终产品的加工时间应推迟到收到客户订单之后。这一思想避免了企业根据预测在需求没有实际产生的时候运输产品(时间推迟)以及根据对最终产品形式的预测生产不同形式的产品(形式推迟)。

(4) 合并原则

战略规划中,将运输小批量合并成大批量具有明显的经济效益。但是,同时要平衡由于运输时间延长可能造成的客户服务水平下降与订单合并的成本节约之间的利害关系。通常当运量较小时,合并的概念对制定战略最有用。

(5) 标准化原则

标准化的提出解决了满足市场多样化产品需求与降低供应链成本的问题。如生产中的标准化可以通过可替换的零配件、模块化的产品和给同样的产品贴加不同的品牌标签而实现。这样可以有效地控制供应链渠道中必须处理的零部件、供给品和原材料的种类。服装制造商不必去存储众多客户需要的确切号码的服装,而是通过改动标准尺寸的产品来满足消费者的要求。

2.2.3 供应链结构模型

了解和掌握供应链的结构模型是有效指导供应链设计的必要工作。从节点企业与节点企业之间关系的角度来考查,供应链网络结构主要包括链状结构、网状结构、核心企业网状结构三种。

1. 链状结构的供应链模型

有一种供应链的结构是链状结构,供应链的各成员企业构成链条结构的各个节点,物流、资金流、信息流构成供应链的连线,如图 2.3 所示。供应链管理通过前馈的信息流(需方向供方流动,如订货合同、加工单、采购单等)和反馈的物流及信息流(供方向需方的物料流及伴随的供给信息流,如提货单、入库单等)将供应商、制造商、分销商、零售商及最终用户连成一个整体,对整个供应链系统进行计划、协调、操作、控制和优化的各种活动。

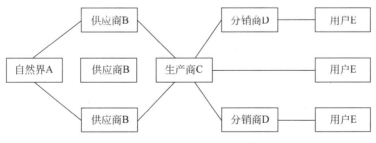

图 2.3 链状结构的供应链模型

显然,静态的链状供应链结构模型可以进一步地简化成如图 2.4 所示的串行链状供应链结构模型。串行的链状供应链结构模型是链状供应链结构模型的进一步抽象,它把供应链上的一个个商家都抽象成一个个的点,称之为节点,并用字母或数字表示,这些节点以一定的方式和次序连接,构成一条供应链。在串行的链状供应链结构模型中,若 C 为制造商——核心企业,则 B 为供应商,D 为分销商;若假定 B 为制造商——核心企业,则 A 为供应商,C 为分销商。在这个模型中,产品的最初来源——自然界,最终去向——用户,以及产品的物质循环过程都被隐含掉了。从供应链研究的一般化角度来讲,把自然界和用户融在供应链模型中通常没有太大的作用。串行的链状供应链结构模型着重对供应链的中间过程进行研究。

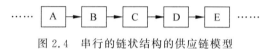

图 2.4　串行的链状结构的供应链模型

(1) 供应链的方向

物流、信息流、资金流、作业流和价值流是供应链上的五类资源流,它们流动的方向可以表示出供应链增值运动的方向。一般来说,物流的方向都是从供应商流向生产制造商,再流向分销商,最后到达消费者的。虽然在特殊情况下,如销售退货、损坏赔偿等物流在供应链上的流向与一般情况下的方向相反,但由于这类情况属于非正常情况,非正常情况下的物品,如退货产品,不被看作本书里严格定义下的物品。所以,本书中所指的供应链的物流不包括这类非正常情况下物品的流动方向。在图 2.4 所示串行的链状结构的供应链模型中,箭头的方向表示供应链物流的方向,即供应链的方向。

(2) 供应链的级

在串行的链状结构的供应链模型中,如果定义 C 为供应链的核心企业——生产制造商,从其上游企业来看,那么就可以相应地认为 B 为一级供应商,A 为二级供应商,依次地可递推定义三级供应商、四级供应商……同样地,从核心企业的下游企业来看,可以认为 D 为一级分销商,E 为二级分销商,依次地定义三级分销商、四级分销商等。一般说来,一个企业如果要从整体上了解其所在行业供应链的运行状态,应尽可能深入地考虑多级供应商或分销商。

2. 网状供应链模型

图 2.4 所示的供应链结构模型代表一种特殊抽象的供应链,并不具有代表性。因为在现实社会生活中的供应链上,核心企业 C 的供应商可能不止一家,而是有 $B_1, B_2, \cdots, B_n$ 等 n 家,分销商也可能有 $D_1, D_2, \cdots, D_m$ 等 m 家。进一步地考虑,如果 C 是一个含有多个企业的集团公司,那么 C 也可能有 $C_1, C_2, \cdots, C_t$ 等 t 家。这样,图 2.4 所示供应链模型就转变为图 2.5 所示的网状结构的模型。

网状结构的供应链模型更能说明现实社会中企业间复杂的供应关系。从广义的角度看,网状模型理论上可以涵盖世界上所有的企业组织,而每一个企业都可看作它上面的一个节点,同时可以认为这些节点之间存在着供需联系。当然,这些联系有强有弱,并且不断地变化着。从狭义的角度来看,通常一个企业仅与有限的企业发生联系,但这丝毫不影响我们对供应链模型的理论设定。网状结构的供应链模型对企业供应关系的描述很直观,适合宏观把握企业间的供应关系。

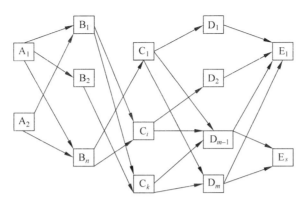

图 2.5 网状结构的供应链模型

(1) 入点和出点

在网状结构的供应链模型中,物流的流动具有方向性,它从上游的一个节点企业流向下游另一个节点企业。这些物流补充流入某些节点,分流流出某些节点。这些物流进入的节点称为入点,而物流流出的节点称为出点。在图 2.3 所示的供应链中,入点相当于矿山、油田、橡胶园、山泉等原始材料提供商,出点相当于用户;图 2.5 所示的供应链中,A 类节点为入点,E 类节点为出点。对于那些既为入点又为出点的节点企业,为了便于网状供应链表达的简化,将代表这个企业的节点一分为二,变成两个节点,一个为入点、一个为出点,并用实线将其框起来。如图 2.6 所示,A_1 为入点,A_2 为出点。同样地,如果有的企业对于另一个企业既为供应商又为分销商,也可以将这个企业一分为二,变成两个节点:一个节点表示供应商,一个节点表示分销商,并用实线框起来。如图 2.7 所示,B_1 是 C 的供应商,B_2 是 C 的分销商。根据企业实际情况,有时甚至可以一分为三或更多,供应链上的实线框内就有三个或三个以上的对应节点。

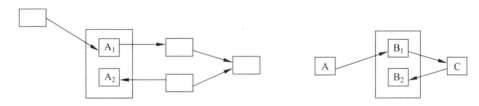

图 2.6 含出点和入点的企业　　　　图 2.7 含供应商和分销商的企业

(2) 供应链子网

有些集团公司虽然内部结构非常复杂,但与其他企业发生业务往来的只是其中的一些部门或分公司;同时在集团内部有些部门或分公司之间却存在着产品供应关系。显然,这时候用一个节点来表示集团内部这些复杂的关系是不行的,这就需要将表示这个集团的节点分解成很多相互联系的子节点,这些子节点之间存在关联关系,由此构成了一个网,称之为子网,如图 2.8 所示。在引入供应链子网的概念之后,如果要研究图 2.8 中 C 与 D 的联系,只需考虑 C_4 与 D 的联系就可以了,不需要考虑 C_3 与 D 的联系。

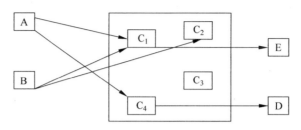

图 2.8　供应链子网模型

（3）虚拟企业

通过对供应链子网模型概念的扩展，可以把供应链子网上为了实现各自利益和目标、通力合作的这样一些企业形象地看成是一个大的企业，这就是虚拟企业。虚拟企业是市场经济中存在的企业的动态联合体，他们为了共同的利益和目标，在一定的时间内结成相互协作的利益共同体。虚拟企业组建和存在的目的就是为了获取相互协作而产生的效益，一旦这个目的已完成或利益关系不再存在，虚拟企业即不存在，新的动态企业联盟将伴随另一个利益目标产生。

3. 核心企业网状供应链

在核心企业网状供应链中，存在一个核心企业，在供应链的组建及运行过程中起着主导作用。

核心企业的价值认同方式、管理理念及组织、信息模式对整个供应链的相应方面有着绝对性的影响，从某种程度上说这一供应链是围绕核心企业的运作而建立起来的。

具有这种地位与能力的核心企业往往是那些控制了产品的核心技术，或拥有知名品牌，或有极强研发能力和渠道控制能力的企业。

生产企业方面的例子像以美国的通用公司为核心的供应链、以宝洁公司为核心的供应链，在我国有以海尔为核心的供应链。非生产企业方面的例子像耐克公司，中国的李宁运动系列等。

这种特殊的供应链表现在供应链的组织结构图上时，有一个明显的特点是供应链的核心级一般只有一个节点。这种供应链的抽象网状图如图 2.9 所示。

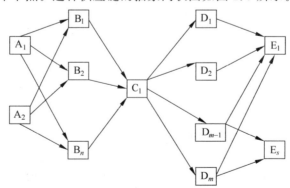

图 2.9　核心企业网状供应链结构模型

4. 敏捷供应链

敏捷供应链（agile supply chain）的定义为：在竞争、合作、动态的市场环境中，由若干供方、需方等实体（自主、半自主或从属）构成的快速响应环境变化的动态供需网络。实体是指参与供需链的供应商、制造商、分销商、个人等。供方和需方可以是各类供应商、制造商、分销商和最终用户。"动态"表现为适应市场变化而进行的供需关系的重构过程。

在这里，"敏捷"用于强调供应链对市场变化及用户需求的快速响应能力，要求大到企业集团、复杂生产过程，小到具体产品和每个员工都具有敏捷性，也就是企业要能随着市场变迁而迅速实现自我调节，企业的员工要能很快适应新环境的挑战，快速掌握所需的技能，完成指定的任务。这种能够迅速制造新产品和适应新变化的能力已经成为企业重要的竞争力之一。

敏捷供应链的理论和技术是支持动态企业联盟、实施敏捷制造的重要工具。敏捷供应链可使供应链的管理实现信息的集成和系统的快速重构。基于 Internet/Intranet/Extranet（互联网/内联网/外联网）的电子商务技术能够使企业之间的信息快速流动，降低交易成本，提高服务水平，同时也为敏捷供应链的实施提供了一种可能。虚拟企业是个很广泛的定义。企业间建立虚拟企业可以进行供应链的优化，也可以用于产品开发或别的服务项目，它是形成敏捷供应链的重要管理手段之一。同样，敏捷供应链是一种动态供需网络，构成网络的实体之间具有虚拟性，敏捷供应链正是由一个个虚拟企业构成，管理敏捷供应链，必然要将管理虚拟企业的一套方式方法引入。

2.3 供应链的类型

供应链可以分为内部供应链和外部供应链两类。内部供应链是指企业内部产品生产和流通过程中所涉及的采购部门、生产部门、仓储部门、销售部门等组成的供需网络。而外部供应链则是指企业外部的，与企业相关的产品生产和流通过程中涉及的原材料供应商、生产厂商、储运商、零售商以及最终消费者组成的供需网络。内部供应链和外部供应链共同组成了企业产品从原材料到成品到消费者的供应链。可以说，内部供应链是外部供应链的缩小化。

如对于制造厂商，其采购部门就可看作外部供应链中的供应商。它们的区别只在于外部供应链范围大，涉及企业众多，企业间的协调更困难。

供应链的产生和发展的历史虽然短暂，但由于它在企业经营中的重要地位和作用，以及它对提升企业竞争力的明显优势，其发展速度很快，已经形成了具有明显特点的供应链模式和结构。从不同的角度出发，按不同的标准，可以将供应链划分为不同的类型。

2.3.1 根据供应链的驱动力来源

按照供应链驱动力的来源，供应链可以分为推动式供应链和拉动式供应链。

（1）推动式供应链

推动式供应链的运作是以产品为中心，以生产制造商为驱动原点，这种传统的推动式供应链管理是以生产为中心,力图尽量提高生产率,降低单件产品成本来获得利润。通常,生产企业根据自己的 MRP-II/ERP 计划来安排从供应商处购买原材料,生产出产品,并将产品经过各种渠道,如分销商、批发商、零售商一直推至客户端。在这种供应链上生产商对整个供应链起主导作用,是供应链上的核心或关键成员,而其他环节如流通领域的企业则处于被动的地位。这种供应链方式的运作和实施相对较为容易,然而,由于生产商在供应链上远离客户,对客户的需求远不如流通领域的零售商和分销商了解得清楚,这种供应链上企业之间的集成度较低,反应速度慢,在缺乏对客户需求了解的情况下生产出的产品和驱动供应链运作的方向往往是无法匹配和满足客户需求的。

同时,由于无法掌握供应链下游,特别是最末端的客户需求,一旦下游有微小的需求变化,反映到上游时这种变化将被逐级放大,这种效应被称为牛鞭效应。为了对付这种牛鞭效应,在供应链下游的每个节点上,都必须采取提高安全库存量的办法,需要储备较多的库存来应付需求变动,因此,整个供应链上的库存较高,响应客户需求变化较慢。传统的供应链管理几乎都属于推动式的供应链管理。如图 2.10 所示。

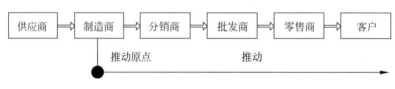

图 2.10　推动式供应链

(2) 拉动式供应链

拉动式供应链管理的理念是以顾客为中心,通过对市场和客户的实际需求以及对其需求的预测来拉动产品的生产和服务。因此,这种供应链的运作方式和管理被称为拉动式的供应链管理。这种运作和管理需要整个供应链能够更快地跟踪,甚至超前于客户和市场的需求,来提高整个供应链上的产品和资金流通的效率,减少流通过程中不必要的浪费,降低成本,提高市场的适应力,特别是对下游的流通和零售行业,更是要求供应链上的成员间有更强的信息共享、协同、响应和适应能力。例如,目前很多国家采用协同计划、预测和补货(CPFR)策略和系统,来实现对供应链下游成员需求拉动的快速响应,使信息获取更及时,信息集成和共享度更高,数据交换更迅速,缓冲库存量及整个供应链上的库存总量更低,获利能力更强等等。拉动式供应链虽然整体绩效表现出色,但对供应链上企业的管理和信息化程度要求较高,对整个供应链的集成和协同运作的技术和基础设施要求也较高。

以计算机公司为例,其对计算机市场的预测和计算机的订单是企业一切业务活动的拉动点,生产装配、采购等的计划安排和运作都是以他们为依据和基础进行的,这种典型的面向订单的生产运作可以明显地减少库存积压并满足个性化和特殊配置需求,加快资金周转。然而,这种供应链的运作和实施相对较难。其结构原理如图 2.11 所示。

但在一个企业内部,对于有些业务流程来说,有时推动式和拉动式方式共存。如戴尔计算机公司的 PC(个人计算机)生产线,既有推动式运作又有拉动式运作,其 PC 装配的起点就是推和拉的分界线,在装配之前的所有流程都是推动式流程,而装配和其后的所有

图 2.11 拉动式供应链

流程是拉动式流程,完全取决于客户订单。这种推拉共存的运作对制定有关供应链设计的战略决策非常有用。例如,供应链管理中的延迟生产策略就很好地体现了这一点,通过对产品设计流程的改进,使推和拉的边界尽可能后延,便可有效地解决大规模生产与大规模个性定制之间的矛盾,在充分利用规模经济的同时实现大批量客户化生产。

2.3.2 根据市场需求及供需关系

供应链可以根据不同的标准划分为以下几种类型:

(1) 稳定的供应链和动态的供应链

根据供应链存在的稳定性划分,可以将供应链分为稳定的和动态的供应链。基于相对稳定、单一的市场需求而组成的供应链稳定性较强,而基于相对频繁变化、复杂的需求而组成的供应链动态性较高。在实际管理运作中,需要根据不断变化的需求,相应地改变供应链的组成。

(2) 平衡的供应链和倾斜的供应链

根据供应链容量与用户需求的关系可以划分为平衡的供应链和倾斜的供应链。一个供应链具有一定的、相对稳定的设备容量和生产能力(所有节点企业能力的综合,包括供应商、制造商、运输商、分销商、零售商等),但用户需求处于不断变化的过程中,当供应链的容量能满足用户需求时,供应链处于平衡状态,而当市场变化加剧,造成供应链成本增加、库存增加、浪费增加等现象时,企业不是在最优状态下运作,供应链则处于倾斜状态。如图 2.12 所示。

平衡的供应链可以实现各主要职能(采购/低采购成本、生产/规模效益、分销/低运输成本、市场/产品多样化和财务/资金运转快)之间的均衡。

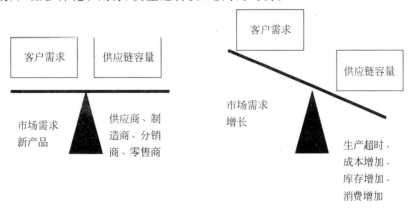

图 2.12 供应链管理目标实现过程

2.3.3 根据供应链的功能模式

根据供应链的功能模式(物理功能和市场中介功能)可以把供应链划分为两种:效率性供应链(efficient supply chain)和响应性供应链(responsive supply chain)。效率性供应链主要体现供应链的物理功能,即以最低的成本将原材料转化成零部件、半成品、产品,以及在供应链中的运输等;响应性供应链主要体现供应链的市场中介的功能,即把产品分配到满足用户需求的市场,对未预知的需求做出快速反应等。

2.4 供应链的设计策略与步骤

2.4.1 基于产品类型的供应链设计策略

如果从投资的角度考虑供应链的设计问题,众所周知的是先有产品后投资,这是投资企业的常规做法。费舍尔(L. Fisher)认为供应链设计要以产品为中心,首先要明白用户对企业产品的需求是什么?产品生命周期、需求预测、产品多样性、提前期和服务的市场标准等都是影响供应链设计的重要问题。必须设计出与产品特性一致的供应链,也就是所谓的基于产品的供应链设计策略(product-based supply chain design,PBSCD)。

1. 产品类型

不同的产品类型对设计供应链有不同的要求,高边际利润、不稳定需求的创新型产品(innovative products)的供应链设计就不同于低边际利润、有稳定需求的功能型产品(functional products)。

表 2.1 两种不同类型产品的比较(在需求上)

需求特征	功能型产品	创新型产品
产品寿命周期/年	>2	1~3
边际贡献率/%	5~20	20~60
产品多样性	低	高
预测的平均边际错误率/%	10	40~100
平均缺货率/%	1~2	10~40
季末降价率/%	0	10~25
按订单生产的提前期	6个月~1年	1天~2周

由表 2.1 可以看出,功能型产品一般用于满足用户的基本需求,变化很少,具有稳定的、可预测的需求和较长的生命周期,但它们的边际利润较低,例如日用百货等。创新型产品对市场来说很新,因此需求的不确定性很高,一般不可预测,寿命周期也较短,例如时装等,一旦畅销其单位利润就会很高,随之会引来许多仿造者,因而基于创新的竞争优势会迅速消失,因此,这类产品无论是否畅销其生命周期均较短。为了避免低边际利润,许多企业在式样或技术上创新以寻求消费者的购买,从而获得高的边际利润。正因为这两种产品的不同,才需要有不同类型的供应链去满足不同的管理需要。

2. 供应链设计策略

当知道产品和供应链特性后,就可以设计出与产品需求一致的供应链。设计策略如表 2.2 所示。

表 2.2　供应链设计与产品类型策略矩阵

	功能型产品	创新型产品
效率型供应链	匹配	不匹配
响应型供应链	不匹配	匹配

策略矩阵的四个元素代表四种可能的产品和供应链的组合,从中可以看出产品和供应链的特性,管理者可以根据它判断企业的供应链流程设计是否与产品类型一致,就是基于产品的供应链设计策略:效率型供应链流程适用于功能型产品,响应型供应链流程适用于创新型产品,否则就会产生问题。

当然,产品与供应链之间是否匹配,并非绝对的,匹配与不匹配也会随着情况的变化而发生变化。理论上很容易得出效率型供应链匹配功能型产品、响应型供应链匹配创新型产品的判断。但实践中,由于市场行情、用户需求、企业经营状况等因素的影响,匹配和不匹配也是相对的。一方面,原本相匹配的产品和供应链可能变成不相匹配的。例如,对于创新型产品采取响应型供应链,这时二者是匹配的,随着时间的推移,创新型产品的创新功能也会被模仿,一旦创新型产品变成功能型产品,如果仍选用响应型供应链,原来匹配的情形就会相应变成不匹配的情形。另一方面,原本不匹配的产品和供应链随着情况的变化也可能变成匹配的。比如说,企业进行产品开发时,由于市场信息不灵,不知对手已推出相同的产品而将自己刚刚开发出的功能型产品误认为是创新型产品,并错误地使用响应型供应链,这时就会产生不匹配的情况。如果企业在原有产品的基础上开发出新的功能,这类功能型产品在一段时间内对某些用户可能表现出创新型的特征,企业选用响应型供应链,这时不匹配的情况就变成匹配的情况。相反,如果在产品表现出创新型特征时,企业没有认清形势,却错误地选用了效率型供应链,就会造成新的不匹配。所以随着诸多因素的变化,匹配与不匹配也会随时发生变化,关键在于企业能否随即做出调整。

2.4.2　基于产品生命周期的供应链设计策略

产品生命周期(product life cycle,PLC)是指产品的市场寿命,即一种新产品从开始进入市场到被市场淘汰的整个过程。关于产品生命周期的讨论,大多数都把一种典型产品的销售历史描绘成一条 S 形曲线(见图 2.13)。这条曲线分为四个阶段,即引入阶段、成长阶段、成熟阶段和衰退阶段。

对应各个不同的阶段,就企业战略和企业潜力而言,都有不同的机会和问题。同样,存货的可得性以及企业服务方案中的响应时间都会随着市场机会及其面临的竞争形势而变化。因此,在产品生命周期的不同阶段中,物流的需求也是不断变化的。

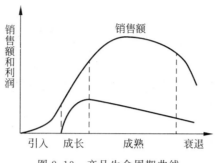

图 2.13　产品生命周期曲线

1. 引入阶段对供应链设计的影响

引入阶段是产品被引入市场时销售缓慢增长的时期。在新产品引入阶段中，企业需要提供高度的产品可得性和物流灵活性。因为引入阶段的利润很低，最初新产品要在市场上获得立足之地，能够满足客户随时可以获得产品的需求就显得至关重要，企业必须迅速而又可靠地提供产品。然而，由于新产品缺乏可靠的历史资料，因此企业的计划都是建立在未雨绸缪的基础之上，时刻面临着不确定性的挑战。如果存货短缺或递送不稳定，就会引起客户的不满，这使得企业不得不在物流活动上进行大量的投资，以保证存货的可得性。此时，供应链的设计必须适应产品种类和有关库存单位的变化。具体的运输、仓储等需求将会随着产品种类的扩大而扩大，因而要求供应链系统具有更大的灵活性。同时，产品种类的扩大将会需要特殊的生产设备和运输设备，如冷藏火车等，这又增加了供应链系统的复杂性。

2. 成长阶段对供应链设计的影响

成长阶段是产品被市场迅速接受和利润大量增加的时期。在生命周期的成长阶段中，产品取得了一定程度的市场认可，并且销量也变得清晰。此时，物流活动的重点也从集中人力、物力和财力以提供客户所需的服务，转变成为寻求更趋于平衡的服务和成本绩效。对于企业，关键就是要尽可能实现收支平衡的销量，然后提高市场份额。处于这种成长期的企业具有很好的机会去设计供应链以获取利润。

如果企业想提高对客户需求的反应能力，就必须付出一定的代价，进而面临较高的物流成本。有些企业未能正确地评估服务水平对其成本投入的影响，从而导致了不现实的顾客期望，这无疑是一种盲目的策略。

3. 成熟阶段对供应链设计的影响

成熟阶段是因为产品已被大多数潜在购买者所接受而造成的销售减慢的时期。在产品生命周期的成熟阶段中，市场竞争趋于激烈化，由于某种产品的成功往往会引来各种替代品的竞争和竞争对手的仿效。作为响应，企业就会调整价格和服务，以提供独特的增值服务，努力使主要客户保持忠诚度。因此，企业相应地会在供应链的各项活动上投入更多的费用，确保向关键客户提供特殊的服务。

在这一阶段中，传统的分销渠道会变得模糊而复杂，使得各种业务关系不得不重新定位。产品可以通过批发商、经销商、零售商等多重安排，甚至可以从制造商处直接被运往零售商处。而在有些情况下,产品则可以完全绕过传统的零售商,直接被运往客户处。这类处在变化中的活动需要供应链支持系统进行大量的调整。

为了能在产品生命周期的成熟阶段调整多重分销渠道,许多企业建立了配送仓库。它们建立仓库网络的目的,就是要有能力满足来自不同渠道的各种服务要求。在成熟阶段中,将产品直接递送到多个客户的任务,通常涉及各种配送方案。在多渠道的条件下,递送到每个目的地的产品流量一般都比较小,并且企业需要为特殊的客户提供特殊的服务。由此可见,成熟阶段的竞争状态增加了供应链的复杂性,提高了作业要求的灵活性。

4. 衰退阶段对供应链设计的影响

衰退阶段是产品销售下降的趋势增强和利润不断下降的时期。当一种产品进入完全衰退阶段时,成长阶段和成熟阶段的盛景就结束了。当一种产品即将消亡的时候,企业所面临的抉择是放弃该产品还是继续进行有限的配送。因此,企业一方面要继续相应的递送业务;另一方面当产品被市场抛弃时又不至于冒太大的风险。此时,作为企业的目标之一,如何最大限度地降低风险比最大限度地降低成本显得更为重要。

当然,产品生命周期理论将产品的整个生命周期人为地划分为四个阶段多多少少有些抽象和简单,但是,它毕竟为供应链该如何设计提供了根据客户需求(服务需求)进行调整的大致范围。一般来说,新产品的引入需要高水准的活动和灵动性,以适应计划生产量的迅速变化;在生命周期的成长阶段和成熟阶段中,企业的重点将转移到服务与成本的合理化上;在衰退阶段中,企业要对作业活动(尤其是物流活动)重新定位,使风险处于最低限度。此外,供应链必须维持灵活性,能在特定的时间段进行调整,以对抗竞争性的活动。这就要求企业有清晰的思路,也就是要了解市场上的客户究竟需要什么,以及该如何满足客户的这种需求。

从以上分析中可以看出,产品生命周期对供应链的活动有着非常重要的影响,其中最关键的就是产品生命周期的长短。生命周期越短,说明产品的成长期和成熟期越短暂,产品很快就会进入完全衰退期,这就意味着客户对产品的需求变化速度快,因此,供应链的灵活性和反应速度就成为企业的主要目标;产品生命周期越长,说明产品进入完全衰退期的速度越慢,这就意味着客户对产品的需求比较稳定,变化不是很大,此时,尽量降低供应链的成本就成为企业的主要目标。

2.4.3 供应链的设计步骤

产品供应链的设计步骤可以归纳为八个步骤,见图2.14。

第一步是分析市场竞争环境。目的在于找到针对哪些产品市场开发供应链才有效。为此,必须知道现在的产品需求是什么,产品的类型和特征是什么。分析市场特征的过程要向卖主、用户和竞争者进行调查,提出诸如"用户想要什么?""他们在市场中的分量有多大?"之类的问题,以确认用户的需求和因卖主、用户、竞争者产生的压力。这一步骤的输出是每一产品的按重要性排列的市场特征。同时对于市场的不确定性要有分析和评价。

第二步是总结、分析企业现状。主要分析企业供需管理的现状(如果企业已经有供应链管理,则分析供应链的现状),这一步骤的目的不在于评价供应链设计策略的重要性和合适性,而是着重于研究供应链开发的方向,分析、找到总结企业存在的问题及影响供应链设计的阻力等因素。

第三步是针对存在的问题提出供应链设计项目,分析其必要性。

第四步是根据产品的供应链设计策略提出供应链设计的目标。主要目标在于获得用户服务高水平和低库存投资、低单位成本两个目标之间的平衡(这两个目标往往有冲突),同时还应包括以下目标:进入新市场、开发新产品、开发新分销渠道、改善售后服务水平、提高用户满意程度、降低成本、通过降低库存提高工作效率等。

第五步是分析供应链的组成,提出供应链组成的基本框架。供应链中的成员组成分析主要包括供应商、生产商、分销商、零售商及用户的选择及其定位,以及确定选择与评价的标准。

第六步是分析和评价供应链设计的技术可能性。这不仅仅是某种策略或改善技术的推荐清单,也是开发和实现供应链管理的第一步,它在可行性分析的基础上,结合本企业的实际情况为开发供应链提出技术选择建议和支持。这也是一个决策的过程,如果认为方案可行,就可以进行下面的设计;如果不可行,就要进行重新设计。

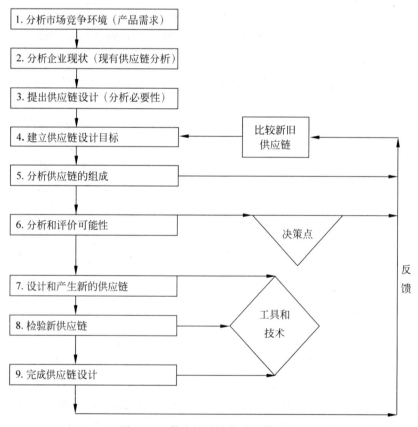

图 2.14　供应链设计的步骤模型图

第七步是设计供应链,主要解决以下问题:供应链的成员组成(供应商、生产商、分销商的选择与定位,计划与控制),原材料的来源问题(包括供应商、流量、价格、运输等问题),生产设计(需求预测、生产什么产品、生产能力、供应给哪些分销中心、价格、生产计划、生产作业计划和跟踪控制、库存管理等问题),信息管理系统设计,物流管理系统设计等。

在供应链设计中,要广泛地应用到许多工具和技术,包括:归纳法、集体问题解决、流程图、模拟和设计软件等。

第八步是检验供应链。供应链设计完成以后,应通过一定的方法、技术进行测试检验或试运行。如有问题,返回第四步进行重新设计;如果没有什么问题,就可以实施供应链管理了。

设计和运行一个有效的供应链对于每一个制造企业都是至关重要的。因为它可以获得提高用户服务水平、达到成本和服务之间的有效平衡、提高企业竞争力、提高柔性、渗透入新的市场、通过降低库存提高工作效率等利益。但是供应链也可能因为设计不当导致浪费和失败,因此正确的设计策略是必需的。

本章小结

供应链是一种客观存在,早期的观点认为供应链是制造企业中的一个内部过程,随着企业经营的进一步发展,供应链的概念范围扩大到了与其他企业的联系,扩大到供应链的外部环境,所以供应链是围绕核心企业,通过对信息流、物流、资金流的控制,从采购原材料开始,制成中间产品以及最终产品,最后由销售网络把产品送到消费者手中的将供应商、制造商、分销商、零售商直到最终用户连成一个整体的网链结构和模式。

供应链的主要特征有:(1)协调性和整合性;(2)复杂性和虚拟性;(3)选择性和动态性;(4)面向用户需求;(5)交叉性。

供应链的主要成员是指所有那些自主管理的企业或战略业务单位,在为特定的客户或市场产生特定输出的业务流程中,这些企业实际上执行着运营或管理活动。供应链的辅助成员是指那些仅仅为供应链主要成员提供资源的企业。

供应链的类型包括:(1)按照供应链驱动力的来源,供应链可以分为推动式供应链和拉动式供应链;(2)根据供应链的稳定性,供应链可以分为稳定的供应链和动态的供应链,以及平衡的供应链和倾斜的供应链;(3)根据供应链的功能模式可以把供应链分为效率性供应链和响应性供应链。

功能型产品一般用于满足用户的基本需求,变化很少,具有稳定的、可预测的需求和较长的生命周期,但它们的边际利润较低。创新型产品对市场来说很新,因此需求的不确定性很高,一般不可预测,寿命周期也较短。效率型供应链流程适用于功能型产品,响应型供应链流程适用于创新型产品。

产品的生命周期包括四个阶段,即引入阶段、成长阶段、成熟阶段和衰退阶段。引入阶段是产品被引入市场时销售缓慢增长的时期。在新产品引入阶段中,企业需要提供高度的产品可得性和物流灵活性。在成长阶段中,产品取得了一定程度的市场认可,此时,物流活动的重点转变成为寻求更趋于平衡的服务和成本绩效。在产品的成熟阶段中,市场竞争趋于激烈化,作为响应,企业就会调整价格和服务,以提供独特的增值服务,努力使主要客户保持忠诚度。产品的衰退阶段,产品销售呈下降趋势,利润也不断下降,此时如何最大限度地降低风险比最大限度地降低成本显得更为重要。

产品供应链的设计可以归纳为八个步骤:第一步是分析市场竞争环境;第二步是总结、分析企业现状;第三步是针对存在的问题提出供应链设计项目,分析其必要性;第四步是根据产品的供应链设计策略提出供应链设计的目标;第五步是分析供应链的组成,提出供应链组成的基本框架;第六步是分析和评价供应链设计的技术可能性;第七步是设计供应链;第八步是检验供应链。

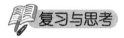

1. 什么是供应链?
2. 供应链主要有哪些特征?
3. 什么是供应链的主要成员和辅助成员?
4. 供应链的类型有哪几种?
5. 功能型产品和创新型产品分别匹配怎样的供应链?
6. 功能型产品和创新型产品的区别有哪些?

案例分析

可口可乐公司供应链管理

可口可乐公司的核心竞争力在于它的秘密配方、知名品牌和供应链的与众不同。其控制广告宣传和浓缩液的生产,由装瓶商为其在所在地区或国家建立营销网络。随着时间的推移,以控股或持股收购装瓶商的模式来继续供应链的优化。

可口可乐公司的供应链管理策略

可口可乐公司就是通过一套严格的供应链管理制度和服务规范,执行对装瓶商、经销商、零售商各个环节的服务和监控,通过定期审查各经销商和零售商,收集有关产品信息,并根据审查的结果和反馈的情况,指导经销商、零售商的经营服务,实现合作竞争的优势。

经过百年风雨,可口可乐公司仍以其知名的品牌闻名遐迩,雄居碳酸饮料行业之首。一个在产品和技术方面没有多少新点子问世的公司,为什么在饮料经营方面,如此引人注目?除了饮料的秘密配方外,可口可乐还有什么秘密竞争性武器呢?从可口可乐公司的成长历程,考察其供应链管理策略,便可知三种发展奥秘。

特许合同方式的管理供应链策略

可口可乐公司一直采取特许合同方式管理着供应链,这条供应链由浓缩液制造商、装瓶商、经销商、零售商和消费者所组成,形成一个由可口可乐公司控制浓缩液制造、其他链节根据市场调控的供应链管理策略。在这一管理策略下,公司的竞争实力与市场的竞争环境达到完美结合,造就了可口可乐的知名品牌。

在公司发展的起步和成长阶段,一般商家的做法是通过自身销售渠道和营销网络,打开产品销路,扩大市场份额,但前提是公司资金雄厚和大笔资金的投入,若资金投入不足,则会影响公司的市场竞争力和公司的成长速度。可口可乐经过深思熟虑,没有采用这种其他企业惯用的经营套路,而是将公司定位于广告商和浓缩液制造商,通过特许合同的方式,以固定的浓缩液供货价格和区域独家经营的方式,将销售的权限授予装瓶商,借助装瓶商的企业家才能,建立销售渠道和营销网络,把可口可乐饮料送到千家万户。这种特许合同的经营方式,是可口可乐公司的一种战略经营选择,有了这种抉择,可口可乐可以把有限的资金用在刀刃上,成为出色的广告商,将可口可乐推向市场。事实上,即使到了今天,可口可乐的广告仍然相当出色。

有了这种战略定位,可口可乐公司不遗余力地发展起1200家装瓶商,这些装瓶商为可口可乐占领市场立下汗马功劳,为可口可乐销售网络的建设,节约了大量的资金,正是有了装瓶商的密切合作,可口可乐才得以轻装上阵,迅速成长,成为软饮料市场的领导者。

控股经营方式的供应链管理策略

随着饮料市场竞争的加剧,竞争格局发生了微妙的变化,以百事可乐公司为代表的竞争对手,采取了咄咄逼人的竞争策略。一方面在新的饮料细分市场,如大型连锁店、饭店等取得了竞争优势,另一方面又在想方设法地蚕食可口可乐的传统市场,竞争态势对可口可乐的发展极为不利,在这种情形下,可口可乐只有奋起反击,才能夺回失去的市场份额,扭转销售增长缓慢的局面。

面对不利竞争,可口可乐公司所采取的策略是向装瓶商施加压力,要求其加快现代化生产过程的投入,以强化可乐的市场竞争地位。但装瓶商也有自己的如意盘算,他们认为饮料市场已趋于饱和,是回收资金而不是增加投资的时候。由于装瓶商有长期合同做后盾,并控制着可口可乐的营销网络,又锁定了可口可乐的进货成本,因此,对任何改变现状的举措,要么否决,要么怀疑而不积极配合。就这样,可口可乐公司的战略意图受到了重挫,供应链的管理面临严峻挑战。

为了改变这种被动的局面,可口可乐公司利用其开发的新品种——高糖玉米浓缩液上市契机,同装瓶商展开了艰难的谈判。一方面,如果新品种能够顺利替代原有浓缩液,就可以为可口可乐公司节约20%的生产成本,但可口可乐公司不是独享其成,而是与装瓶商分享获利的机会,条件是装瓶商同意修改合同条款,并在部分条款上做出让步,这样在调整供应链管理方面,可口可乐公司就有了更大的回旋余地;另一方面,可口可乐公司通过特许权回购、购买控股的方式和提供中介和融资的策略,对装瓶商的经营活动施加影响,使装瓶商接受可乐的管理理念,支持可口可乐的供应链管理战略。而那些不愿意接受可口可乐公司所提条件的装瓶商,因得不到可口可乐公司在融资和管理资源方面的支持,随着市场竞争的加剧而江河日下。

但是,对装瓶商绝对控股的策略,又使得可口可乐公司提高了资本密集程度,扩大了公司的资产规模,增加了公司的经营风险。这样,改变公司的资本结构,并能控制供应链管理的谋略,又摆在了公司面前。

持股方式的供应链管理策略

公司的经营目标是股东财富最大化,但供应链中的不同链节,其赢利能力是有差别的,大量资金投入获利能力不强的链节,将导致股东收益的下降。改善公司资本结构、资产结构就成了可口可乐公司必须作出的抉择。

在供应链管理上,可口可乐公司可谓游刃有余。为了对付众多曾经为可口可乐公司开拓市场建立过功勋的小型装瓶商,公司在采用特许权回购的收购战略之后,面临的是如何将"烫手的山芋"转手出去。在经过精心策划和充分准备之后,可口可乐公司成立了装瓶商控股公司,由装瓶商控股公司控制装瓶商的经营活动,通过装瓶商控股公司,可口可乐公司可以实现对整个供应链的战略调控,这只是可口可乐公司剥离绝对控股权的第一步战略计划。

在成立装瓶商控股公司后,可口可乐公司根据资本市场发展情况,审时度势,抓住有利时机,让装瓶商控股公司上市交易,利用资本市场,将51%的控股权转手出货,保留49%的相对控股权。通过这一系列策略选择,最终实现公司资本结构的改善,资本密集程度的下降。

有了美国国内供应链管理的成功经验,并成为国内饮料市场的领导者之后,可口可乐公司修正了它的战略目标,成为全球知名的跨国公司。早在第二次世界大战期间,可口可乐就伴随着美军漂洋过海,在欧洲登陆。国际饮料市场的巨大潜力吸引着可口可乐公司,在这些陌生而又新鲜的市场上,可口可乐有着悠久的历史,只是公司的销售渠道不畅,没有较完善的经营网点而迟迟不能进攻到位。

销售渠道和网点的建设同美国国内一样,需要大量资金,国际营销环境又不同于国内营销环境,可口可乐公司意识到,可口可乐只有融入当地文化和环境中,与当地文化打成一片,才能减少经营风险。穿旧鞋走新路,是再好不过的进攻策略了。就这样,可口可乐公司又使出了在美国国内惯用的招数,与国外大型骨干装瓶商密切合作,由可口可乐公司控制广告宣传和浓缩液的生产,由装瓶商为其所在地区或国家提供可乐饮料。随着时间的推移,在全球饮料市场上,可口可乐公司以计划周密,控股或持股收购装瓶商的模式,再现了在美国国内市场上供应链管理那惊人相似的一幕。

可口可乐公司的管理启示

管理供应链的企业要有核心竞争力和秘密武器,否则对供应链的管理和影响就会显得苍白无力,更不会有什么战略构想和调整。可口可乐的核心竞争力就在于它的秘密配方、知名品牌和管理资源的与众不同。

公司不可能在所有环节上都有竞争优势,只有同其他公司实现优势互补,才能在效率和规模经营上取得成效。当可口可乐公司还处于起步和成长阶段的时候,借助于装瓶商的力量,建立营销渠道,为可口可乐公司节约了一大笔资金。可口可乐公司控制着广告宣传,实现了规模效应,这两方面的有效结合,使可口可乐以较低成本运行着营销网络。

供应链管理要有接口管理技术,对接口的管理直接关系到公司经营战略设想和实施能否有效实现。针对不同营销环境,可口可乐公司采用了不同的接口管理策略,在起步与成长阶段,公司以长期合同的方式对接口进行管理,在成熟阶段,则通过收购装瓶商管理接口,根据经营环境的变化,再剥离装瓶商,实现公司的战略意图。

供应链管理调整要始终围绕"以用户为中心"展开。当市场领先地位开始受到威胁时,可口可乐公司敏锐地感觉到饮料市场的悄然变化。以用户为中心的管理理念要求可口可乐将销售渠道重心由传统的家庭零售店转向大型区域性超级市场连锁店。但这需要大笔资金的投入，装瓶商不愿意这么做，可口可乐公司采取收购装瓶商的策略，对供应链进行了卓有成效的调整。

合作竞争是供应链管理的主旋律，合作是供应链管理的精髓，是达到双赢的基础。在供应链上，不同的公司要扮演不同的角色，建立彼此间的长期伙伴关系。

可口可乐公司以长期合同、控股或持股的方式管理供应链，就是致力于建立长期的伙伴关系，有了这种长期伙伴关系，就可以提高供应链的生产力和附加价值，改善供应链的获利能力。可口可乐公司就是通过一套严格的供应链管理制度和服务规范，执行对装瓶商、经销商、零售商各个环节的服务和监控，通过定期审查各经销商和零售商，收集有关产品信息，并根据审查的结果和反馈的情况，指导经销商、零售商的经营服务，实现合作竞争的优势。

资料来源：https://zhuanlan.zhihu.com/p/377181371

思考题：
1. 可口可乐公司在起步阶段和成熟阶段所采取的管理供应链策略有何不同？
2. 可口可乐公司是如何对瓶装商开展控股决策的？

即 测 即 练

第 3 章　业务外包与供应链合作伙伴关系

本章关键词

核心竞争力(core competence)　　　　　　业务外包(outsourcing)
供应链合作关系(supply chain partnership)　顾客导向化(customization)
约束理论(theory of constraints)　　　　　转包(subcontract)

> 进入 20 世纪 90 年代以来,关于企业竞争力的研究开始逐渐转移到企业核心竞争力领域,由于任何企业所拥有的资源都是有限的,它不可能在所有的业务领域都获得竞争优势,必须将有限的资源集中在核心业务上。供应链强调的是把主要精力放在核心竞争力上,充分发挥其优势,同时与全球范围内的合适企业建立战略合作关系,即将企业的非核心业务外包给合作企业完成,这样就能获得比单纯利用内部资源更多的竞争优势。

3.1　核心竞争力

随着科学技术的高速发展,工业型社会正在逐步向信息型社会过渡。其关键资源也由资本转变为信息、知识和力量。技术创新发展日新月异,市场需求的瞬间万变使不确定因素增多,同时创造力又是 21 世纪获得竞争优势的有力武器,所有这些都使企业感到在提高资源配置效率、赢得竞争优势方面比以往有更大的压力。

企业资源包括内部资源和外部资源两个方面。取自于组织外部环境的资源,并不具有某一组织独特的印记,尽管由于市场不完全性以及稀缺性的特点,不同企业在获得稀缺资源上的机会是不均等的,但在"谁可以获取这些资源"的权利上,不同组织之间并不具有天然的不平等性。只是由于不同组织在自身知识和能力上的不平衡性,才导致在资源获取和利用上的"异质性",其根本原因在于不同组织之间的知识与能力差异。而企业外部资源决策的前提是组织内部资源的分析,因为外部资源本身不具有某一组织的特性,而只有当外部资源和内部资源相互作用之后,整合资源(内部资源和外部资源的整合)才具有了企业特性。

所以,如何根据内部资源的特点,去发现、选择、利用外部资源,才是企业核心竞争力的内在反映,而这一决策的前提仍然是企业知识和能力的积累。因此,企业为了适应新的竞争环境,如何整合内部资源与外部资源是企业实现竞争力的关键之一,这也就是企业自制与业务外包决策的出发点。

3.1.1 竞争力的动态特征

当今企业竞争是一个动态的过程,企业所面临的外界环境与所采取的竞争行为,会因时间、竞争对象以及顾客的不同而变化。在这个动态意义下的竞争,主要具有以下三个特征:

(1) 竞争对象的不断开创与抵消

企业参与市场竞争,所凭借的资本是本企业的"竞争特色",企业必须创造出与竞争者的不同之处,才能在激烈的竞争中立于不败之地。但是,任何一种特色或资源,都不能永远不变。为此,企业必须不断开创出新的竞争特色。以汽车为例,日本汽车业早在能源危机之前,就率先推出省油小汽车,并且只需要4~5年的时间就能开发出新的车型,他们因而就能在世界汽车市场占有一席之地。可见,企业必须在原有竞争优势抵消之前,开创出新的竞争优势,才能立于不败之地。

(2) 竞争焦点的不断转移与改变

一般企业成立之初,关注的焦点大多为产品,只要产品好,顾客就会上门购买,因此很少考虑竞争者的做法。等到企业进入成长阶段,企业逐渐意识到竞争者的威胁,很自然地会将焦点转移到竞争者身上。然而,以竞争者为焦点,具有一定的盲目性。因为企业所处的外界环境在变化,会产生许多市场机会,企业不应将自己局限于现在,而忽略了未来的发展潜力。于是,在产品处于成熟阶段,企业就会将焦点转移到新的市场机会,找到对企业具有吸引力的领域,并在这一领域形成竞争优势。

(3) 竞争主体多元化

在全球竞争日益激烈的环境下,竞争不再只是局限于两个企业之间的竞争,随着企业规模的不断扩大,以及企业组织模式的不断变化,竞争的主体可能发生在不同的企业之间,也可能发生在不同的供应链之间,还可能发生在不同的战略联盟或虚拟企业组织之间。这样,竞争的主体将会多元化,必将增加企业竞争的激烈程度。

全球竞争、经济一体化、用户需求以及经济的不确定性日益增加,现代企业要在激烈的全球市场竞争中取得优势,就必须在发现与培植核心竞争力上做工作。

3.1.2 核心竞争力的诊断分析

1. 竞争力与能力

根据世界经济论坛的看法,所谓企业竞争力,就是企业和企业家设计、生产和销售产品和劳务的能力,其产品和劳务的价格和非价格的质量等特性,比竞争对手的产品具有更大的市场吸引力。也就是说,是企业和企业家在适应、协调和驾驭外部环境的过程中成功地从事经营活动的能力。

竞争力(competence)和能力(capability)代表了两种不同但相互补充的企业战略的新范式,前者强调价值链上特定技术和生产方面的专有知识,后者含义更为广泛,涵盖了整个价值链。对于企业来说,能力是企业某项业务运营的前提条件,是生存发展的基础,是进入竞争舞台的门票;而竞争力则是企业在竞争舞台上脱颖而出、获得竞争优势的关键。

但竞争力的形成又依赖于企业所拥有的诸多能力。若把企业竞争力看作一个层次结构,其能力结构便可以分为三个层次。第一个层次是企业竞争力的表层,是企业竞争力大小的体现,主要表现为一系列竞争力衡量指标;第二个层次是企业竞争力的中层,是企业竞争优势的重要来源,决定竞争力衡量指标的分值;第三个层次是企业竞争力的深层,是企业竞争力的深层土壤和真正源泉,它们决定着企业竞争力的持久性。

从另一个角度来说,企业竞争力可以看作企业持续发展、增长后劲以及资产增值和效益提高的能力。因此,就企业本身来说,竞争力因素大体上包括以下 5 个方面:

① 采用新技术的速度和技术改造的进度;
② 新产品、新技术研究、开发的状况;
③ 劳动生产率的提高;
④ 产品的质量优势;
⑤ 综合成本的降低和各种开支的节约。

另外,宏观方面的金融政策、税率高低、法制环境、知识产权的保护等,对企业竞争力都有重要的影响。

可以说,竞争力是特定企业个性化发展过程中的产物,它并不位于公司的某一个地方,而是贯穿于公司的研究、开发、生产、采购、仓储以及市场营销等部门。它往往体现了意会知识的积累,对于竞争对手而言,既无法完全模仿,更无法完全交易。它是根植于企业中的无形资源,不像实物资源会随着使用而折旧;相反,它是组织中集体学习的结晶,将在不断地应用和分享过程中得到改进和精炼。

2. 核心竞争力与非核心竞争力

进入 20 世纪 90 年代后,关于企业竞争力的研究开始逐渐转移到企业核心竞争力领域,因为从长远考察,企业竞争优势来源于以比竞争对手更低的成本、更快的速度发展自身的能力,来源于能够产生更高的、具有强大竞争力的核心能力。由于任何企业所拥有的资源都是有限的,它不可能在所有的业务领域都获得竞争优势,必须将有限的资源集中在核心业务上。

所谓核心竞争力,我们可以定义为企业借以在市场竞争中取得并扩大优势的决定性力量。例如,本田公司的引擎设计及制造能力,联邦航空公司的追踪及控制全世界包裹运送的能力,都使他们在本行业及相关行业的竞争中立于不败之地。一家具有核心竞争力的公司,即使制造的产品看起来不怎么样,像万宝路公司极多的相关性很低的产品,但它却能利用核心能力,使整体产品蓬勃发展,扩大了原来局限于香烟的竞争优势。

企业核心竞争力的表现形式多种多样,这些不同形式的核心能力,存在于人、组织、环境、资产/设备等不同的载体之中。由于信息、专长、能力等在本质上仍是企业/组织内部的知识,而之中独特的价值观和文化,属于组织大体的价值观和文化,属于组织的特有资源,所以,我们可以认为企业的核心竞争力本质是企业特有的知识和资源。

3. 核心竞争力的诊断分析

供应链节点企业在供应链管理环境下,要想在竞争中获得竞争优势,就必须在供应链中具有独特的核心竞争力。企业必须在诊断分析的基础上找到企业的核心竞争力所在,并使之得到持续发展。

企业核心竞争力的外部特征可以归纳为三个方面:(1)顾客价值。核心竞争力必须对顾客所重视的价值有关键性的贡献。(2)竞争差异化。核心竞争力必须能够使竞争力独树一帜,不能轻易地被竞争对手模仿。(3)延展性。核心竞争力必须能够不断推衍出一系列新产品,具有旺盛和持久的生命力。

对企业核心竞争力的诊断和分析首先要从外部环境开始,分析企业是否在一定的市场环境下有核心产品,然后对企业进行核心竞争分析。分析的主要内容包括:支持企业核心产品和主营的技术优势和专长是什么;这种技术和专长的难度、先进性和独特性如何;企业是否能够巩固和发展自己的专长;能为企业带来何种竞争优势,以及竞争力强度如何等。企业核心竞争力的独特性和持久性在很大程度上由它存在的基础来决定。一般说来,那些具有高技术难度或内化于企业整个组织体系、建立在系统学习经验基础上的专长,比建立在一般技术难度或个别技术骨干基础上的专长,具有更显著的独特性。

为了使企业具有更长久的竞争优势,必须不断保护和发展自己的核心竞争力,包括对现有核心竞争力的关注和对新的核心竞争力的培育。对企业核心竞争力的诊断和分析,还应涉及企业发展核心竞争力的能力分析。主要包括企业对现有技术和专长的保护与发展、对新技术信息及市场变化趋势的追踪与分析、高层领导的进取精神与预见能力等。

3.2 供应链业务外包

在供应链管理环境下,企业强调核心竞争力,强调根据企业的自身特点,专门从事某一领域、某一专门业务,只在某一点形成自己的核心竞争力,这必然要求企业将其他非核心竞争力业务外包给其他企业做,即所谓的业务外包。

目前理论界普遍接受的业务外包(outsourcing)的定义是:"企业内部资源有限的情况下,为取得更大的竞争优势,仅保留其最具竞争优势的核心业务,而把其他业务借助外部最优秀的专业化资源予以整合,达到降低成本、提高绩效、提升企业核心竞争力和增强企业对环境应变能力的一种管理模式。"

传统"纵向一体化"模式已经不能适应目前技术更新快、投资成本高、竞争全球化的制造环境,现代企业应更注重于高价值生产模式,更强调速度、专门知识、灵活性和革新。与传统的"纵向一体化"控制和完成所有业务的做法相比,实行业务外包的企业更强调把企业资源集中在已经过仔细挑选的少数具有竞争力的核心业务上,也就是集中在那些使他们真正区别于竞争对手的技能和知识上,而把其他一些虽然重要但不是核心的业务职能外包给世界范围内的"专家"企业,并与这些企业保持紧密合作的关系。这些企业的领导者就可以把自己企业的整个运作提高到世界级水平,而所需要的费用则与目前的开支相等甚至有所减少。与此同时,还往往可以省去一些巨额投资。最重要的是,实行业务外包的公司出现财务麻烦的可能性,仅为没有实行业务外包公司的三分之一。把多家公司的优秀人才集中起来为我所用的概念正是业务外包的核心,其结果是使现代商业机构发生了根本的变化。企业内向配置的核心业务与外向配置的业务紧密相连,形成一个关系网络(即供应链)。企业运作与管理也由"控制导向"转为"关系导向"。

3.2.1 外包与传统外购的区别

传统外购概念偏重于零部件、产品的外购。而外包不仅仅是零部件、产品的外购,更强调企业次要业务、服务、原材料、零部件等资源的外向配置(外购)。业务外包的项目和比例主要包括:

(1) 信息技术,信息系统(40%);
(2) 固定资产/工厂(15%);
(3) 物流(15%);
(4) 管理;
(5) 人力资源;
(6) 用户服务;
(7) 财务金融;
(8) 市场营销;
(9) 销售。

而供应链环境下的资源配置决策是一个增值的决策过程。如果企业能以更低的成本获得比自制更高价值的资源,那么企业就选择业务外包。它可以使企业减少固定资产的投资,降低成本。外部专门的供应商把资源集中在某个领域(零部件或服务),企业可以从供应商的规模效益中获益,并且供应商在这个领域拥有更多的专家和先进的技术,因而质量可以比企业更好。业务外包还可以使企业保持柔性。传统"纵向一体化"的企业发展缓慢,技术革新慢,通过外向资源配置,企业可以在世界范围内选择最优秀的合作伙伴以实现技术上的革新,并与市场变化保持同步。因为不再依靠单一的技术资源,所以企业能在需要的时候以最快的速度对用户的特殊需求做出反应,从而实现运作柔性和保持竞争优势。通过采用柔性制造系统,产品和服务的交付也可以得到改善,企业可以以更快的速度按用户的要求进行生产。与其他企业的良好合作关系,也可以保证企业在用户需要的时候及时提供产品和服务(通过向合作企业外购而不是花更多的时间去生产)。

3.2.2 业务外包的原因和主要方式

业务外包推崇的理念是,如果在供应链上的某一环节中的企业不是世界上最好的,如果这不是企业的核心竞争优势,如果这种活动不至于与客户分开,那么可以把它外包给世界上最好的专业公司去做。也就是说,首先确定企业的核心竞争力,并把企业内部的智能和资源集中在那些有核心竞争优势的活动上,然后将剩余的其他企业活动外包给最好的专业公司。从长远来看,有以下原因促使企业实施业务外包。

(1) 释放企业资源。企业除了处理核心业务外,还有其他次要业务需要处理,通过外向配置次要业务,企业可以用释放出来的资源集中处理更具增值性的核心业务,从而更好地为用户服务。

(2) 分担风险。由于自然和社会环境的不确定性、市场经济运行与经营者自身业务活动的复杂性,经营者认识能力的滞后性及手段、方法的有限性等方面的原因,企业在经营过程中会不可避免地承受供应风险、生产风险、营销风险、技术风险、财务风险和投资风险等多种类型的经营风险,而经营风险具有复杂性、潜在性、破坏性等特性。企业可以通过外向资源配置分散由政府、经济、市场、财务等因素产生的风险。企业本身的资源、能力是有限的,通过资源外向配置,与外部的合作伙伴分担风险,企业可以变得更有柔性,更能适应变化的外部环境。

(3) 加速重构。企业重构需要花费企业很多的时间,并且获得效益也要很长的时间。而业务外包是企业重构的重要策略,可以帮助企业很快地解决业务方面的重构问题。

而从短期来看,业务外包有以下主要原因。

(1) 企业难以管理或失控的辅助业务职能。企业可以将在内部运行效率不高的业务职能外包,但是这种方法并不能彻底解决企业的问题,相反这些业务职能可能在企业外部变得更加难以控制。在这种时候,企业必须花时间去找到问题的症结所在。

(2) 使用企业没有的资源。如果企业没有有效完成业务所需的资源(包括所需现金、技术、设备),而且不能盈利时,企业也会将业务外包。这是企业临时外包的原因之一,但是企业必须同时进行成本/利润分析,确认在长期情况下这种外包是否有利,由此决定是否应该采取外包策略。

(3) 降低和控制成本。这可能是企业外向配置资源的主要原因。许多外部资源配置服务提供者都拥有比本企业更有效、更便宜的完成业务的技术和知识,因而它们可以实现规模效益,并且愿意通过这种方式获利。

据美国一家公司调查表明,外包在物流功能上节约的成本大概如表3.1。

表 3.1 外包物流功能所节约的成本

外包物流功能所节约的成本	预计节约的成本(%)
物流路径重新设计和最优化	10～15
封闭路径的转移服务	15
运输模式的转换	10～15
核心运输商管理和通路搭配	5～10
运输谈判和审计	4～5
入货运输货物整合以及运输模式选择	20～25
反向物流	10～15
专门运输商地点整合	10～12
库存及维持库存成本	7～10

资料来源:Armstrong and Associates

业务外包主要包括以下几种方式。

1. 临时服务和临时工

一些企业在完全控制他们的主产品的生产过程同时,会外包一些诸如自助餐厅、邮件管理、门卫等辅助性、临时性的服务。同时企业更偏向于使用临时工(指合同期短的临时职工),而不是雇佣工(指合同期长的稳定职工)。企业用最少的雇佣工,最有效地完成规定的日常工作量,而在有辅助性服务需求的时候雇用临时工去处理。因为临时工对失业的恐惧或报酬的重视,所以他们对委托工作认真负责,从而提高工作效率。临时性服务的优势在企业需要有特殊技能的职工而又不需永久拥有,这在企业有超额工作时尤为显著。这样企业可以缩减过量的经常性开支,降低固定成本,同时提高劳动力的柔性,提高生产率。

2. 子网

为了夺回以往的竞争优势,大量"控制导向""纵向一体化"的企业组织分解为独立的业务部门或公司,形成母公司的子网公司。就理论上而言这些独立的部门性公司几乎完全脱离母公司,从而使他们变得更加有柔性、效率和创新性。同时,因为减少了"纵向一体化"环境下官僚作风的影响,他们能更快地对快速变化的市场环境做出反应。

1980年,IBM公司为了在与苹果公司的竞争中取胜,将公司的7个部门分解出去创立7个独立的公司,它的这些子网公司更小、更有柔性,能更有效地适应不稳定的高科技市场,这使得IBM迸发出前所未有的创造性,最终导致IBM PC的伟大成功。

3. 与竞争者合作

与竞争者合作使得两个竞争者把自己的资源投入到共同的任务(诸如共同的开发研究)中,这样不仅可以使企业分散开发新产品的风险,同时,也使企业可以获得比单个企业更高的创造性和柔性。

Altera(阿尔特拉)公司与竞争者Intel(英特尔)公司的合作就是一个最好的例证。Altera公司是一个高密CMOS逻辑设备的领头企业,当时它有了一个新的产品设想,但是它没有其中硅片的生产能力,而作为其竞争者的Intel公司可以生产,因此,他们达成一个协议:Intel公司为Altera公司生产这种硅片,而Altera公司授权Intel公司生产和出售Altera的新产品。这样两家都通过合作获得了单独所不可能获得的竞争优势,Altera获得了Intel的生产能力,而Intel获得了Altera的新产品的相关利益。

尤其在高科技领域,企业要获得竞争优势,必须尽可能小而有柔性,并尽可能与其他企业建立合作关系。

4. 脑力外包

据悉,目前"脑力外包"最多是信息技术管理,它占所有业务外包服务的28%,几乎每一家实行业务外包的公司都把它信息部门的某些职能外包出去。

5. 公关外包

公关外包在国际上已是相当流行的做法,几乎所有的《财富》500强企业都将部分甚至全部公关业务外包,有些公关外包的形式还很独特,像杜邦、GM,其部分公关职能外包给专业公关公司,在公关公司上班的一部分职员实际上是该公司的职员,领的是该公司的工资,其活动开支都打入总公司的预算。公关公司和这些职员共同策划公关活动,由这些职员具体实施。

6. 人力资源管理外包

目前我国一些人才中介机构推出的"网上人事管理"和"人事专员"就是人力资源外包

的雏形。他们可以从物色人才、转接关系到个人档案管理等一手承揽,代企业完成招聘的所有过程。

7. 除核心竞争力之外的完全业务外包

业务外包的另一种方式是转包(subcontract)合同。在通信行业,新产品寿命基本上不超过1年,MCI公司就是靠转包合同而不是靠自己开发新产品在竞争中立于不败之地。MCI公司的转包合同每年都在变换,他们有专门的小组负责寻找能为其服务增值的企业,从而使MCI公司能保持提供最先进的服务,它的通信软件包都是由其他企业所完成的,而它所要做的(即它的核心业务)是将所有通信软件包集成在一起为客户提供最优质的服务。

3.2.3 业务外包的风险

成功的业务外包策略可以帮助企业降低成本、提高业务能力、改善质量、提高利润率和生产率。但是它同时也会遇到一些问题,许多业务外包由于没有正确地将适当的业务进行外向资源配置,以及没有选择好合作伙伴,过分强调短期效益,从而导致业务外包的失败。关于业务外包的风险,主要来源于以下几个方面。

首先,业务外包一般可以减少企业对业务的监控,但它同时可能增加企业责任外移的可能性,所以企业必须不断监控外包企业的行为并与之建立稳定长期的联系。

其次,业务外包的问题可能来自职工本身。随着更多业务的外包,他们会担心失去工作。如果他们知道自己的工作被外包只是时间问题的话,这可能会使职工的业绩下降,因为他们会失去对企业的信心,失去努力工作的动力,导致更低的业绩水平和生产率。另一个关于员工的问题是企业可能希望获得较低的劳动力成本。越来越多的企业将部分业务转移到不发达国家,以获得廉价劳动力以降低成本。企业必须确认自己在这些地方并没有与当地水平偏差太大,并且必须确认企业的招聘工作在当地公众反应是否消极。公众的反应对于企业的业务、成本、销售有很大影响。

最后一个问题是关于全球范围的业务外包。在世界经济范围内竞争,企业必须在全球范围内寻求业务外包。在全球范围内对原材料、零部件的配置正成为企业国际化进程中获得竞争优势的一种重要技术手段。全球资源配置已经使许多行业的产品制造国的概念变得模糊了。原来由一个国家制造的产品,可能通过远程通信技术和迅捷的交通运输成为国际组装而成的产品,开发、产品设计、制造、市场营销、广告等可能是由分布在世界各地的能为产品增值最多的企业完成的。例如,通用汽车公司的 Pontiac Le Mans 已经不能简单定义为美国制造的产品,它的组装生产是在韩国完成的,发动机、车轴、电路是由日本提供,设计工作在德国,其他一些零部件来自中国台湾、新加坡和日本,西班牙提供广告和市场营销服务,数据处理在爱尔兰和巴贝多完成,其他一些服务如战略研究、律师、银行、保险等分别由底特律、纽约和华盛顿等地提供,只有大约总成本的40%的成本发生在美国本土。

全球业务外包也有它的复杂性、风险和挑战。国际运输方面可能遇到地区方面的限制,订单和再订货可能遇到配额的限制,汇率变动及货币的不同也会影响付款的正常运作。因此,全球业务外包需要有关人员具备专业的国际贸易知识,包括国际物流、外汇、国际贸易实务、国外供应商评估等方面的知识。

3.3 供应链合作伙伴关系

3.3.1 供应链合作伙伴关系概述

供应链合作关系(SCP),也就是供应商-制造商(supplier-manufacturer)关系,或者称为卖主/供应商-买主(vendor/supplier-buyer)关系、供应商关系(supplier partnership)。供应链合作关系可以定义为供应商与制造商之间,在一定时期内的共享信息、共担风险、共同获利的伙伴关系。

这样一种战略合作关系形成于集成化供应链管理环境下,形成于供应链中有特定的目标和利益的企业之间。形成的原因通常是为了降低供应链总成本、降低库存水平、增强信息共享水平、改善相互之间的交流、保持战略伙伴相互之间操作的一贯性、产生更大的竞争优势,以实现供应链节点企业的财务状况、质量、产量、交货期、用户满意度和业绩的改善和提高。显然,战略合作关系必然要求强调合作和信任。

实施供应链合作关系就意味着新产品/技术的共同开发、数据和信息的交换、市场机会共享和风险共担。在供应链合作关系环境下,制造商选择供应商不再是只考虑价格,而是更注重选择能在优质服务、技术革新、产品设计等方面进行良好合作的供应商。

供应商为制造企业的生产和经营供应各种生产要素(原材料、能源、机器设备、零部件、工具、技术和劳务服务等)。供应者所提供要素的数量、价格,直接影响到制造企业的生产的好坏、成本的高低和产品质量的优劣。因此,制造商与供应商的合作关系应着眼于以下几个方面:

① 让供应商了解企业的生产程序和生产能力,使供应商能够清楚地知道企业所需要产品或原材料的期限、质量和数量;

② 向供应商提供自己的经营计划和经营策略的必要措施,使供应商明确企业自身的希望,以使自己也能随时达到企业要求的目标;

③ 企业与供应商要明确双方的责任,并各自向对方负责,使双方明确共同的利益所在,并为此团结一致,以达到双赢的目的。

供应链合作关系发展的主要特征就是从以产品/物流为核心转向以集成/合作为核心。在集成/合作逻辑思想的指导下,供应商和制造商把他们相互的需求和技术集成在一起,以实现为制造商提供最有用产品的共同目标。因此,供应商与制造商的交换不仅仅是物质上的交换,而且包括一系列可见和不可见的服务(R&D、设计、信息、物流等)。

供应商要具备创新和良好的设计能力,以保证交货的可靠性和时间的准确性。这就要求供应商采用先进的管理技术[如 JIT、TQM(全面质量管理)等],管理和控制中间供应商网络。而对制造商来说,要提供的活动和服务包括:控制供应市场、管理和控制供应网络、提供培训和技术支持、为供应商提供财务服务等。

3.3.2 供应链合作关系的意义

在新的竞争环境下,供应链合作关系研究强调直接的、长期的合作,强调共同努力实现共有的计划和解决共同问题,强调相互之间的信任与合作。这与传统的关系模式有着很大的区别。

供应链合作关系与传统供应商关系的区别主要体现在以下几个方面(见表 3.2)。

表 3.2 供应链合作关系与传统供应商关系的比较

	传统供应商关系	供应链合作关系
相互交换的主体	物料	物料、服务
供应商选择标准	强调价格	多标准并行考虑(交货的质量和可靠性等)
稳定性	变化频繁	长期、稳定、紧密合作
合同性质	单一	开放合同(长期)
供应批量	小	大
供应商数量	大量	少(少而精,可以长期紧密地合作)
供应商规模	小	大
供应商的定位	当地	国内和国外
信息交流	信息专有	信息共享(电子化链接、共享各种信息)
技术支持	提供	不提供
质量控制	输入检查控制	质量保证(供应商对产品质量负全部责任)
选择范围	投标评估	广泛评估可增值的供应商

从供应链合作关系在缩短供应链总周期时间中的地位可以看出它对于供应链管理企业的重要意义(见图 3.1)。

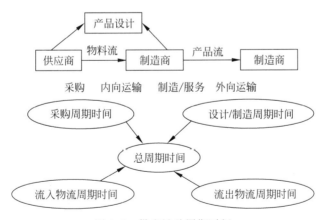

图 3.1 供应链总周期时间

时间是企业赢得竞争的关键所在,供应链中制造商要求通过与供应商、分销商的合作,通过缩短供应链总周期时间,达到降低成本和提高质量的目的。从图 3.1 中可以看出,要缩短总周期,主要依靠缩短采购时间、流入物流(inbound)运输时间、流出物流(outbound)运输时间和设计制造时间(制造商与供应商共同参与),显然加强供应链合作关系运作的意义重大。

通过建立供应商与制造商之间的战略合作关系,可以达到以下目标:

(1) 对于制造商/买主。
- 降低成本(降低合同成本)
- 实现数量折扣、稳定而有竞争力的价格
- 提高产品质量和降低库存水平
- 改善时间管理
- 交货提前期的缩短和可靠性的提高
- 提高面向工艺的企业规划
- 更好的产品设计和更快的对产品变化的反应速度
- 强化数据信息的获取和管理控制

(2) 对于供应商/卖主。
- 保证有稳定的市场需求
- 对用户需求更好的了解/理解
- 提高运作质量
- 提高零部件生产质量
- 降低生产成本
- 提高对买主交货期改变的反应速度和柔性
- 获得(比非战略合作关系的供应商)更高的利润

(3) 对于双方。
- 改善相互之间的交流
- 实现共同的期望和目标
- 共担风险和共享利益
- 共同参与产品和工艺开发,实现相互之间的工艺集成、技术和物流集成
- 减少外在因素的影响及其造成的风险
- 降低投机思想和投机概率
- 增强矛盾冲突解决能力
- 规模效益,订单、生产、运输上实现规模效益以降低成本
- 减少管理成本
- 提高资产利用率

虽然有这些利益的存在,仍然存在许多潜在的风险会影响供应链战略合作关系的参与者。最重要的是,过分地依赖一个合作伙伴可能会在合作伙伴不能满足期望要求时损失惨重。同时,企业可能因为对战略合作关系的失控、过于自信、合作伙伴的过于专业化等原因降低竞争力。而且,企业可能过高估计供应链战略合作关系的利益而忽视了潜在的缺陷。所以企业必须对传统合作关系和战略合作关系策略做出正确对比,再做出最后的决策。

战略伙伴的企业关系体现了企业内外资源的集成与优化利用。基于这种企业环境的产品制造过程,从产品的研究开发到投放市场,周期大大地缩短,而且顾客导向化程度更

高,模块化、简单化、标准化的组件,使企业在多变的市场中柔性和敏捷性显著增强。虚拟制造与动态联盟加强了业务外包策略的利用,企业集成从原来的中低层次的内部业务流程重组上升到企业间的协作,形成一种更高级别的企业集成模式。

合作关系密切程度带来的价值增值如图 3.2 所示。

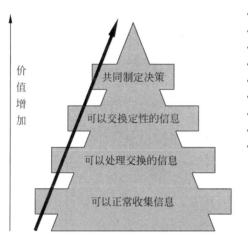

图 3.2　合作关系程度与价值增加

3.3.3　选择合适的供应链合作伙伴

1. 选择合作伙伴考虑的主要因素

供应链合作伙伴选择决策的复杂性在于必须考虑决策制定过程中各种各样的标准,而供应链合作伙伴选择所涉及的标准又非常多。目前我国企业在选择合作伙伴时,首先考虑产品质量,这与全球趋势是一致的,其次是价格,最后是交货提前期,批量柔性和产品多样性也是企业考虑的因素之一。

总体看来,供应链合作伙伴选择的标准一般会依据以下两条:第一,合作伙伴必须拥有各自的核心竞争力。仅是单个企业具备核心竞争力或者合作企业具备的核心竞争力无法整合,都不能从整体上、宏观上提高整条供应链的运作效率。第二,拥有相同的价值观和战略思想。企业价值观的差异主要表现在:是否存在官僚作风;是否强调投资的快速回收;是否采取长期的观点等。战略思想的差异表现在:市场策略是否一致,注重质量还是注重价格等。可见,若价值观及战略思想差距过大,合作必定以失败告终。

2. 供应链管理下合作关系的类型

在集成化供应链管理环境下,供应链合作关系的运作需要减少供应源的数量(短期成本最小化的需要,但是供应链的合作关系并不意味着单一的供应源),相互的连接变得更专有(紧密合作的需要),并且制造商会在全球市场范围内寻找最杰出的合作伙伴。这样可以把合作伙伴分为两个层次:重要合作伙伴和次要合作伙伴。重要合作伙伴是少而精的、与制造商关系密切的合作伙伴,而次要合作伙伴是相对多的、与制造商关系不很密切的合作伙伴。供应链合作关系的变化主要影响重要伙伴,而对次要合作伙伴的影响较小。

根据合作伙伴在供应链中的增值作用和它的竞争实力,合作伙伴分类矩阵见图 3.3。纵轴代表的是合作伙伴在供应链中增值的作用,对于一个合作伙伴来说,如果它不能对增值做出贡献,它对供应链的其他企业就没有吸引力。横轴代表某个合作伙伴与其他合作伙伴之间的区别,主要是设计能力、特殊工艺能力、柔性、项目管理能力等方面的竞争力的区别。

在实际运作中,应根据核心企业不同的选择目标、不同的价值取向,选择不同类型的合作伙伴。对于长期合作需求而言,应选战略性合作伙伴;对于短期或某一短暂市场需求而言,只需选择普通合作伙伴满足需求即可,以保证成本最小化;对于中期需求而言,则要根据竞争力和增值作用对供应链的重要程度,相应地选择有影响力的或竞争性/技术性的合作伙伴。

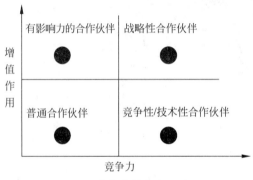

图 3.3　合作伙伴分类矩阵图

3. 合作伙伴选择的常用方法

选择合作伙伴,是对企业输入物资的适当品质、适当期限、适当数量、适当价格的总体进行选择的起点与归宿。选择合作伙伴的方法较多,一般要根据供应单位的多少、对供应单位的了解程度以及对物资需要的时间是否紧迫等要求来确定。目前国内外较常用的方法综述如下。

① 直观判断法

直观判断法主要是通过直观倾听和采纳有经验的采购人员意见,或者直接由采购人员凭经验做出判断。常用于选择非主要原材料的合作伙伴。

② 招标法

由企业提出招标条件,各招标合作伙伴进行竞标,然后由企业决标,与提出最有利条件的合作伙伴签订合同或协议。这种方法主要在订购数量大,竞争激烈的情况下采用。

③ 协商选择法

由企业在众多供货对象中,选出几个供应条件较为有利的合作伙伴,同他们分别进行协商,再确定适当的合作伙伴。适于采购时间紧迫、投标单位少、竞争程度小,订购物资规格和技术条件复杂时的情况。

④ 采购成本比较法

即对质量和交货期都能满足要求的合作伙伴,通过计算采购成本来进行比较分析,选择采购成本较低的合作伙伴。采购成本一般包括售价、采购费用、运输费用等各项支出的总和。

⑤ ABC 成本法

现在一种被称为"ABC"的新的成本计算方法正在不断地渗透物流界。ABC 是 activity-based costing 的简称。通过计算合作伙伴的总成本来选择合作伙伴,其总成本模型为

$$S_i^B = (p_i - p_{\min})q + \sum c_j^B D_{ij}^B$$

S_i^B ——第 i 个合作伙伴的成本值;

p_i ——第 i 个合作伙伴的单位销售价格;

$p_{\min}$ ——合作伙伴中单位销售价格的最小值;

q ——采购量;

c_j^B ——因企业采购相关活动导致的成本因子 j 的单位成本;

D_{ij}^B ——因合作伙伴 i 导致的在采购企业内部的成本因子 j 的单位成本。

这个成本模型用于分析企业因采购活动而产生的直接和间接的成本的大小。企业将选择 S_i^B 值最小的合作伙伴。

除了上面介绍的几种方法外,企业也可采用层次分析法、神经网络算法等方法来选择自己合适的合作伙伴。

3.4 供应链合作伙伴关系中的约束理论

1. 约束理论之原理

在认识核心企业重要作用的同时,需要提醒注意的是:物理学原理告诉我们,一条链子的强度,等于这条链子最薄弱环节的强度。这也意味着,最弱的环节往往也是最强的,因为它有整个链条脱节的巨大力量。在经济学中也有一个非常著名的木桶盛水原理。长短不一的木板箍成一个木桶,该木桶的容量不是取决于桶壁中最长的那根,而是恰恰取决于其中最短的那根,因为不论其他木板有多长,只要水面高过最短的那根,水就会自动溢出来的。所以,一条供应链是否强有力或有竞争优势,也要全面考虑。在此,生产管理中的约束理论(theory of constraints,TOC)提供了很好的借鉴。

相同的道理,也可以将企业或机构视为一条链条,每一个部门是这个链条中的一环。一个链条的强度是由它最薄弱的环节来决定的,如果我们想达到预期的目标,我们必须从最弱的一环,也就是从瓶颈(或约束)的一环下手,才可得到显著的改善。如果这个约束决定一个企业或组织达到目标的速率,我们必须从克服该约束着手,才能以更快速的步伐在短时间内显著地提高系统的产出。

所有人利用直觉就可以判断:现实中没有一个系统可以有无限的产出。回到前面所说的链的比喻,如果我们强化了最弱的一环,另外一个较弱的一环就会成为新的最弱的环。拿一家公司来说,它的约束会随着时间而飘移。例如,从制造到成品的分销,或是从生产到研发,或是营销业务可否接到更多的客户的订单,在这条供应链上的任何一个环节

都可能成为下一个最弱的环,成为"卡脖子"的地方。有的约束是在工厂或公司内,称之为"内部约束",有的约束是在市场或外在环境中,称之为"外部约束"。因此,企业要不断地探讨:下一个约束在哪里?企业该如何克服这个新的约束?

TOC 的基本思想在其管理原则上得到了具体体现,它是实施 TOC 的基石。该原则指出:

① 不是以追求设备的生产能力平衡为目标,而是追求物流的平衡。

在设计一个新企业时,自然会追求生产过程各环节的生产能力的平衡,使得企业的生产能力得到充分利用。但是对于一个已投产的企业,特别是多品种生产的企业,如果单纯追求生产能力的平衡,那么即使企业的生产能力充分利用了,产品并非都能恰好符合当时市场的需求,也必然有一部分要积压。

TOC 则主张在企业内部平衡物流,认为平衡生产能力实际是做不到的。因为市场每时每刻都在变化,而生产能力总是相对稳定的。所以必须接受市场波动及其引起的相关事件这个现实,并在这种前提下追求物流平衡。所谓物流平衡就是使各个工序都与瓶颈环节同步,以求生产周期最短、在制品最少。

② 非瓶颈资源的利用程度不是由其本身潜能决定的,而是由系统中的瓶颈资源决定的。

系统的产出是由所能经过瓶颈的量决定的,即使瓶颈限制了产销量。而非瓶颈资源的充分利用不仅不能提高产销量,而且会使库存和运行费增加。

③ 瓶颈资源损失的时间无法弥补。

一般来说,生产时间包括加工时间和调整准备时间。但在瓶颈资源与非瓶颈资源上的调整准备时间的意义是不同的。因为瓶颈控制了产出,在瓶颈上中断了一个小时,是没有附加的生产能力来补充的。而如果在瓶颈资源上节省一个小时的准备时间,则将能增加一个小时的加工时间,相应地,整个系统也增加了一个小时的产出了。所以,对瓶颈应采取特别的保护措施,不因管理不善而中断或窝工,使其保持 100% 的"利用",增加系统的产出。

④ 非瓶颈获得一个小时是毫无意义的。

因为在非瓶颈资源上的生产时间除了加工时间和调整准备时间之外,还有闲置时间,节约一个小时的调整时间并不能增加产出,而只能增加一个小时的闲置时间。

⑤ 瓶颈控制了库存和产出。

企业的产出和库存受到企业的生产能力和市场的需求量这两方面的制约,而它们都是有瓶颈控制的。如果瓶颈存在于企业内部,表明企业的生产能力不足,由于受到瓶颈能力的限制,相应的产出也受到限制;而如果企业所有资源都能维持高于市场需求的能力,则市场需求就成了瓶颈。这时,即使企业能多生产,但由于市场承受能力不足,也只会造成企业产品的积压,增加其库存成本。

同时,由于瓶颈控制了产出,所以企业的非瓶颈应与瓶颈同步,它们的库存水平只要维持瓶颈上的物流连续稳定即可,过多的库存只是浪费。这样,瓶颈也就相应地控制了库存。

2. TOC 理论对供应链的启迪

对于一个生产产品的企业来说,可以认为它的整个经营过程是由若干个相互联系的环节所组成的链条。从市场营销、接受订单、采购原材料、生产加工、产品包装直到产品发运,一环扣一环,一个环节的产出受其前面环节的制约。

传统的管理模式习惯于把链条断开,对系统中的每个环节进行局部优化。这种做法认为:对任何一个环节的改进就是对整个链条的改进,系统的整体改进等于各个分环节的改进之和。对链条的管理水平以链条的"重量"来衡量,而不是以链条的"力量"来衡量。

应用这种管理模式的结果是:每个部门的管理人员都在同时抢夺系统的资源。他们都想使自己环节的重量最大化,因为他们相信这样就是使整个系统的有效性最大化的途径。至于实际结果怎样呢?以一家出版公司的实例给出答案。

书籍出版的一个中间环节是印刷,印刷部门的改进小组向出版公司总经理提交了一份建议书,提议公司只要花 20 万元,就能采用一个新方法,使印刷部门的生产率提高 25%,而且立竿见影。总经理感觉不错,就在即将签字时,有人提问:"印刷部门的产出会去向哪里?下一个生产环节的在制品多不多?"总经理决定调查一下,结果发现,下一生产环节的在制品已经堆积起来了。也就是说,这家公司差一点花 20 万元买来的将是延长下一个生产环节的制品的排队等待时间达 25% 以上这样一个结果,这 20 万元的花费其实没有给公司带来任何利润!

TOC 引导管理者去找出链条的最薄弱一环。假如发现生产是最薄弱的一环,那么,即使市场营销可以吸引足够多的顾客需求,公司的订单很充足,原材料可以准时到货,生产多少就可以包装多少,能按时装运,生产也跟不上。这时,通过改进包装环节也许能节约一些成本,但从长期来看,并不能使公司如期完成比现在更多的订单。对于采购、营销等环节也是同样。这就是:"如果你对什么都关注,那就是什么都不关注。"只有对生产环节进行改造才能真正增加企业的利润。

这种思想可以归结为:对大多数环节进行的大多数改进是对整个链条无益的;系统的整体改进不等于各个环节的改进之和;企业的经营业绩应该以链条的"力量"(而不是"重量")来衡量,这就要通过加强那个最薄弱环节来实现。

这种管理模式的应用可以避免企业内部各部门进行"资源大战"。因为一旦识别最薄弱的一环(即企业的"约束"),那么企业的资源就应该用在改进这个约束上。

上述分析是以企业的内部供应链为例,其实,此类问题同样可延伸到包括供应商、制造商、分销商、零售商、顾客在内的扩展的供应链,以及其他相关参与者(比如物流公司、信息系统提供商等)中,只不过链条的复杂性与协调衔接的难度更大,也更容易断裂。

本章小结

企业资源包括内部资源和外部资源两个方面,如何通过整合内部资源与外部资源来实现竞争力,是企业自制与业务外包决策的出发点。

当今企业竞争是一个动态的过程,主要具有以下三个特征:(1)竞争对象的不断开创与抵消;(2)竞争焦点的不断转移与改变;(3)竞争主体多元化。

企业竞争力,就是企业和企业家设计、生产和销售产品和劳务的能力,其产品和劳务的价格和非价格的质量等特性,比竞争对手的产品具有更大的市场吸引力。企业核心竞争力的外部特征可以归纳为三个方面:(1)顾客价值;(2)竞争差异化;(3)延展性。

业务外包的定义是企业内部资源有限的情况下,为取得更大的竞争优势,仅保留其最具竞争优势的核心业务,而把其他业务借助外部最优秀的专业化资源予以整合,达到降低成本、提高绩效、提升企业核心竞争力和增强企业对环境应变能力的一种管理模式。

从长远来看,促使企业实施业务外包的长期原因是:(1)释放企业资源;(2)分担风险;(3)加速重构优势。短期原因是:(1)企业难以管理或失控的辅助业务职能;(2)使用企业没有的资源;(3)降低和控制成本。

业务外包主要包括以下几种方式:(1)临时服务和临时工;(2)子网;(3)与竞争者合作;(4)脑力外包;(5)公关外包;(6)人力资源管理外包;(7)除核心竞争力之外的完全业务外包。

供应链合作关系可以定义为供应商与制造商之间,在一定时期内的共享信息、共担风险、共同获利的伙伴关系。

根据合作伙伴在供应链中的增值作用和它的竞争实力,可以分成:战略性合作伙伴、有影响力的合作伙伴、竞争性/技术性合作伙伴、普通合作伙伴。

TOC 理论对供应链的启迪:对大多数环节进行的大多数改进是对整个链条无益的;系统的整体改进不等于各个环节的改进之和;企业的经营业绩应该以链条的"力量"(而不是"重量")来衡量,这就要通过加强那个最薄弱环节来实现。

复习与思考

1. 当今企业的竞争特征有哪些?
2. 什么是企业竞争力?
3. 企业核心竞争力的外部特征有哪些?
4. 什么是业务外包?
5. 企业实施业务外包的原因是什么?
6. 业务外包主要包括哪些方式?
7. 供应链合作关系的定义是什么?
8. TOC 理论对供应链的启迪是什么?

案例分析

本田公司(Honda)与其供应商的合作伙伴关系

位于俄亥俄州的本田美国公司,强调与供应商之间的长期战略合作伙伴关系。本田公司总成本的大约 80% 都是用在向供应商的采购上,这在全球范围是最高的。因为它选择离制造厂近的供应源,所以与供应商能建立更加紧密的合作关系,能更好地保证 JIT 供货。制造厂库存的平均周转周期不到 3 小时。1982 年,27 个美国供应商为本田美国公司提供价值1400万美元的零部件,而到了1990年,有175个美国的供应商为它提供超过22亿美元的零部件。大多数供应商与它的总装厂距离不超过150英里。在俄亥俄州生产的汽车的零部件本地率达到90%(1997年),只有少数的零部件来自日本。强有力的本地化供应商的支持是本田公司成功的原因之一。

在本田公司与供应商之间是一种长期相互信赖的合作关系。如果供应商达到本田公司的业绩标准就可以成为它的终身供应商。本田公司也在以下几个方面提供支持帮助,使供应商成为世界一流的供应商:

① 2名员工协助供应商改善员工管理;
② 40名工程师在采购部门协助供应商提高生产率和质量;
③ 质量控制部门配备120名工程师解决进厂产品和供应商的质量问题;
④ 在塑造技术、焊接、模铸等领域为供应商提供技术支持;
⑤ 成立特殊小组帮助供应商解决特定的难题;
⑥ 直接与供应商上层沟通,确保供应商的高质量;
⑦ 定期检查供应商的运作情况,包括财务和商业计划等;
⑧ 外派高层领导人到供应商所在地工作,以加深本田公司与供应商相互之间的了解及沟通。

本田与Donnelly公司的合作关系就是一个很好的例子。本田美国公司从1986年开始选择Donnelly为它生产全部的内玻璃,当时Donnelly的核心能力就是生产车内玻璃,随着合作的加深,相互的关系越来越密切(部分原因是相同的企业文化和价值观),本田公司开始建议Donnelly生产外玻璃(这不是Donnelly的强项)。在本田公司的帮助下,Donnelly建立了一个新厂生产本田的外玻璃。

在俄亥俄州生产的汽车是本田公司当时在美国销量最好、品牌忠诚度最高的汽车。事实上,它在美国生产的汽车已经部分返销日本。本田公司与供应商之间的合作关系无疑是它成功的关键因素之一。

资料来源:https://wenku.baidu.com/view/6dcc357531d4b14e852458fb770bf78a65293abd.html?_wkts_=1681369450890&bdQuery=%E6%9C%AC%E7%94%B0%E5%85%AC%E5%8F%B8%28Honda%29%E4%B8%8E%E5%85%B6%E4%BE%9B%E5%BA%94%E5%95%86%E7%9A%84%E5%90%88%E4%BD%9C%E4%BC%99%E4%BC%B4%E5%85%B3%E7%B3%BB

思考题:

1. 试分析本田公司与供应商、运输服务公司之间的供应链合作关系是如何取得成功的?
2. 你认为企业应该如何选择合适的供应链合作伙伴?

即 测 即 练

中 篇

供应链管理的运行

第 4 章 供应链管理下的采购管理

本章关键词

采购(purchase)　　　　　　　采购管理(procurement management)
资源管理(resource management)　招标采购(bidding procurement)
即时制(just in time)　　　　　　供应商选择(supplier selection)

> 采购管理是供应链管理的重点内容之一,它是供应链企业之间合作的具体实施过程,是沟通需求与供给的一座桥梁。采购管理是供应链管理的起始点,是保证客户订单交货期的关键环节。在供应链管理下,采购必须做到:从为库存采购到为订单采购的转变;从采购管理到外部资源管理的转变;从一般买卖关系到战略协作伙伴关系的转变。因此为使供应链系统能够实现无缝连接,并提高供应链企业的同步化运作效率,就必须加强对采购的管理。

4.1 传统的采购模式

4.1.1 传统采购的主要模式

1. 询价采购

所谓询价采购,就是向选定的若干个供应商发询价函,让它们报价,然后根据各个供应商的报价来选定供应商。

询价采购具有如下特点:

(1) 询价采购不是面向整个社会所有的供应商,而是在对供应商充分调查的基础上,筛选一些比较有实力的供应商。

(2) 询价采购中,所选择的供应商数量不是很多,但是其产品质量好、价格低、企业实力强、服务好、信用度高,企业对向它们采购比较放心。

(3) 因为询价采购面向的供应商数量少、范围窄,所以无论是通信联系、采购进货都比较方便、灵活,采购程序比较简单,工作量小,采购成本低、效率高。

(4) 询价采购通常是分别向各个供应商发询价函,供应商并不是面对面地竞争,因此各自的产品和质量能比较客观、正常地反映出来。

正是询价采购这样的特点和优点,才被广泛地应用于政府采购活动之中。但它也有局限性:所选供应商数量少、范围窄,选中的供应商不一定是最优的。与其他几种采购方式相比较,询价采购适用于数量少、价值低的商品或急需商品的采购。

2. 比价采购

比价采购是指采购商对三家以上的供应商提供的报价进行比较,用最理想的报价作为订货价格,以确保价格具有竞争性的采购方式。此种采购方式,适用市场价格较乱或价格透明度不高的单台小型设备、工具及批量采购。山东潍坊亚星集团自1994年起开始实施比较采购,在6000多种物资采购过程中,至1999年5年累计节约采购成本7092万元,其采购成本与国内同行业厂家相比平均要低8%。

3. 招标采购

招标采购是通过在一定范围内公开购买信息,说明拟采购物品或项目的交易条件,邀请供应商或承包商在规定的期限内提出报价,经过比较分析后,按既定标准确定最优条件的投标人并与其签订采购合同的一种高度组织化的采购方式。招标采购是在众多的供应商中选择最佳供应商的有效方法。它体现了公平、公开和公正的原则。企业采购通过招标程序,可以最大限度地吸引和扩大招标人之间的竞争,从而使招标方有可能以更低的价格采购到所需要的物资或服务,更充分地获得市场利益。招标采购方式通常用于比较重大的建设工程项目、新企业寻找长期物资供应商、政府采购或采购批量比较大等情况。

4.1.2 传统采购模式的主要特点

每一家企业,不论它是生产商、批发商还是零售商,都必须从外部供应商手中购买原材料、获得服务、取得物料供应以支持本企业的运作。传统的观点认为,和本企业的其他活动比较起来,从外部获取输入的支持过程是毫无必要的,因而采购行为被看作是一种事物性的或者低层次的管理活动,其责任仅仅是执行和处理企业其他部门所制定的订单,其目标仅仅是购买更便宜的物料以及以更低的成本供应物料,其主要功能是降低成本。采购管理工作的重心是与供应商之间的商业交易活动,虽然质量、交货期也是采购过程中的考虑因素,但对这两者都是通过事后把关的方式来进行控制,如到货验收等,交易过程的重点放在价格的谈判上。因此供应商和采购部门之间经常要进行询价、报价、还价等谈判,并且多头进行,通过多个供应商之间的竞争,从中选择价格最低的供应商作为合作伙伴。这种传统的采购业务流程如图4.1所示。

这种传统的采购模式存在着以下几个方面的问题:

① 传统的采购过程呈典型的非信息对称博弈状态,采购很容易发展成为一种不科学的盲目行为。在采购过程中,采购方为了在多个参与竞争的供应商中选择一个最佳供应

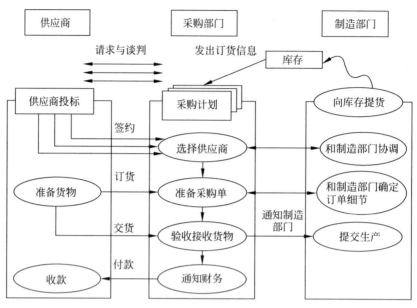

图 4.1 传统采购业务流程图

商,往往会保留私有信息,如采购件对自己企业最终产品的质量和成本影响程度等,因为如果提供给供应商的信息越多,供应商的讨价还价的能力也就越强,这样对采购方不利。同时供应商在与其他的供应商进行竞争的过程中也隐瞒一些关于自己的信息,如所提供产品的准确成本结构、企业生产过程中的瓶颈环节等,以避免在竞争中处于劣势。这样采供双方都不进行有效的信息沟通,形成信息不对称的采购博弈过程,使得采供双方在确定二者之间的关系的时候不能从长远的合作角度去考虑而是更加注重眼前的利益。

② 采购行为是在以交易为基础,以对抗性的谈判为手段的情况下进行的,其出发点是追求各自利益的最大化,有时甚至不惜损害对方的利益。供需关系一般为临时或短期行为,竞争多于合作。

③ 无法对供应商产品质量、交货期进行事前控制,这样极大地增加了后续生产过程的不确定性。这种不确定性会造成两种后果,一是采购企业为了避免这种不确定性带来的生产中断而增加企业的安全库存量,从而引起生产成本的上升;二是可能引起大量的经济纠纷,导致双方大部分精力都耗费在处理这些不和谐的事情上面,而无法集中力量进行长期的预测和计划以及共同的质量改进。

④ 由于双方缺乏及时的信息反馈,在市场需求发生变化的情况下,采购方不能改变已有的订货合同,因此采购方在需求减少时可能造成库存的增加,而当需求增加时又面临供不应求的损失,加上采购程序复杂,采购周期长,采供双方对市场需求的响应不可能保持同步,缺乏对需求变化的快速反应能力。

⑤ 整个采购过程缺乏科学的分析和评价,以经验而不是技术来指导采购决策,造成供应商结构不合理、采购渠道比较单一、采购方式落后,从而影响采购的效益和效率。

⑥ 生产部门与采购部门脱节,采购部门仅仅是执行生产部门确定的订单采购任务,这样或者造成库存积压占用大量流动资金,或者供应滞后丧失市场机会。

⑦ 采购过程缺乏科学的监督和控制,采购效率没有得到公正的评价,利益驱动造成暗箱操作,舍好求次、舍贱求贵、舍近求远,产生腐败温床。

传统的采购模式和采购管理思想存在的以上问题导致它已经不能适应当今企业所处的市场环境,供应链管理思想的产生和发展给采购管理提供了一个理论发展的平台,因此也就产生了供应链管理环境下的采购管理理论。

4.2 供应链环境下的采购管理

4.2.1 对采购和采购管理的重新认识

20世纪70年代以来,国际范围内的原材料短缺和由于价格大幅上涨带来原材料成本所占总成本比例的大幅度提高,使得采购供应部门备受瞩目,因为它可以长久性地控制成本从而直接影响着企业的运行成本和发展潜力。

20世纪90年代以后,随着一种全新的企业关系管理——供应链管理思想的兴起和逐步地被接受和采用,随着商业模式由传统的预测型向快速反应型商业模式的转变,企业的采购供应职能日益受到重视。供应链的现代管理思想认为,未来的竞争不再是单个企业之间的竞争,而是整条供应链之间的竞争,它注重采购方和销售方之间的关系,主张通过二者之间的协同合作和持续改进来增强整条供应链的竞争能力,从而使处于供应链中的单个企业从中受益,因此采购活动被提升到一个更高的战略水平来研究。

随着竞争的日益加剧和企业国际化的程度的增加,如何创造和保持企业的核心竞争力成了影响企业生存和发展的关键因素,因此外包作为一种有效的战略被广泛应用,它使企业从自己不擅长或者从企业认为增值较小的活动中解放出来,专心致力于核心竞争力的运作。在这种情况下,企业的采购供应部门的责任更加重大。

所有这些变化使得采购供应职能从以交易为基础的战术职能发展到以流程为导向的战略职能,企业的采购供应部门在企业中所占的地位也日益提高。在许多企业中,这一职能部门的结构、流程和人员编制也发生着变迁。商品团队、产品供应团队以及交叉职能团队比以前都更加盛行,流程本身也不再以交易为目的,负责采购和供应的经理也被提升到企业的最高管理层,更为经常地参与企业战略计划的制订和评价以实现采购管理的战略性作用。

4.2.2 供应链环境下的采购和采购管理

1. 供应链环境下的采购和采购管理的定义

根据美国供应协会对供应的最新阐述,把供应链管理环境下的采购定义为:企业为了追求和实现它的战略目标而进行的一系列紧密与生产和库存相连的识别、采办、获取与管理它所需的所有资源的活动。

对这个定义的正确理解需要注意以下几个方面的问题:

① 企业的采购行为应该在其战略目标的指导下进行。这有两方面的含义。首先是指采购行为不是拘泥于企业的某个层次、某个部门或者某个时段的目标,在采购行为与某

些时间上或者空间上的分目标相冲突时,其合理性要以是否有助于企业总体战略目标的实现来衡量。其次是指企业的采购行为应该最大限度地保障或促进企业战略目标的实现。采购部门直接将企业内部和外部的环境相连接,但在传统的采购中,由于组织沟通的障碍和集成的程度、科学性的欠缺,导致了企业不能把采购部门所获取的信息和情报转化成为组织更深层次的竞争优势。所以在供应链管理思想下,采购管理应该为企业的战略目标的制订、实施和评价提供应有的支持。

② 识别是指对市场中各种机遇的把握和辨别。机遇是指诸如新材料的出现、新技术的兴起、可能的供应商的出现这些变化。一旦市场上出现这些变化,企业的采购部门应该能够对这些变化进行分析并根据自身的特点充分利用这些机会。这极大地突破了采购的传统事物性职能。

③ 采办是指比购买更为广泛的获取商品或服务的行为。它包括分析和制订寻找以及使用供应源的策略,还意味着需要与供应商维持适当的关系、开发采购方法、优化采购流程以及在组织内部和组织之间进行领导和协调。

④ 获取是指最终取得某种物品或服务的使用价值或潜在使用价值。这比传统的采购理念更为精确地定义了采购的对象。采购部门要获得的不是采购物品本身,而是一种功能,这就极大地扩大了可供选择的供应源的范围,通过对各种替代品或替代技术的分析提高了采购行为的科学性和经济性,使采购行为从传统的被动行为转向为主动行为。

从以上对采购的定义我们可以知道,供应链管理环境下的采购管理就是指采购组织对企业为了追求和实现它的战略目标而进行的一系列紧密与生产和库存相连的识别、采办、获取与管理它所需的所有资源的活动的计划、组织、协调和控制。在这种管理思想下,企业的采购行为和传统的采购行为相比有了很大的变化。

2. 供应链管理环境下采购管理的转变

和传统的采购行为相比,供应链管理环境下采购管理的转变体现在以下的三个方面:

(1) 从为库存而采购转变为订单而采购

在供应链管理环境下,采购活动是以订单驱动方式进行的,制造订单的产生是在用户需求订单的驱动下产生的,然后,制造订单驱动采购订单,采购订单再驱动供应商。这种订单驱动的采购模式,使供应链系统得以准时响应用户的需求,从而降低了库存成本,提高了物流的速度和库存周转率。其业务流程如图 4.2 所示:

为实现采购方式由库存驱动向订单驱动的转变,企业必须做到以下几点:

① 与主要供应商建立战略合作伙伴关系,简化采购流程,降低交易费用。

② 协调供应链同步计划,使制造计划、采购计划、供应计划能够同步进行,缩短用户响应时间,实现供应链的同步化运作。

③ 采购物资直接进入制造部门,减少不增加价值的物资流转过程和采购部门的工作压力,实现供应链的精细化运作。

④ 改变信息的传递方式,让供应商共享制造部门的信息,提高供应商的响应速度,同时在订货过程中不断进行信息反馈,修正订货计划,使订货与需求保持同步。

⑤ 实行面向过程的作业管理模式。过程管理是供应链管理的重点之一,供应链环境下的采购管理以采购过程为管理对象,这个过程是由相关的企业内部业务部门和供应链

第4章 供应链管理下的采购管理

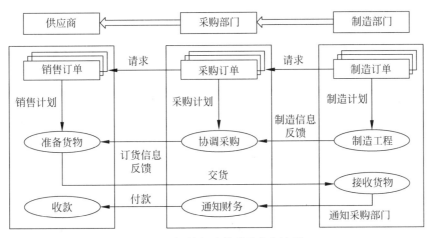

图 4.2 订单驱动的采购业务流程

上其他节点企业相关部门的活动组成的一个整体功能过程,通过对系统过程的物流、资金流、信息流的统一协调和控制,从整体上优化采购业务流程,以达到采购过程的总成本和总效率的最佳匹配。

(2) 从采购管理转变为外部资源管理

传统的采购管理由于与供应商缺乏信任和合作,导致采购行为缺乏柔性和快速的响应能力,采购企业和供应商的业务不能实现无缝对接。为了实现供应链企业的同步化运作,企业和供应商必须建立新的供需合作模式,把对采购的事后控制转变为对采购过程的事中控制,也就是要实现管理的延伸,将对本企业内部的采购职能的管理转变为对外部资源的管理。实施外部资源管理也是实施精细化生产、零库存生产的要求。

供应链管理中一个重要思想是在生产控制中采用基于订单流的准时化生产模式,使供应链企业的业务流程朝着精细化生产方向努力,即实现生产过程的几个"零"化管理:零缺陷、零库存、零交货期、零故障、零纸文书、零废料、零事故、零人力资源浪费。外部资源管理是实现供应链管理的上述思想的一个重要步骤,企业通过外部资源管理实现了外部集成,所以外部资源管理是供应链企业从内部集成走向外部集成的重要一步。要实现有效的外部资源管理,制造商的采购活动应从以下几个方面着手进行改进。

① 与供应商建立一种长期的、互惠互利的合作关系。这种合作关系保证了供需双方能够有合作的诚意和参与双方共同解决问题的积极性。

② 通过提供信息反馈和教育培训支持,在供应商之间促进质量改善和质量保证。传统采购管理的不足在于没有给予供应商在有关产品质量保证方面的技术支持和信息反馈。在顾客化需求的今天,产品的质量是由顾客的要求决定的,而不是简单地通过事后把关所能解决的。因此在这样的情况下,质量管理的工作需要下游企业提供相关质量要求的同时,应及时把供应商的产品质量问题及时反馈给供应商,以便其及时改进。对个性化的产品质量要提供有关技术培训,使供应商能够按照要求提供合格的产品和服务。

③ 参与供应商的产品设计和产品质量控制过程。制造商企业应该参与供应商的产品设计和质量控制过程,共同制定有关产品质量标准等,使需求信息能很好地在供应商的

业务活动中体现出来,为供应链的同步化运作提供支持。

④ 协调供应商的计划。一个供应商有可能同时参与多条供应链的业务活动,在资源有限的情况下必然会造成多方需求争夺供应商资源的局面。在这种情况下,下游企业的采购部门应主动参与供应商的协调计划,在资源共享的前提下,保证供应商不至于因为资源分配不公而出现供应商抬杠的矛盾,保证供应链的正常供应关系,维护企业的利益。

⑤ 建立一种新的、有不同层次的供应商网络,并通过逐步减少供应商的数量,致力于与供应商建立合作伙伴关系。

(3) 从一般买卖关系转变为战略伙伴关系

传统采购模式与供应链采购管理的主要区别归纳起来如表 4.1 所示。

表 4.1 传统采购模式与供应链采购管理的主要区别

	传统采购管理	供应链采购管理
供应商/买方关系	相互对立	合作伙伴
合同期限	短	长
采购数量	大批量	小批量
运输策略	单一品种整车发送	多品种整车发送
质量问题	检验/再检验	无需入库检验
信息沟通频率	离散的	连续的
供应商数量	多,越多越好	少,甚至一个
设计流程	先设计产品后询价	供应商参与产品设计
交货安排	每月	每周或每天
供应商地理分布	很广的区域	尽可能靠近

在传统的采购模式中,采供双方是简单的对抗性的买卖关系,因此无法解决一些涉及全局性、战略性的供应链问题,而基于战略伙伴关系的采购方式为解决这些问题创造了条件。这些问题是:

① 库存问题。在传统的采购模式下,供应链的各级企业都无法共享库存信息,各级节点企业都独立地采用订货点技术进行库存决策,不可避免地产生需求信息的扭曲现象,导致整个供应链上库存重复、产品积压、成本增加。但在供应链管理模式下,通过双方的合作伙伴关系,供应与需求双方可以共享需求和库存数据,减少了需求信息的失真现象。

② 风险问题。供需双方通过战略性合作关系,可以降低由于不可预测的变化带来的风险,比如运输过程的风险、信用的风险、产品质量的风险等。

③ 通过合作伙伴关系的建立可以使双方从简化的采购供应流程中受益,从烦琐的事物性工作中解放出来,集中力量制订战略性的采购供应计划。

④ 采购成本问题。通过合作伙伴关系,双方减少了许多不必要的手续和谈判过程,也避免了信息不对称决策可能造成的成本损失,降低企业的采购成本。

⑤ 战略性的伙伴关系消除了供应过程的组织障碍,为实现准时化采购创造了条件。

3. 供应链环境下的采购管理的内容

采购管理的具体内容包括采购市场的研究、采购目标的确立、采购策略和计划的生成、采购作业的实施(包括商务谈判、订货合同、进货实施、支付善后处理)、库存管理、供应商关系管理和采购过程的控制和评估。其过程如图 4.3 所示。

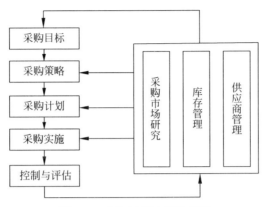

图 4.3　采购管理流程示意图

从图 4.3 我们可以看到,供应链环境下的采购管理过程中存在着大量的信息流动,包括采购数据、最终客户的需求数据、生产环节的物料需求数据、库存数据、供应商数据等。这些信息是否能够得到及时的传递和能否实现充分共享直接关系到采购管理各环节的效益和效率,因此,供应链环境下的采购管理必须有相应的信息支持系统作为保障。

4. 供应链环境下采购管理的目标

对于采购职能总体目标的表述是:它获得的物料应该是货真价实的(即满足质量上的要求),数量是符合要求的,并以准确的时间发送至正确的地点,物料必须来源于合适的供应商(即一个可靠的、将及时地履行其承诺的义务的供应商)。同时,与之相适应的,还要获得合适的服务(不仅仅是指采购之前,还包括成交之后),当然价格也必须是合理的。通常采购决策者总是试图去协调这些常常是相互冲突的目标,他们通过做出取舍来得到这些目标的最优组合。采购管理的总体目标可以分解为下述具体的目标:

① 提供不间断的物料流和物资流,保证整个组织正常运转。
② 减少采购中间环节,优化采购流程。
③ 使存货投资和损失保持最小。
④ 保持并提高质量,避免因低质量物料投入而造成的高额纠正成本。
⑤ 发现或发展有竞争力的供应商,优化供应商结构,建立供应商伙伴关系并且与其一起努力对流程和质量进行持续的改进。
⑥ 当条件允许的时候,将所购物料标准化。这样有利于进行集中采购,减少库存投资,降低员工培训成本和设备使用过程中的维护费用。
⑦ 以最低的总成本获得所需的物资和服务。在履行采购职能的过程中,采购决策者不能仅仅将目光放在购买价格上,而要密切注意其他的隐含成本,例如运输费用、设备维护和升级费用、员工培训费用、回收或者报废成本。
⑧ 从采购部门的角度参与新产品的开发,实现新产品开发的并行工程。
⑨ 在企业内部与其他职能部门建立和谐而富有生产效率的工作关系。
⑩ 以可能的最低水平的管理费用来完成采购目标。

4.3 供应链管理下的准时采购策略

准时制(just in time)采购是在20世纪90年代,受准时制生产管理思想的启发而出现的。准时制生产方式最初是由日本丰田汽车公司在20世纪60年代率先使用的。在1973年爆发的危机中,这种生产方式使丰田公司渡过了难关,因此受到了日本国内和其他国家生产企业的重视,并逐步引起了欧洲和美国的日资企业及当地企业的效仿,并获得了一定的成功。近年来,准时制模式不仅作为一种生产方式,也作为一种采购模式开始流行起来。

4.3.1 准时制采购的原理

准时制生产的基本思想是"杜绝浪费""只在需要的时间,按需要的量,生产所需要的产品"。这种生产方式的核心是追求一种无库存生产系统,或是库存量达到最小的生产系统。准时制的管理思想目前已经被运用到采购、运输、储存以及预测等领域。

准时制采购是一种先进的采购模式,它的基本思想是:在恰当的时间、恰当的地点,以恰当的数量、恰当的质量提供恰当的物品。它是从准时生产发展而来的,是为了消除库存和不必要的浪费而进行持续性改进。要进行准时化生产必须有准时的供应。因此准时制采购是准时化生产管理模式的必然要求。它和传统的采购方法在质量控制、供需关系、供应商的数目、交货期的管理等方面有许多不同,其中,供应商的选择、质量控制是其核心内容。

准时制采购对准时制生产思想的继承也在于对"零库存"的要求,它与传统采购的不同之处在于与供应商签订在需要的时候提供需要的数量的原材料协议。这意味着可能一天一次,一天两次,甚至每小时好几次的供货。

4.3.2 准时制采购与传统采购的比较

1. 对供应商数量的选择不同

传统的采购模式通常采用多头采购,供应商的数目较多,企业与供应商的关系是通过价格竞争确定的短期合作关系;准时制采购采用的是较少的供应商,甚至只选择一个供应商,且与供应商的关系是长期合作关系。

2. 对交货即时性的要求不同

准时制采购的一个重要特点是要求准时交货。能否准时交货是用户评价供应商的一个重要因素。交货准时取决于供应商的生产与运输条件。

作为供应商来说,要实现准时交货,可从以下几个方面着手:一方面,不断改进企业的生产条件,提高生产的可靠性和稳定性,减少由于生产过程的不稳定导致延迟交货或误点情况的发生。作为准时化供应链管理的一部分,供应商同样应该采用准时化的生产管理模式,以提高生产过程的准时性。另一方面,为了提高交货准时性,运输问题不可忽视。在物流管理中,运输问题是一个很重要的问题,它决定准时交货的可能性。特别是全球的供应链系统,运输过程长,而且可能要先后经过不同的运输工具,需要中转运输等,因此就有必要进行有效的运输计划与管理,使运输过程准确无误。

3. 对供应商进行选择的标准不同

在传统的采购模式中,供应商是通过价格竞争来选择的,供应商与用户的关系是短期的合作关系,当发现供应商不合适时,可以通过市场竞标的方式重新选择供应商。但在准时制采购模式中,由于供应商和用户是长期的合作关系,供应商的合作能力将影响企业的长期经济利益,因此,对供应商的要求就比较高。在选择供应商时,需要对供应商进行综合的评价,而对供应商的评价必须依据一定的标准。这些标准应包括产品质量、交货期、价格、技术能力、应变能力、批量柔性、交货期与价格的均衡、价格与批量的均衡、地理位置等,而不像传统采购那样主要依靠价格标准。

4. 对信息交流的需求不同

准时制采购要求供应与需求双方信息高度共享,保证供应与需求信息的准确性和实时性。由于双方的战略合作关系,企业在生产计划、库存、质量等各方面的信息都可以即时交流,以便出现问题时能够准时处理。

5. 制定采购批量的策略不同

准时制采购和传统的采购模式的一个重要不同之处在于,准时生产需要减少生产批量,直至实现"一个流生产",因此采购物资也应采用小批量的办法。从另外一个角度看,由于企业生产对原材料和外购件的需求是不确定的,而准时制采购又旨在消除原材料和外购件库存,为了保证准时、按质按量供应所需的原材料和外购件,采购必然是小批量的。

6. 对送货和包装的要求不同

由于准时制采购消除了原材料和外购件的缓冲库存,供应商交货的失误和送货的延迟必将导致企业生产线的停工待料。因此,可靠的送货是实施准时制采购的前提条件,而送货的可靠性,常取决于供应商的能力、运输条件和包装条件,一些不可预料的因素,如恶劣的气候条件、交通堵塞、运输工具的故障等,都可能引起送货延迟。当然,最理想的送货是直接将货送到生产线上。

4.3.3 准时制采购的优点

准时制采购是关于物资采购的一种全新的思路,企业实施准时制采购具有重要的意义。根据资料统计,准时制采购在以下几个方面已经取得了令人满意的成果:

1. 大幅度减少原材料和外购件库存成本

根据国外一些实施准时制采购策略企业的测算,准时制采购可以使原材料和外购件的库存降低 40%~85%。原材料和外购件库存的降低,有利于减少流动资金的占用,加速资金周转,同时也有利于节省原材料和外购件库存占用的空间,从而降低库存成本。从成本的角度上看,采取单源供应比多头供应好。一方面,对供应商的管理比较方便,而且可以使供应商获得内部规模效益和长期订货,从而可使购买的原材料和外购件的价格降低,有利于降低采购成本;另一方面,单源供应可以使制造商成为供应商的一个非常重要的客户,因而加强了制造商与供应商之间的相互依赖,有利于建立长期稳定的合作关系,制造商比较有保证。合格的供应商具有较好的技术、设备条件,较高的管理水平,可以保障采购的原材料和外购件的质量,保证即时按量供货。

在大多数情况下,其他标准较好的供应商,其价格可能也是较低的,即使不是这样,双方建立起互利合作关系后,企业也可以帮助供应商找出降低成本的方法,从而使价格降低。更进一步,当双方建立了良好的合作关系后,很多工作可以简化以至消除,如订货、修改订货、点数统计、质量检验等,从而减少资源浪费。

2. 提高采购物资的质量

实施准时制采购后,企业的原材料和外购件的库存很少甚至为零。因此,为了保障企业生产经营的顺利进行,应由供应商负责,而不是企业的物资采购部门。准时制采购就是要把质量责任返回给供应商,从根源上保障采购质量。为此,供应商必须参与制造商的产品设计过程,制造商也应帮助供应商提高技术能力和管理水平。

一般来说,实施准时制采购,可以使购买的原材料和外购件的质量提高 2~3 倍。而且,原材料和外购件质量的提高,又会引致质量成本的降低。据估算,推行准时制采购可使质量成本减少 26%~63%。

3. 降低原材料和外购件的采购价格

由于供应商和制造商的密切合作以及内部规模效益与长期订货,再加上消除了采购过程中的一些浪费,如订货手续、装卸环节、检验手续等,就使得购买的原材料和外购件的价格得以降低。例如,生产复印机的美国施乐(Xerox)公司,通过实施准时制采购策略,其采购物资的价格下降了 40%~50%。

此外,推行准时制采购策略,不仅缩短了交货时间,节约了采购过程所需资源,包括人力、资金、设备等,而且提高了企业的劳动生产率,从而增强企业的适应能力。

4.3.4 准时制采购带来的问题及其解决办法

1. 小批量采购带来的问题及其解决方法

小批量采购必然增加运输次数和运输成本,对供应商来说,这是很为难的事情,特别是供应商在国外等远距离的情形。解决这一问题的方法有四种:一是使供应商在地理位置上靠近制造商,如日本汽车制造商扩展到哪里,其供应商就跟到哪里;二是供应商在制造商附近建立临时仓库,实质上,这只是将负担转嫁给了供应商,而未从根本上解决问题;三是由一个专门的承包运输商或者第三方物流企业负责送货,按照事先达成的协议,搜集分布在不同地方的供应商的小批量物料,即时按量送到制造商的生产线上;四是让一个供应商负责供应多种原材料和外购件。

2. 采用单源供应带来的风险

单源供应带来的风险包括:供应商有可能因意外原因中断交货;单源供应使企业不能得到竞争性的采购价格,对供应商的依赖过大等。因此,必须与供应商建立长期互利合作的新型伙伴关系。在日本,98%的准时制企业采取单源供应。但实际上,一些企业常采用同一种原材料或外购件由两个供应商供货的方法,其中一个供应商为主,另一个供应商为辅。许多企业也不是很愿意成为单一供应商。原因很简单,一方面,供应商是独立性较强的商业竞争者,不愿意把自己的成本数据披露给用户;另一方面,供应商不愿意为用户储存产品。实施准时制采购,需要减少库存,但库存成本原先是在用户一边,现在要转移给供应商。

4.3.5 准时制采购的实施

1. 实施条件

准时制采购的成功实施需要具备一定的前提条件。实施准时制采购的最基本的条件如下:

① 距离越近越好。供应商和用户企业的空间距离越近越好。太远了,操作不方便,发挥不了准时制采购的优越性,很难实现零库存。

② 制造商和供应商建立互利合作的战略伙伴关系。准时制采购策略的推行,有赖于制造商和供应商之间建立起长期的、互利合作的新型关系,相互信任,相互支持,共同获益。

③ 注重基础设施的建设。良好的交通运输和通信条件是实施准时制采购策略的重要保证,企业间通过标准的基础设施建设,对准时制采购的推行也至关重要。所以,要想成功实施准时制采购策略,制造商和供应商都应注重基础设施的建设。诚然,这些条件的改善,不仅仅取决于制造商和供应商的努力,也需要各级政府加大投入。

④ 强调供应商的参与。准时制采购不只是企业物资采购部门的事,它也离不开供应商的积极参与。供应商的参与,不仅体现在准时、按质按量供应制造商所需的原材料和外购件上,而且体现在积极参与制造商的产品开发设计。与此同时,制造商有义务帮助供应商改善产品质量,提高劳动生产率,降低供货成本。

⑤ 建立实施准时制采购策略的组织。企业领导必须从战略高度来认识准时制采购的意义,并建立相当的组织来保证该采购策略的成功实施。这一组织的构成,不仅应有企业的物资采购部门,还应包括产品设计部门、质量部门、财务部门等。其任务是,提出实施方案,具体组织实施,对实施效果进行评价,并且连续不断地改进。

⑥ 制造商向供应商提供综合的、稳定的生产计划和作业数据。综合的、稳定的生产计划和作业数据可以使供应商及早准备,精心安排生产,确保准时、按质按量交货。否则,供应商就不得不求助于缓冲库存,从而增加其供货成本。有些供应商在制造工厂附近建立仓库以满足制造商的准时制采购要求,实质上这不是真正的准时制采购,而只是负担的转移。

⑦ 注重教育与培训。通过教育和培训,使制造商和供应商充分认识到实施准时制采购的意义,并使他们掌握准时制采购的技术和标准,以便对准时制采购进行不断的改进。

⑧ 加强信息技术的应用。准时制采购是建立在有效信息交换的基础上的,信息技术的应用可以保证制造商和供应商之间的信息交换。因此,制造商和供应商都必须加强对信息技术,特别是电子数据交换技术的应用投资,以更加有效地推行准时制采购策略。

2. 实施步骤

开展准时制采购同其他工作一样,需遵循计划、实施、检查、总结提高的基本思路,具

体包括以下步骤:
(1) 创建准时制采购团队

世界一流企业的专业采购人员有三个责任:"寻找货源、商定价格、发展与供应商的协作关系并不断改进。"因此,专业化、高素质的采购队伍对实施准时制采购至关重要。为此,首先要成立两个队伍,一个是专门处理供应商事务的团队,该团队负责认定和评估供应商的信誉、能力,或与供应商谈判签订准时制订货合同、向供应商发放免检签证等,同时要负责供应商的培训与教育。另外一个团队专门负责消除采购中的浪费。这些团队中的人员应该对准时制采购的方法有充分的了解和认识,必要时要进行培训。如果这些人员本身对准时制采购的认识和了解都不彻底,就不可能指望供应商的合作了。

(2) 分析现状、确定供应商

确定采购物品的特点,比如价值大或者体积大,并以这些特点为出发点选择供应商,同时进行准时制采购的可行性分析。分析采购物品及供应商情况时要考虑的因素有原材料或零部件的采购量、年采购额、物品的重要性(对本公司产品生产、质量等的影响)、供应商的合作态度、供应商的地理位置、物品的包装及运输方式、物品的储存条件及存放周期、供应周期、供应商生产该物品的生产周期及重要原材料采购周期、供应商现有的送货频率、该物品的库存量等。然后要根据现状,进一步分析问题所在以及导致问题产生的原因。

(3) 设定目标

针对供应商目前的供应状态,提出改进目标。改进目标包括供货周期、供货频率、库存等,改进目标应有时间要求。

(4) 制订实施计划

计划要明确主要的行动点、行动负责人、完成时间、进度检查方法及时间、进度考核指标等。其中本公司内的主要行动包括:

① 将原来的固定订单改为开口订单,订单的定购量分成两部分,一部分是已确定的、供应商必须按时按量交货的部分,另一部分是可能因市场变化而增减的,供供应商准备原材料、安排生产计划参考的预测采购量。两部分的时间跨度取决于本公司的生产周期、供应商的生产交货周期、最小生产批量等。

② 调整相应的运作程序及参数设置;在公司内相关人员之间进行沟通、交流,统一认识、协调行动。

③ 确定相应人员的职责及任务分工等。

④ 在供应商方面,需要对供应商进行沟通、培训,使供应商接受准时制采购的理念,确认本公司提出的改进目标。包括缩短供应时间,增加供应频率,保持合适的原材料、在制品及成品的库存等。同时供应商也相应确认有关的配合人员的责任、行动完成时间等。

(5) 改进行动实施

改进行动实施的前提是供应原材料的质量改进和保障,同时为改善供应要考虑采用标准、循环使用的包装、周转材料与器具,以缩短送货的装卸、出入库时间。改进实施的主要环节是将原来的独立开具固定订单改成滚动下单,并将订单与预测结合起来。实施准时制采购还应注意改进行政效率,充分利用电话、传真及电子邮件等手段进行信息传递以充分保证信息传递的即时性、准确性、可靠性。在开展准时制采购的过程中,最重要的是要有纪律,要严格按确定的时间做该做的事情(如开具采购预测、订单、库存报告等),同时要有合作精神与团队意识。只有采购、计划、仓管、运输、收验货、供应商等密切配合,才能保证准时制采购顺利实施。

(6) 绩效衡量

衡量准时制采购实施绩效要定期检查进度,以绩效指标(目标的具体化指标)来控制实施过程。采购部门或准时制采购实施改进小组要定期(如每月)对照计划检查各项行动的进展情况、各项工作指标、主要目标的完成情况,并用书面形式报告出来,对于未如期完成的部分应重新提出进一步的跟进行动,调整工作方法,必要时调整工作目标。

4.4 供应链管理下的供应商选择与评价

4.4.1 供应链管理下供应商的选择与评估程序

供应链管理下供应商的选择与评估程序如图4.4所示。

按照图4.4所示的流程对供应商进行选择和评估,第一步要对供应商的质量体系进行全面、深入、认真的调研。

质量得到保证以后,第二步是进行初步评审。按照企业的发展状况,需要什么样的质量支撑,对质量体系进行初步评审;评审完以后,对合格品可进行样品评估。评估结果可能产生两种情况:若产品不合格,应中断合作;若产品合格,应进一步进行品质的确认。品质确认在实践操作中要特别注意封签制度,在封口上还可以实行签名制度。

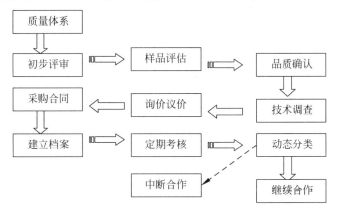

图 4.4　供应链管理下供应商的选择与评估程序

接下来要到供应商生产场地进行技术调研,调查样品是不是供应商生产出来的,其工艺是否可靠。在此基础上,就可以询价议价了。谈价钱要有技巧,首先要了解市场的平均价格,还要了解其成本组成、利润水平。价格谈好以后,就进入采购合同阶段。合同一旦签订,就要建立档案,并要保管好合同。为了减少纠纷,合同一定要详尽,具体的合作过程、细节问题在合同里写得越清楚越好,另外最好有中文和英文两份。

合同签好以后,要建立档案,并进行专门的保管。ISO9000的1994年版和2000年版都有严格的规定,档案要保存5～15年。每年对供应商进行定期的考核,每次考核的结果都应归档。

考核完以后,还要对供应商进行动态分类。因为一次考核只是某个时间点的静态结果,随着时间的变化,供应商的情况也会有变化,所以要连续考核,进行动态分类。动态分类也有两个结果:继续合作或中断合作。

有了这样的流程,人事变动就不会对工作造成太大影响,这是流程化管理的一大优点。

4.4.2 选择供应商的主要指标

1. 供应商选择的短期标准

(1) 商品质量

采购物品的质量是否符合要求是企业生产经营活动正常进行的必要条件,是采购单位进行商品采购时首要考虑的因素。质量次、价格偏低的商品,虽然采购成本低,但实际上导致了企业总成本的增加。因为质量不合格的产品在企业投入使用的过程中,往往会影响生产的连续性和产成品的质量,这些最终都将会反映到企业总成本中去。但是另一方面,质量过高并不意味着采购物品适合企业要求,如果质量过高,远远超过了生产要求的质量,对于企业而言也是一种浪费。因此,对于采购中质量的要求是符合企业生产所需,要求过高或过低都是错误的。评价供应商产品的质量,不仅要从商品检验入手,而且要从供应商企业内部去考察,例如企业内部的质量检测系统是否完善、是否已经通过了ISO9000认证等。

(2) 成本

进行成本分析,是有效甄选供应商的方式之一。不过,成本不仅仅包括采购价格,而且包括原料或零部件使用过程中或整个生命周期中发生的一切支出。采购价格低对于降低企业生产经营成本、提高竞争力和增加利润都有着明显的作用,因而它是选择供应商的一个重要条件,但是价格最低的供应商不一定就是最适合的,还要考虑产品质量、交货时间、地理位置等。

(3) 交货及时与否

供应单位是否按约定的交货期限和交货条件组织供货,直接影响企业生产和供应活动的连续性,因此交货时间也是选择供应商所要考虑的因素之一。企业在考虑交货时间时,一方面要降低原料的库存数量,另一方面又要降低断料停工的风险,因此要慎重考虑供应商的交货时间,以决定其是否能成为公司往来的对象。影响供应商交货时间的因素主要有:①供应商从取得原料、加工到包装所需的生产周期;②供应商生产计划的规划与弹性;③供应商的库存准备;④所采购原料或零部件在生产过程中所需要的供应商数目与阶层(上下游);⑤运输条件及能力。供应商交货的及时性一般用合同完成率或委托任务完成率来表示。

(4) 整体服务水平

供应商的整体服务水平是指供应商内部各作业环节,能够配合购买者的能力与态度,如各种技术服务项目、方便定购者的措施、为定购者节约费用的措施等。评价供应整体服务水平的主要指标有以下几点:

① 安装服务。如空调的免费安装、调试、贴片机的安装调试等都属于供应商提供的安装服务的范畴。对于采购者来讲,安装服务是一大便利。通过安装服务,采购商可以缩短设备的投产时间或应用时间。供应商能否提供非常完善的安装服务是评价供应商的一个重要指标。

② 培训服务。对于采购者来讲,会不会使用所采购的物品决定着该采购过程是否结束。如果采购者对如何使用所采购的物品不甚了解,供应商就有责任向采购者传授使用知识。每一个新产品的问世都应该有相应的辅助活动(如培训或讲座)推出。供应商在产品售前与售后的培训工作情况,也会大大影响采购方对供应商的选择。

③ 维修服务。供应商对所售产品一般都会做出免费保修一段时间的保证。例如:我们到电子市场买一台电脑,通常会问卖方提供多长时间的保修。有的提供一年免费故障保修,有的提供半年。一年免费保修是指买到产品一年内,因产品质量问题而出现的使用故障都可以得到供应商的免费维修。免费维修是对买方利益的保护,同时也对产品提出了更高的质量要求。供应商会想方设法提高产品质量,避免或减少免费维修情况的出现。

④ 升级服务。这也是一种非常常见的售后服务形式,尤其是现代信息时代的产品更需要升级服务的支持。信息时代的产品更新换代非常快,各种新产品层出不穷,功能越来越强大,价格越来越低廉,供应商提供免费或者有偿的升级服务,对采购者是一大诱惑,也是竞争力的体现。例如:各种各样的杀毒软件一般都要提供升级服务,只要购买了公司产品就可以随时在网上得到免费升级的服务。

⑤ 技术支持服务。这是供应商寻求广泛合作的一种手段。采购者有时非常想了解在其产品系统中究竟什么样的器件最合适,有时浪费大量的时间和费用也不一定能够找到合适的解决办法。这时,如果供应商向采购者提供相应的技术支持,供应商在替采购者解决难题的同时也销售了自己的产品。

(5) 履行合同的承诺与能力

企业在进行采购时,确定供应商有无履行合同的承诺与能力主要考虑以下几点:

① 要先确认供应商对采购的项目、订单金额及数量是否感兴趣。订单数量大,供应商可能生产能力不足,而订单数量少,供应商可能缺乏兴趣。

② 供应商处理订单的时间。

③ 供应商在需要采购的项目上是否具有核心能力。

④ 供应商是否具有自行研发产品的能力。

⑤ 供应商目前的闲置设备状况。

2. 供应商选择的长期标准

选择供应商的长期标准主要在于评估供应商是否能提供长期而稳定的供应,生产能力是否能配合公司的成长,是否具有健全的企业体制,是否具有与公司相近的经营理念,产品未来的发展方向能否符合公司的需求,以及是否具有长期合作的意愿等。

(1) 供应商的财务状况是否稳定

供应商的财务状况直接影响到其交货和履约,如果供应商的财务出现问题,资金周转不灵,或者倒闭破产,将会造成自身供料不足,甚至出现停工的严重危机。因此,供应商的财务状况是考察供应商长期供应能力的一个重要指标。虽然企业不容易判断一家供应商的财务状况,但是可以利用资产负债情况,通过损益表,研究供应商一段时期内的销售业绩与成本费用的情况。如果供应商是上市公司,还可以利用公司的年度报表中的信息来计算各种财务比率,以观察其现金流动情况、应收应付账款的状况、库存周转率、获利能力等。

(2) 供应商内部组织与管理是否良好

供应商内部组织与管理是关系到日后供应商服务质量的因素。供应商内部组织机构设置是否合理影响着采购的效率及其质量,如果供应商组织机构设置混乱,采购的效率与质量就会因此下降,甚至由于供应商部门之间的互相扯皮而导致供应活动不能及时、高质量地完成。另外,供应商的高层主管是否将采购单位视为主要客户也是影响供应质量的一个因素。如果供应商的高层没有将采购单位视为主要客户,在面临一些突发状况时,采购单位便无法取得优先处理的机会。

除此之外,还可以从供应商及其设备的新旧程度及保养状况,看出管理者对生产工作、产品质量的重视程度以及内部管理的好坏。另外可以参考供应商同业之间的评价,以及在所属产业中的地位。对客户满意程度的认知、对工厂的管理、对采购原材料来源的掌握、生产流程的控制,也是评估供应商内部管理时的指标。

(3) 供应商的人员状况是否稳定

供应商员工的平均年龄也是反映企业管理中是否存在问题的一个重要指标。若平均年龄偏高,表明供应商员工的流动率较低,相反也可能显示出供应商无法吸收新员工的加入,因而缺乏新观念、新技术的引进。另外供应商员工的工作态度及受培训的水平,会直接影响到产出的效能,这些都是可以在现场参观时观察到的。

本章小结

传统采购的主要模式有:询价采购、比价采购、招标采购。

供应链管理环境下的采购管理就是指采购组织对企业为了追求和实现它的战略目标而进行的一系列与生产和库存紧密相连的识别、采办、获取与管理它所需的所有资源的活动的计划、组织、协调和控制。

和传统的采购行为相比,供应链管理环境下采购管理的转变体现在以下三个方面:从为库存而采购转变为为订单而采购;从采购管理转变为外部资源管理;从一般买卖关系转变为战略伙伴关系。

准时制采购是一种先进的采购模式,它的基本思想是:在恰当的时间、恰当的地点,以恰当的数量、恰当的质量提供恰当的物品。

准时制采购与传统采购比较有如下不同:(1)对供应商数量的选择不同;(2)对交货即时性的要求不同;(3)对供应商进行选择的标准不同;(4)对信息交流的需求不同;(5)制定采购批量的策略不同;(6)对送货和包装的要求不同。

准时制采购的优点:(1)大幅度减少原材料和外购件库存成本;(2)提高采购物资的质量;(3)降低原材料和外购件的采购价格。

准时制采购带来的问题主要有以下两个方面:(1)小批量采购带来的问题;(2)单源供应带来的风险。

供应商选择的短期标准:(1)商品质量;(2)成本;(3)交货及时与否;(4)整体服务水平;(5)履行合同的承诺与能力。

供应商选择的长期标准:(1)供应商的财务状况是否稳定;(2)供应商内部组织与管理是否良好;(3)供应商的人员状况是否稳定。

复习与思考

1. 传统采购的主要模式有哪些?
2. 什么是供应链管理环境下的采购管理?
3. 与传统的采购行为相比,供应链管理环境下采购管理有何特征?
4. 什么是准时制采购?
5. 准时制采购的优点有哪些?
6. 如何解决小批量采购带来的问题?
7. 如何解决单源供应带来的风险?
8. 供应商选择的长期标准有哪些?

案例分析

中石化国勘公司的供应商风险治理

中国石化国际石油勘探开发有限公司(以下简称国勘公司)作为中国石油化工集团有限公司(简称中石化)负责海外勘探开发的全资子公司,是响应国家"走出去"战略的排头兵,肩负着中石化打造上游长板的历史使命。国勘公司围绕国际化战略和资源战略,海外油气勘探开发业务发展迅速,油气储量和权益油产量增长迅猛。目前,海外油气业务遍布非洲、中亚、中东、俄罗斯、美洲、南亚太等26个国家,共有49个油气勘探开发合作项目。在项目招标与合同履行过程中存在流程多、周期长、审批节点繁多等问题,会导致总部与海外项目采购成本增加与效率降低的风险。因此,供应链风险管理在国勘公司整个海外油气投资以及油气供应链管理中发挥着重要作用。

国勘公司供应商管理面临的问题与风险

国勘公司的发展日新月异,随着公司海外经营活动越来越活跃、覆盖范围越来越广泛、专业化程度越来越高,公司海外项目面对的资源国环境和经营环境也变得日趋复杂,特别是关系到海外项目正常生产经营和利润指标的一个重要环节——供应链管理所面临的风险和挑战也在逐步增加。通过调研和分析,国勘公司供应商管理面临的问题和风险如下。

(1)符合条件的供应商少,缺乏竞争导致成本居高不下。一方面,由于部分业务的专业性和综合实力要求较高,如财务顾问和审计服务等,导致能够满足条件的供应商资源较少,竞争不充分。在招标时,投标的服务商基本为经常参与的行业领先企业,缺乏有效竞争,采购成本高。另一方面,由于涉及专业技术软件应用较多,而专业软件基本属于专利产品,采购方只能从软件开发商或其指定的代理方采购,国际上大部分专业软件在中国为独家代理,导致采购专业软件及后续服务时,谈判话语权较弱,被动接受其高昂的价格。加之,部分业务为保障工作的延续性,如 IT 技术服务,用户部门一般不会主动引入新的供应商,没有新的竞争,很难有效管控成本。

(2) 双方信息沟通不畅,部分供应商对项目理解不够。目前公司使用的管理工具仍为传统的 ERP 系统,具有多系统集成、扩展性差、运维成本较高、开发成本高等缺点,尚未构建起全渠道供应链数字平台,也未实现全业务域数据流通。审批流程等沟通传递方式仍以电子邮件的方式进行,数字化工具实际使用率不高。因此,部分供应商对项目工作范围和内容理解不全面,报价不准确,中标后履行合同时要求增加费用、变更合同的情况时有发生,使得合同费用超出预算。

(3) 管理权限不集中,缺乏统一规范的供应商评价体系。总部物资采办和服务采办分散在总部各部门且各自为政,总部对海外项目的监控不完善,项目自身可操作空间过大。部分海外项目粗放式管理,没有设立招标委员会,没有集中采购,没有年度和季度采办计划,造成采购浪费,库存严重积压。同时,对供应商的选择与评价更多地依赖于经验性判断,缺乏客观的数据分析,已有评价标准尚未在各部门间统一。

(4) 供应商选择不当,存在合同履行和价格变更风险。一方面,对于有本土化采购要求的海外项目,当地供应商实力普遍较弱,常要求大比例预付款,而后续合同履行期间违约,导致项目不得不重新采购,延误工期,增加采购成本。另一方面,招标方对市场的信息掌握程度不如供应商全面,导致招标方不能及时发现供应商虚报价格、以次充好的问题,供应商低价中标后,后续会通过改变技术规格等方式要求追加合同价格,甚至单方终止履行合同,要求修改合同价格才可继续执行合同,影响项目正常作业。

(5) 存在本地化保护政策,制度与文化差异难以克服。一方面,大部分资源国都有当地供应商保护政策,包括优惠政策和建立供应商名单等措施。对本国供应商在招标中给予 5%~20% 不同程度的优惠,增加了海外项目采购成本;而只有进入名单的供应商才有资格参与海外项目的招标活动,伊朗、尼日利亚、叙利亚、阿尔及利亚都有类似的供应商名单,导致很多优质的国内供应商无法参与海外项目。另一方面,国勘公司海外项目多处于当地市场资源匮乏的第三世界国家,设备物资多由当地代理商代理销售,而代理商经常出现对产品参数、技术规格不熟悉等情况,沟通环节双方理解存在偏差,加大了沟通成本,导致采购效率低下。

国勘公司供应商风险管理应对措施

国勘公司在海外供应链管理中面临广阔的经营地域、繁多的合同模式、纷杂的采购需求,公司在供应商管理上难度较大。为降低现存的多重供应商风险,公司已开展实施垂直过程管控,即总部和海外作业者项目形成合力,对变化及风险做出快速反应,保证生产经营的稳定运行。目前国勘公司为应对供应商风险,已对采办过程中的供应商选择以及相关信息系统搭建采取了相应措施。针对前文所述国勘公司存在的主要问题与潜在风险,为更加精准地识别、评估和规避相关风险,国勘公司实施了以下管理措施。

(1) 开发供应商资源,形成供应商关系网络。一方面,充分利用线上线下资源,通过展会和网络平台等方式,主动收集供应商信息,广泛搜寻潜在的供应商资源,拓展供应商的来源;另一方面,积极维护现有供应商关系,定期交流合作,建立公司与供应商之间的良好沟通渠道,通过激励机制调动供应商的积极性。在此基础上,对供应商进行合理分类和筛选,构建一个以国勘公司为中心、可不断兼容的供应商关系网络。

(2) 利用数字化工具,构建共享信息系统。通过信息系统将物资采购计划管理、合同管理、质量监督管理、仓储管理、配送管理、废旧物资处置管理、供应商关系管理等全供应链环节进行整合,从新合同的策划、启动、招标、签署、执行、变更到关闭,全流程高效实施垂直过程管控,合同信息与财务付款联动,为项目管理、成本控制、供应商管理适时提供有价值信息,基本实现了"过程受控、全程在案、永久追溯"的目标。

(3) 集中供应商管理权限,明确各部门工作内容。一方面,总公司将供应商管理权限下放至采办贸易部,自身则专注于工作思路、目标任务和工作安排等顶层设计;另一方面,将海外项目的供应商管理权限收归统一至贸易采办部,缩小海外作业者项目的人为可操作空间。对供应商的资质进行审查,对供应商进行评价,对供应商的相关资料进行归档和管理,负责组织制定、维护和修订供应商管理细则。

(4) 实行供应商资质审查,规范供应商选择流程。公司采办贸易部负责制定供应商资质审查参考标准,包括基本要求、财务状况、资质证书、生产或服务能力、业绩情况、服务等资质审查内容。公司各部门组织和海外机构对潜在供应商进行资质审查,经公司采办贸易部审核后报采办贸易部分管领导审批。任何符合资质审查要求的供应商均可参与竞争,原则上任何单位和个人不得指定供应商。在紧急采购等特殊情况下,如需指定供应商,供应商需通过资质审查并说明原因。

(5) 建立供应商评价体系,采取责任追究制度。公司采办贸易部负责制定供应商评价标准。使用单位按照质量、交货、服务和价格等方面实施动态量化考核机制,择优汰劣。使用单位需在合同或框架协议结束后一个月内对供应商进行考评,考评结果按季度报给公司采办贸易部备案。同时,实行供应商管理责任追究制,按照"谁选用,谁负责"的原则,落实管理责任。使用单位对考评不合格的供应商根据造成不良后果的程度,给予警告、内部通报、暂停交易、三年之内不予合作,直至追究法律责任等惩罚措施。

国勘公司供应商风险管理实施效果

通过上文所述管理措施,国勘公司供应商风险管理日趋规范,形成了"统一管理、分级负责、授权采购、共同参与、有效监督"的良好运行态势,并取得了如下实施效果。

(1) 降低生产成本,增加公司绩效。公司通过供应商风险管理,不仅提高了海外作业者项目生产经营效率、减少了采购风险、降低了生产成本,也大幅提升了公司经营效益。

(2) 规范采办流程,打破信息壁垒。一方面,通过统一招标、询比价和单一货源的采购流程,编制采购过程文件模板,有效解决了传统采购模式下存在的人为可操作空间大、监管机制不完善的问题,构建了一套规范的采办流程和公开透明的监督机制;另一方面,通过数字化手段将原有的链条式供应商管理模式改造为网络式供应商管理模式,将分散在各部门的信息整合起来,打破了各部门间的信息壁垒,实现了采购流程的透明化和规范化。

(3) 构建评价体系,分散选择风险。总部采办贸易部和海外作业者项目共同完善供应商资质评价、绩效评估机制,对供应商资质及供应商在采购、产品生产、合同履约、安装调试、运维等环节的绩效进行定量化评估。通过构建评价体系,公司对供应商信息的掌握更加深入,有效提高了供应商选择的质量,也分散了项目招标和进行中面临的供应商管理风险。

(4) 明确责任分工,提高管理效率。总部采办贸易部和海外作业者项目之间的职责、界面更加清晰,任务更加明确。通过将供应商管理权限收归统一至贸易采办部,有效提高了总部采办贸易部对海外作业者项目的监管力度和支持力度,增强了总部采办贸易部和海外作业者项目之间互动的频度、深度和广度,将总部的工作思路、任务目标和各项要求贯彻到位,更好地将总部在供应商管理方面的要求在海外作业者项目中落实、落地。

资料来源:李岳,陶敬中,张弛.国家战略资源海外物资供应商风险治理理路——以中石化国勘公司为案例[J].学习与探索,2023(01):138-143.

思考题:
1. 中石化国勘公司供应商风险治理的方法有哪些好处?
2. 中石化国勘公司的经验对供应商管理有什么启示?

即 测 即 练

第5章 供应链管理下的库存管理

本章关键词

库存(inventory)　　　　　　　　　　　　外生变量(exogenous variable)
供应商管理库存(vendor managed inventory)　　内生变量(endogenous variable)
联合库存管理(jointly managed inventory)　　　交易成本(transaction cost)

> 供应链管理环境下的库存控制问题是供应链管理的重要内容之一。企业要有效地缓解供需矛盾,尽可能均匀地保持生产,都必须持有一定的库存,但由于库存的过量积压,许多企业无法及时获得资金回流,因而走向倒闭。如何有效地进行库存管理成为几乎所有企业关注的焦点,因此企业必须尽力将库存保持在合理的范围内,从而提高其经营管理水平和快速响应能力。

5.1 库存管理的基本原理

5.1.1 库存基本概念

"库存",译自英语里面的"inventory",它表示用于将来目的的资源暂时处于闲置状态。一般情况下,人们设置库存的目的是防止短缺,就像水库里储存的水一样。另外,它还具有保持生产过程连续性、分摊订货费用、快速满足用户订货需求的作用。在企业生产中,尽管库存是出于种种经济考虑而存在,但是库存却也是一种无奈的结果。它是人们由于无法预测未来的需求变化,才不得已采用以应付外界变化的手段。

在库存理论中,一般根据物品需求的重复程度分为单周期需求问题和多周期需求问题。单周期需求问题也叫一次性订货问题,这种需求的特征具有偶发性且物品生命周期短,因而很少重复订货,如报纸,没有人会买过期的报纸来看;如月饼,人们也不会在农历八月十六预定中秋月饼,这些都是单周期需求问题。多周期需求问题是在长时间内需求反复发生,库存需要不断补充,在实际生活中,这种需求现象较为多见。

多周期需求又分为独立需求与相关需求两种属性。所谓独立需求是需求变化独立于人们的主观控制能力,因而其数量与出现的概率是随机的、不确定的、模糊的。相关需求的需求数量和需求时间和其他的变量存在一定的相互关系,可以通过一定的结构关系推算得出。对于一个相对独立的企业而言,其产品是独立的需求变量,因为其需求的数量与需求的时间对于系统控制主体——企业管理者而言,一般是无法预先精确确定的,只能通过一定的预测方法得出。而生产过程中的在制品以及需要的原材料,则可以通过产品的结构关系和一定的生产比例关系准确确定。

独立需求的库存控制与相关需求的库存控制原理是不相同的。独立需求对一定的库存控制系统来说,是一种外生变量(exogenous variable),相关需求则是控制系统的内生变量(endogenous variable)。不管是独立需求库存控制还是相关需求库存控制,都要回答这些问题:(1)如何优化库存成本?(2)怎样平衡生产与销售计划,来满足一定的交货要求?(3)怎样避免浪费,避免不必要的库存?(4)怎样避免缺货损失和利润损失?

归根到底,库存控制要解决三个主要问题:(1)确定库存检查周期;(2)确定订货量;(3)确定订货点(何时订货)。

5.1.2 基本库存控制方法

1. 库存补给策略

由于独立需求库存控制采用的多为订货点控制策略,因此本文首先介绍一下几种常见的库存补给策略。

订货点库存管理的策略很多,最基本的策略有 4 种:(1)连续性检查的固定订货量、固定订货点策略,即 (Q,R) 策略;(2)连续性检查的固定订货点、最大库存策略,即 (R,S) 策略;(3)周期性检查策略,即 (t,S) 策略;(4)综合库存策略,即 (t,R,S) 策略。

在这 4 种基本的库存策略基础上,又延伸出很多种库存策略,本书重点介绍 4 种基本的库存策略。

(1) (Q,R) 策略

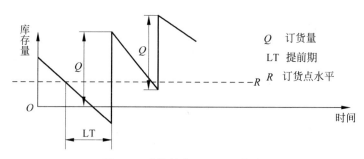

图 5.1 连续性检查 (Q,R) 策略

该策略的基本思想是:对库存进行连续性的检查,当库存降低到订货点水平 R 时,即发出一个订货,每次的订货量保持不变,都为固定值 Q。该策略适用于需求量大、缺货费用较高、需求波动性很大的情形。

(2) (R,S) 策略

该策略和 (Q,R) 策略一样,都是连续性检查类型的策略,也就是要随时检查库存状态。当发现库存降低到订货点水平 R 时,开始订货,订货后使最大库存保持不变,即为常量 S,若发出订单时库存量为 I,则其订货量即为 $(S-I)$。该策略和 (Q,R) 策略的不同之处在于其订货量是按实际库存而定,因而订货量是可变的。

(3) (t, S) 策略

该策略是每隔一定时期检察一次库存,并发出一次订货,把现有的库存补充到最大库存水平 S,如果检查时库存量为 I,则订货量为 $(S-I)$。如图 5.2 所示,经过固定的检查期 t 发出订货,这时,库存量为 I_1,订货量为 $(S-I_1)$。经过一定的时间(LT),库存补充 $(S-I_1)$,库存到达 A 点。再经过一个固定的检查时期 t 又发出一次订货,订货量为 $(S-I_2)$,经过一定时间(LT——订货提前期,可以为随机变量),库存达到新的高度 B。如此周期性检查库存,不断补给。

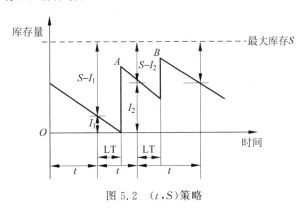

图 5.2 (t, S) 策略

该策略不设订货点,只设固定检查周期和最大库存量。该策略适用于一些不很重要的或使用量不大的物资。

(4) (t, R, S) 策略

该策略是策略 (t, S) 和策略 (R, S) 的综合。

如图 5.3 所示,这种补给策略有一个固定的检查周期 t、最大库存量 S、固定订货水平 R。当经过一定的检查周期 t 后,若库存低于订货点,则发出订货,否则,不订货。订货量的大小等于最大库存量减去检查时的库存量。如图 5.3 所示,当经过固定的检查时期到达 A 点时,此时库存已降低到订货点水平线 R 之下,因而应发出一次订货,订货量等于最大库存量 S 与当时的库存量 I_1 的差 $(S-I_1)$。经过一定的订货提前期后在 B 点订货到达,库存补充到 C 点,在第二个检查期到来时,此时库存位置在 D,比订货点水平位置线高,无须订货。第三个检查期到来时,库存点在 E,等于订货点水平,又发出一次订货,订

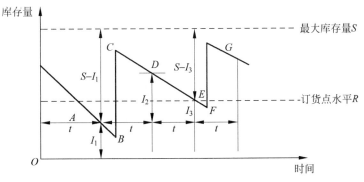

图 5.3 (t, R, S) 策略

货量为$(S-I_3)$,如此周而复始地进行下去,实现周期性库存补给。

2. 常见库存控制模型

常见的独立需求库存控制模型根据其主要的参数,如需求量与提前期是否确定,分为确定型库存模型和随机型库存模型。

(1) 确定型库存模型

① 周期性检查模型

此类模型有 6 种,分不允许缺货、允许缺货、实行补货等 3 种情况。每种情况又分瞬时到货、延时到货 2 种情形。

最常用的模型是不允许缺货、瞬时到货型。

其最佳订货周期为

$$T^* = \sqrt{\frac{2C_R}{HD}}$$

式中:C_R——每次订货的费用(元)

H——单位产品库存维持费(元/件·年)

D——需求率(年需求量)(件/年)

最大库存量:$S = T^* D$

② 连续性检查模型

连续性检查模型需要确定订货点和订货量 2 个参数。也就是解决(Q,R)策略的 2 个参数的设定问题。

连续性库存检查模型有 6 种:不允许缺货、瞬时到货型;不允许缺货、持时到货型;允许缺货、瞬时到货型;允许缺货、持时到货型;补货、瞬时到货型;补货、持时到货型。

最常见的连续性检查模型是不允许缺货、瞬时到货。最经典的经济订货批量(EOQ)模型就是这种。

最佳订货批量:

$$Q^* = \sqrt{\frac{2DC_R}{H}}$$

订货点:$R = \text{LT}^* D$

C_R——每次订货的费用(元)

H——单位库存维持费(元/件·年)

D——需求率(年需求量)(件/年)

LT——为订货提前期。

(2) 随机型库存模型

随机型库存模型要解决的问题是:确定经济订货批量或经济订货期;确定安全库存量;确定订货点和订货后最大库存量。

随机型库存模型也分连续性检查和周期性检查两种情形。当需求量、提前期同时为随机变量时,库存模型较为复杂。

5.2 供应链管理环境下的库存问题

库存以原材料、在制品、半成品、成品的形式存在于供应链的各个环节。由于库存费用占库存物品价值的 20%～40%，因此供应链中的库存控制是十分重要的。库存决策的内容集中于运行方面，包括生产部署策略，如采用推式生产管理或是拉式生产管理；库存控制策略，如各库存点的最佳订货量、最佳再订货点、安全库存水平的确定等。

绝大多数制造业供应链是由供应、制造和分销网络构成的，通过原材料的输入转化为中间产品和最终产品，并把它分销给用户。最简单的供应链网络只有一个节点（单一企业），同时担负制造和分销功能。在复杂的供应链网络中，不同的管理者担负不同的管理任务。不同的供应链节点企业的库存，包括输入的原材料和最终的产品，都有复杂的关系。供应链的库存管理不是简单的需求预测与补给，而是要通过库存管理获得用户服务与利润的优化。其主要内容包括采用先进的商业建模技术来评价库存策略、提前期和运输变化的准确效果；决定经济订货量时考虑供应链企业各方面的影响；在充分了解库存状态的前提下确定适当的服务水平。

5.2.1 供应链管理环境下的库存控制问题

供应链管理环境下的库存问题和传统的企业库存问题有许多不同之处，这些不同表现出供应链管理思想对库存的影响。传统的企业库存管理侧重于优化单一的库存成本，从存储成本和订货成本出发确定经济订货量和订货点。从单一的库存控制角度看，这种库存管理方法有一定的适用性，但是从供应链整体的角度看，单一企业库存管理的方法显然是不够的。

目前供应链管理环境下的库存控制中存在的主要问题可综合成以下几个方面。

1. 没有供应链的整体观念

虽然供应链的整体绩效取决于各个供应链的节点的绩效，但是各个部门都是各自独立的单元，都有各自独立的目标与使命。有些目标和供应链的整体目标是不相干的，更有可能是冲突的。因此，这种各行其道的山头主义行为必然导致供应链整体效率的低下。

比如，一家汽车制造配件厂的绩效评价是由库存决定的，所以它致力于大量压缩库存，这种做法本身并没有不妥，但是它没有考虑这样做对整体供应链中其他企业的影响，它的做法使得它到组装厂与零配件分销中心的相应时间变得更长更不稳定，组装厂与分销中心为了满足顾客要求也不得不维持较高的库存。这个例子说明，供应链的决定是各自为政的，没有考虑整体的效能。

一般的供应链系统都没有针对全局供应链的绩效评价指标，这是普遍存在的问题。有些企业采用库存周转率作为供应链库存管理的绩效评价指标，但是没有考虑对用户的反应时间与服务水平。用户满意应该成为供应链库存管理的一项重要指标。

2. 信息传递效率低下

在供应链中，各个供应链节点企业之间的需求预测、库存状态、生产计划等都是供应链管理的重要数据,这些数据分布在不同的供应链组织之间,要做到有效地快速响应用户需求,必须实时地传递,为此需要对供应链的信息系统模型做相应的改变,通过系统集成的办法,使供应链中的库存数据能够实时、快速地传递。但是目前许多企业的信息系统并没有很好地集成起来,当供应商需要了解用户的需求信息时,常常得到的是延迟的信息和不准确的信息。由于延迟及误差会影响库存量的精确度,因此会影响到短期生产计划的实施。例如企业为了制订一个生产计划,需要获得关于需求预测、当前库存状态、订货的运输能力、生产能力等的信息,这些信息需要从供应链的不同节点企业数据库存获得,数据调用的工作量很大。数据整理完后制订主生产计划,然后运用相关管理软件制订物料需求计划,这样一个过程一般需要很长时间。时间越长,预测误差越大,制造商对最新订货信息的有效反应能力也就越小,生产出过时的产品和造成过高的库存业也就不足为奇了。

3. 忽视不确定性对库存的影响

供应链运作中存在诸多不确定因素,如订货提前期、货物运输状况、原材料的质量、生产过程的时间、运输时间、需求的变化等。为减少不确定性对供应链的影响,首先应了解不确定性的来源和影响程度。很多公司并没有认真研究和跟踪其不确定性的来源和影响,错误估计供应链中物料的流动时间(提前期),造成有的物品库存增加,而有的物品库存不足的现象。

4. 库存控制策略简单化

无论是生产型企业还是物流企业,库存控制目的都是为了保证供应链运行的连续性和应付不确定需求。了解和跟踪不确定性状态的因素是第一步,第二步是要利用跟踪到的信息去制定相应的库存控制策略。这是一个动态的过程,因为不确定性也在不断地变化。有些供应商在交货与质量方面可靠性好,而有些则相对较差;对一些物品的需求可预测性大,而另外的物品可预测性小一些;库存控制策略应能反映这种情况。

许多公司对所有的物品采用统一的库存控制策略,物品的分类没有反映供应与需求中的不确定性。在传统的库存控制策略中,多数是面向单一企业的,采用的信息基本上来自企业内部,其库存控制没有体现供应链管理的思想。因此,如何建立有效的库存控制方法,并能体现供应链管理的思想,是供应链库存管理的重要内容。

5. 缺乏合作与协调性

供应链是一个整体,需要协调各方活动,才能取得最佳的运作效果。协调的目的是使满足一定服务质量要求的信息可以无缝地、流畅地在供应链中传递,从而使整个供应链能够根据用户的要求步调一致,形成更为合理的供需关系,适应复杂多变的市场环境。例如,当用户的订货由多种产品组成,而各产品又是不同的供应商提供时,用户要求所有的商品都一次性交货,这时企业必须对来自不同供应商的交货期进行协调。如果组织间缺乏协调与合作,会导致交货期延迟和服务水平下降,同时库存水平也由此而增加。

供应链的各个节点企业为了应付不确定性,都设有一定的安全库存,设置安全库存是企业采取的一种应急措施。问题在于,多厂商特别是全球化的供应链中,组织的协调涉及更多的利益群体,相互之间的信息透明度不高。在这样的情况下,企业不得不维持一个较高的安全库存,为此付出了较高代价。

企业之间存在的障碍有可能使库存控制变得更为困难,因为各自有不同的目标、绩效评价尺度,拥有不同的仓库,也不愿意去帮助其他的部门共享资源。在分布式的组织体系中,企业之间的障碍对库存集中控制的阻力更大。

要进行有效的合作与协调,企业之间需要有一种有效的激励机制。在企业内部一般有各种各样的激励机制加强部门之间的合作与协调,但是当涉及企业之间的激励时,困难就大得多。问题还不止如此,信任风险的存在更加深了问题的严重性,相互之间缺乏有效的监督和激励机制是供应链企业合作不稳固的原因。

6. 产品的过程设计没有考虑供应链上库存的影响

现代产品设计与先进制造技术的出现,使产品的生产效率大幅度提高,而且具有较高的成本效益,但是供应链库存的复杂性常常被忽视了。结果所有节省下来的成本都被供应链上的分销与库存成本给抵消了。同样,在引进新产品时,如果不进行供应链的规划,也会产生如运输时间过长、库存成本高等问题而无法获得成功。如美国的一家计算机外围设备制造商,为世界各国分销商生产打印机。打印机有一些具有销售所在国特色的配件,如电源、说明书等。美国工厂按需求预测生产,但是随着时间的推移,当打印机到达各地区分销中心时,需求已经发生了改变。因为打印机是为特定国家而产生的,分销商没有办法来应付需求的变化,也就是说,这样的供应链缺乏柔性,其结果是造成产品积压,产生了高库存。后来重新设计了供应链的结构,主要对打印机的装配过程进行了改变,工厂只生产打印机的通用组件,让分销中心再根据所在国家的需求特点加入相应的特色组件,这样库存就大量减少了,同时供应链也具有了柔性。这就是产品"为供应链管理而设计"的思想。在这里,分销中心参与了产品装配设计这样的设计活动,这里面涉及组织之间的协调与合作问题,因此合作关系很重要。

另外,在供应链的结构设计中,同样需要考虑库存的影响。要在一条供应链中增加或关闭一个工厂或分销中心,一般是先考虑固定成本与相关的物流成本,至于网络变化对运作的影响因素,如库存投资、订单的响应时间等常常是放在第二位的。但是这些因素对供应链的影响是不可低估的。如美国一家 IC 芯片制造商的供应链结构是这样的:在美国加工芯片后运到新加坡检验,再运回美国生产地做最后的测试,包装后运到用户手中。供应链之所以这样设计是因为考虑了新加坡的检验技术先进、劳动力素质高和税收低等因素。但是这样显然欠缺了对库存和周转时间的考虑,因为从美国到新加坡来回至少要两周,而且还有海关手续时间,这就延长了制造周期,增加了库存成本。

5.2.2 供应链中的需求变异放大原理与库存波动

"需求变异加速放大原理"是美国著名的供应链管理专家 Hau L. Lee 教授对需求信息扭曲在供应链中传递的一种形象描述。其基本思想是:当供应链的各节点企业只根据来自其相邻的下级企业的需求信息进行生产或供应决策时,需求信息的不真实性会沿着供应链逆流而上,产生逐级放大的现象,到达源头供应商时,其获得的需求信息和实际消费市场中的顾客需求信息发生了很大的偏差,需求变异系数比分销商和零售商的需求变异系数大得多。由于这种需求放大效应的影响,上游供应商往往维持比下游供应商更高的库存水平。这种现象反映出供应链上需求的不同步现象,它说明供应链库存管理中的一个普遍现象:"看到的是非实际的。"

需求放大效应最先由宝洁公司(P&G)发现。宝洁公司在一次考察该公司最畅销的产品——一次性尿布的订货规律时,发现零售商销售的波动性并不大,但当他们考察分销中心向宝洁公司订货时,吃惊地发现波动性明显增大了,有趣的是,他们进一步考察宝洁公司向其供应商,如3M公司的订货时,发现其订货的变化更大。除了宝洁公司,其他公司如惠普公司在考察其打印机的销售状况时也曾发现这一现象。

1994年、1997年美国斯坦福大学的李教授(Hau L. Lee)对需求放大现象进行了深入的研究,把其产生的原因归纳为四个方面:需求预测修正;订货批量决策;价格波动;短缺博弈。

需求预测修正是指当供应链的成员采用其直接的下游订货数据作为市场需求信号时,即产生需求放大。举一个简单的例子,当你作为库存管理人员,需要决定向供应商的订货量时,你可以采用一些简单的预测方法,如指数平滑法。在指数平滑法中,未来的需求被连续修正,这样,送到供应商的需求订单反映的是经过修正的未来库存补给量,安全库存也是这样。订货批量决策指两种现象,一种是周期性订货决策,另一种是订单推动。周期性订货是指当公司向供应商订货时,不是来一个需求下一个订单,而是考虑库存的原因采用周期性分批订货,比如一周、一月订一次。分批订货在企业中普遍存在,MRP系统是分批订货,DRP也是如此。用MRP批量订货出现的需求放大现象,称为"MRP紧张"。价格波动反映了一种商业行为:"预先购买"(forward buy),价格波动是由于一些促销手段造成的,如价格折扣、数量折扣、赠票等。这种商业促销行为使许多推销人员预先采购的订货量大于实际的需求量。因为如果库存成本小于由于价格折扣所获得的利益,销售人员当然愿意预先多买,这样订货没有真实反映需求的变化,从而产生需求放大现象。短缺博弈是指这样一种现象:当需求大于供应量时,理性的决策是按照用户的订货量比例分配现有的库存供应量,比如,总的供应量只有订货量的50%,合理的配给办法是所有的用户获得其订货的50%。此时,用户就为了获得更大份额的配给量,故意地夸大其订货需求,当需求下降时,订货又突然消失。这种由于个体参与的组织的完全理性经济决策导致的需求信息的扭曲最终导致需求放大。

我们在这里解释需求放大现象的本质特征,目的就是想说明供应链管理中库存波动的渊源和库存管理的新特点,采用传统的库存管理模式不可能解决诸如需求放大现象这样一些新的库存问题。因此探讨新的适应供应链管理的库存管理模式,对供应链管理思想能否很好实施起着关键作用。

5.2.3 供应链的库存控制模式

图5.4显示了在传统的库存控制模式下,需求信息沿供应链逆向逐级向上传递。在这种情况下,供应链的各个节点企业之间往往因缺乏协调与合作无法实现信息的共享,各企业都独立地采用订货点技术进行库存决策,不可避免地会产生需求信息的扭曲现象,即"牛鞭效应",并因此导致供应链整体运作效率的低下。

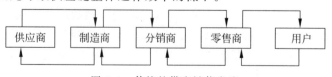

图 5.4　传统的供应链信息流

供应链管理强调企业间的协作与系统优化,如图 5.5 所示。要取得供应链运作效果的整体最优,就必须通过企业合作实现供应链上下游企业物流活动的统一。狭义地说,这意味着物流活动必须在一个地点协调起来;从供应链角度,这将导致合作和整条供应链的一系列物流活动的有序安排。基于这种思想,就产生了产销一体化的库存控制新模式。其原理见图 5.6。

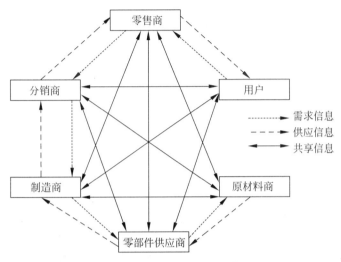

图 5.5 供应链管理环境下的信息流

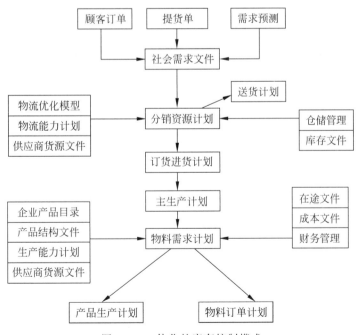

图 5.6 一体化的库存控制模式

这种库存控制模式,实际上是一种建立在企业协作与统一决策基础上的产、销大联合。在传统的方式下,流通领域以分销资源计划(DRP)为核心独立运作,生产领域则围绕物料需求计划(MRP)开展工作,产、销基本上是相互独立、彼此分离的两个环节,供应链的库存控制也是在不同时间、不同地点由不同的企业分别进行的。通过系统集成的方法,一体化的库存控制模式将原来独立运作的两个系统统一起来了。一方面,企业在做库存控制决策的时候,将不再仅仅依靠相邻企业传递的信息,它同时还可以从供应链中的其他企业那里获取共享信息。这也就意味着供应链中的任何一个企业,都可以快速、准确地掌握最终用户的需求信息。信息共享的实现,有效地提高了供应链的透明度,需求预测的准确性得到了革命性的提高。另一方面,通过供应链成员企业之间的协作,实现了统一决策、统一运作,使供应链的库存管理活动趋于一致化、整体化,从而克服了各自为政情况下的次优化问题。一体化的库存控制模式可以从根本上消除"牛鞭效应"带来的负面影响,因而可以大大降低供应链的库存水平,改善库存控制。

5.3　供应商管理库存

一条完整的供应链由众多的企业构成,包括供应商、生产商、批发商、零售商等,每个企业都有自己相对独立的库存控制策略。由于各自的库存控制策略不同,因此不可避免地会产生需求信息的扭曲现象,从而导致企业及整条供应链库存成本的上升,这种库存管理模式显然不是最优的。供应商管理库存(vendor managed inventory,VMI),打破了传统的各自为政的库存管理模式,通过集成化和同步化的供应链管理思想,将供应链成本降到最低,是目前很有代表性的库存管理思想。

5.3.1　VMI的定义及其形式

采用VMI这个技术可以降低上下游的库存,减少商品的缺货率和运作成本,同时提高供应链各节点企业对市场变化的反应速度,更好地满足消费者的需求。对供应商来讲,还可以提高市场预测准确率,更好地安排生产、分销和采购计划。对零售商来讲,可以集中精力为顾客服务,而且由于是供应商为其下订单,有可能在供应商商品短缺的情况下,优先得到满足。

关于VMI的定义,有学者认为:"VMI是一种在用户和供应商之间的合作性策略,以对双方来说都是最低成本优化产业的可获性,在一个相互同意的目标框架下由供应商管理库存,这样的目标框架被经常性监督和修正,以产生一种连续改进的环境。"

归纳起来,该策略的关键措施主要体现在如下几个原则中:

(1) 合作性原则(合作精神)。在实施该策略时,相互信任与信息透明是很重要的,供应商和用户(零售商)要有较好的合作精神,才能够相互保持较好的合作。

(2) 互惠原则(使双方成本最小)。VMI不是关于成本如何分配或谁来支付的问题,而是关于减少成本的问题。通过该策略使双方的成本都得以减少。

(3) 目标一致性原则(框架协议)。双方都明白各自的责任,观念上达成一致的目标,如库存放在哪里、什么时候支付、是否要管理费、要花费多少等问题都会得到解答,并且体现在框架协议中。

(4) 连续改进原则。使供需双方能共享利益和消除浪费。

供应商管理库存概括起来主要有以下四种形式：

（1）供应商提供包括所有产品的软件进行库存决策，用户使用软件执行存货决策，用户拥有存货所有权管理存货。在这种方式下，供应商对库存的管理和控制力有限，所以供应商受到用户的制约比较多一些，实质上不是完全意义上的供应商管理库存。

（2）供应商在用户的所在地，代表用户执行存货决策，管理库存，但是存货的所有权归用户。信息技术不是很发达的时候，供应商在用户地直接管理存货，同时供应商也可以了解到充分的存货信息，但是存货的所有权不属于供应商，所以供应商在进行存货决策时的投入程度有限。

（3）供应商在用户的所在地，代表用户执行决策、管理存货，拥有存货所有权。在这样的方式下，供应商几乎承担了所有责任，它们的活动也很少受到用户的监督或干涉，是一种完整意义上的供应商管理库存方式。供应商可以十分清楚地了解到自己产品的销售情况，供应商也可以直接参与销售。

（4）供应商不在用户的所在地，但是定期派人代表用户执行库存决策，管理存货，供应商拥有库存的所有权。供应商拥有所有权的情况下，采取在用户地或是在分销售中心保存库存，以求根据需要及时快速地补充，库存的水平由供应商决定。

5.3.2　VMI 的实施步骤

实施 VMI 策略要改变订单的处理方式，建立基于标准的托付订单处理模式。首先，供应商和批发商一起确定供应商的订单业务处理过程所需要的信息和库存控制参数；其次，建立一种订单的处理标准模式，如 EDI 标准报文；最后，把订货、交货和票据处理各个业务功能集成在供应商一边。

库存状态透明性是实施供应商管理库存的关键。供应商能够随时跟踪和检查到销售商的库存状态，从而快速地响应市场的需求变化，对本企业的生产（供应）状态做出相应的调整。为此需要建立一种能够使供应商和用户（分销、批发商）的库存信息系统透明连接的方法。

供应商管理库存的策略可以分如下几个步骤实施：

第一，建立顾客情报信息系统。要有效地管理销售库存，供应商必须能够获得顾客的有关信息。通过建立顾客的信息库，供应商能够掌握需求变化的有关情况，把由批发商（分销商）进行的需求预测与分析功能集成到供应商的系统中来。

第二，建立销售网络管理系统。供应商要很好地管理库存，必须建立起完善的销售网络管理系统，保证自己的产品需求信息和物流畅通。为此，必须保证自己产品条码的可读性和唯一性；解决产品分类、编码的标准化问题；解决商品存储运输过程中的识别问题。目前已有许多企业开始采用 MRPII 或 ERP，这些软件系统都集成了销售管理的功能。通过对这些功能的扩展，可以建立完善的销售网络管理系统。

第三，建立供应商与分销商（批发商）的合作协议。供应商和销售商（批发商）一起通过协商，确定处理订单的业务流程以及库存控制的有关参数（如再订货点、最低库存水平等）、库存信息的传递方式（如 EDI 或 Internet），建立订单处理的标准模式（如 EDI 标准报文），将订货、交货以及票据处理等业务功能集成在供应商一边。

第四,组织机构的变革。这一点也很重要,因为 VMI 策略改变了供应商的组织模式。过去一般由会计经理处理与用户有关的事情,引入 VMI 策略后,在订货部门产生了一个新的职能负责用户库存的控制、库存补给和服务水平。

一般来说,在以下的情况下适合实施 VMI 策略:零售商或批发商没有 IT 系统或基础设施来有效管理它们的库存;制造商实力雄厚并且比零售商市场信息量大;有较高的直接存储交货水平,因而制造商能够有效规划运输。

5.3.3 支持 VMI 的管理信息系统

1. 系统集成

VMI 系统包括客户自动补货系统和电子数据交换系统(图 5.7)。客户自动补货系统安装在供应商(或中间服务商)一端,中间以 EDI 与零售商相连,交换单品销售数量、库存数据和订单等信息。具体业务流程是:零售商把当天结业的单品销售量和库存数据用 EDI 发送给供应商;供应商通过自动补货系统产生订单,可发给零售商确认,或零售商可以根据自己的促销等修改订货数量;供应商订单处理和发货;零售商收货和付款。

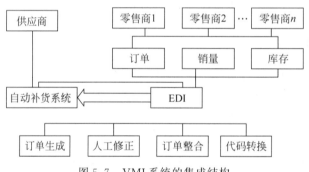

图 5.7　VMI 系统的集成结构

客户自动补货系统包括客户订单自动产生(以补货预测公式为基础)、人工修整(考虑促销、新品等因素)和订单的整合(最小订单量、经济批量、满载等)。

客户订货预测一般使用库存控制目标(ICO)模型,考虑到不同零售商客户对预测的各种影响参数,如订单间隔、到货天数、平均销售量、安全库存等,然后建议合理的订单。此外,客户自动补货系统还包括零售商商品代码、订单格式的自动转化等功能。

系统的一些具体的目的在于:为零售商的客户购买供应商的产品提供最好的机会;帮助零售商更有效地管理它们的库存;帮助供应商制订生产计划。

2. 电子数据交换与电子收款机系统

VMI 的实现需要强大的技术支持。通过电子数据交换将销售点信息和配送信息分别传递给供应商和零售商,对减少数据传送时间和登陆错误是必不可少的。EDI 将商贸业务中贸易、金融、海关和保险等相关业务信息,用国际公认的标准形式,通过计算机网络,按照协议在贸易合作者的计算机之间快速传递,完成业务过程。对于 EDI 来说,通信标准和信息标准是非常重要的。通信标准和信息标准是电子数据交换最本质的东西。通信标准用于明确技术特性,使计算机硬件能够正确地及时交换。通信标准确定字符设置、传输优先权和速度。信息标准规定传输文件的结构和内容,特别是明确文件的类型以及当一份文件被传输时的数据顺序。为此,行业组织开发和提炼了两种一般标准,以及许多行业的具体标准,努力使通信传输和信息交换标准化。

虽然各种应用正在向普通标准转移,但是依然存在着有关终极目标的冲突。尽管一个单一的普通标准在任何行业和任何国家里都有助于商业伙伴之间的信息交换,但是任何厂商都认为只有拥有专有的 EDI 能力才能取得其战略优势。专有的 EDI 能力能使厂商提供客户定制化的交易,高效率地满足信息需求。虽然标准的 EDI 交易设置的基本优点是低成本和高度灵活性,但却存在着缺点,其缺点是标准的交易设置必须调节到能满足所有类型的用户需要,而使其变得更加复杂。由于不同的用户需要用不同特点的交易,而标准的交易设置必须全部予以适应,因此导致了复杂性。例如,食品杂货行业需要 5 位数的 CPU,而供电业却需要 20 位数的品目编码,标准化的物流 EDI 对两者都必须适应。

很多厂商通过使用增值网(value-added network,VAN)来解决这种进退两难的窘境。增值网是发送和接收系统之间的共同界面,它是通过管理交易、翻译通信标准和减少通信连接数目来实现增值的。交易管理包括向供应商、承运人或顾客的用户电话机传播信息,并用不同的通信标准接收来自顾客的信息。

利用条形码和扫描来确保数据的准确性也是十分必要的,同时电子收款机系统(point of sales,POS)的应用是必不可少的。POS 系统是基于计算机网络的商业企业管理信息系统,它将柜台上用于收款结算的商业收款机与计算机系统联成网络,对商品交易提供实时的综合信息管理和服务。商业收款机本身是一种专用计算机,具有商品信息存储、商品交易处理和销售单据打印等功能,既可以单独在商业销售点上使用,也可以作为网络工作站在网络上运行。POS 系统将商业场所的所有收款机与商场的信息系统主机互联,实现对商场的进、销、存业务进行全面管理,并可以与银行的业务网通信,支持客户用信用卡直接结算。POS 系统不仅能够使商场的进、销、存业务管理系统化,提高服务质量和管理水平,并且能够与整个企业的其他各项业务管理相结合,为企业的全面、综合管理提供信息基础,并对经营和分析决策提供支持。此外,库存、产品控制和计划系统都必须是在线的、准确的,并结合起来利用有效的附带信息。

3. 软件支持

IT 的应用催生了一系列新型库存管理方法,包括物料需求计划、制造资源计划(MRPII)、企业资源计划等。对于供应商管理库存有专门的 VMI 软件,它们能够指明现在、未来某时材料、零部件、产成品的库存水平,体现了良好的基于顾客细分化、产品要求、运输一体化、时间要求以及竞争表现的存货管理政策。对于 VMI 方式,IT 技术通过以下流程解决库存管理问题。

流程包括:从供应商那里接收发运通知;接受物料,放到"特殊库存"的寄售仓库;从供应商仓库将物料发给生产订单或维护订单;从供应商库存转储为普通的公司库存;物料发出时供应商自动发票处理过程开始;最后与相关模块集成。

VMI 的管理理念正是通过相应的管理软件来实施的,如保洁公司就采用了 KARS+EDI。应用 VMI 相关软件相对于传统人工管理模式的好处集中起来有:数据收集功能增加;由于有了较为准确的数据资料,对于销售和订单的预测作用加强了;产生订单即时迅速;对于订单的履行有很好的控制作用。

5.4 联合库存管理

联合库存管理(jointly managed inventory, JMI)是一种在 VMI 的基础上发展起来的上游企业和下游企业权利责任平衡和风险共担的库存管理模式。与 VMI 不同的是，联合库存管理强调供应链中各个节点同时参与，共同制订库存计划，使供应链过程中的每个库存管理者都从相互之间的协调性考虑，保持供应链各个节点之间的库存管理者对需求的预期一致，从而消除了需求变异放大现象。

5.4.1 JMI 的含义及优点

联合库存管理的思想可以从分销中心的联合库存功能谈起。地区分销中心体现了一种简单的联合库存管理思想。传统的分销模式是分销商根据市场需求直接向工厂订货，比如汽车分销商(或批发商)，根据用户对车型、款式、颜色、价格等的不同需求，向汽车制造厂订的货，需要一段较长时间才能到达。因为顾客不想等待这么久的时间，因此各个推销商不得不进行库存备货，这样大量的库存使推销商难以承受，以至于破产。据估计，在美国，通用汽车公司销售 500 万辆轿车和卡车，平均价格是 18 500 美元，经销商维持 60 天的库存，库存费是车价值的 22%，一年总的库存费达到 3.4 亿美元。而采用各地分销中心，就大大缓解了库存浪费的现象。采用分销中心后的销售方式，各个推销商只需要少量的库存，大量的库存由地区分销中心储备，也就是各个销售商把其库存的一部分交给地区分销中心负责，从而减轻了各个销售商的库存压力。分销中心就起到了联合库存管理的功能，分销中心既是一个商品的联合库存中心，同时也是需求信息的交流与传递枢纽。

近年来，在供应链企业之间的合作关系中，更强调双方的合作互利关系，联合库存管理就体现了战略供应商联盟的新型企业合作关系。

传统的库存管理，把库存分为独立需求和相关需求两种库存模式来进行管理。相关需求库存问题采用物料需求计划(MRP)处理，独立需求问题采用订货点办法处理。一般来说，产成品库存管理为独立需求库存问题，而在制品和零部件以及原材料的库存控制问题为相关需求库存问题。传统的整个供应链过程中，从供应商、制造商到分销商，各个供应链节点企业都有自己的库存。供应商作为独立的企业，其库存(即其产品库存)为独立需求库存。制造商的材料、半成品库存为相关需求库存，而产品库存为独立的需求库存。分销商为了应付顾客需求的不确定性也需要库存，其库存也为独立需求库存。

联合库存管理是解决供应链系统中由于各节点企业的相互独立库存运作模式导致的需求放大现象，提高供应链的同步化程度的一种有效方法。联合库存管理和供应商管理用户库存不同，它强调双方同时参与，共同制订库存计划，使供应链过程中的每个库存管理者(供应商、制造商、分销商)都从相互之间的协调性考虑，保持供应链相邻的两个节点之间的库存管理者对需求的预期一致，从而消除了需求放大现象。任何相邻节点需求的确定都是供需双方协调的结果，库存管理不再是各自为政的独立运作过程，而是供需连接的纽带和协调中心。

综上所述，联合库存管理(JMI)是指从相互协调的角度出发，双方风险分担的库存管理模式。它解决了供应链系统中由于各节点企业的相互独立库存运作模式导致的牛鞭效应,提高了供应链的同步化程度。

与传统的库存管理模式相比,JMI 有如下几个方面的优点:

(1) 为实现供应链的同步化运作提供了条件和保证。

(2) 减少了供应链中的需求扭曲现象,降低了库存的不确定性,提高了供应链的稳定性。

(3) 库存作为供需双方的信息交流和协调的纽带,可以暴露供应链管理中的缺陷,为改进供应链管理水平提供依据。

(4) 为实现零库存管理、准时采购以及精细供应链管理创造了条件。

(5) 进一步体现了供应链管理的资源共享和风险分担的原则。

联合库存管理系统把供应链系统管理进一步集成为上游和下游两个协调管理中心,从而部分消除了由于供应链环节之间的不确定性的需求信息扭曲现象导致的供应链的库存波动。通过协调管理中心,供需双方共享需求信息,因而起到了提高供应链运作稳定性的作用。

5.4.2 JMI 的实施策略

1. 建立供需协调管理机制

为了发挥联合库存管理的作用,供需双方应从合作的角度出发,建立供需协调管理的机制,明确各自的目标和责任,建立合作沟通的渠道,为供应链的联合库存管理提供有效的机制。没有一个协调的管理机制,就不可能进行有效的联合库存管理。供应商与分销商的协调管理机制见图 5.8。

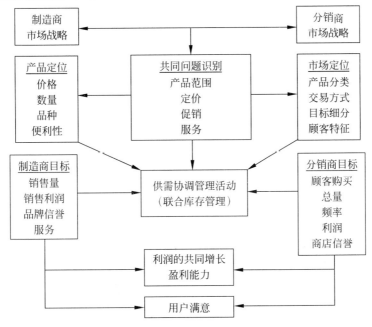

图 5.8 供应商与分销商的协调管理机制

建立供需协调管理机制,要从以下几个方面着手。

(1) 建立共同合作目标。要建立联合库存管理模式,供需双方必须本着互惠互利的原则,建立共同的合作目标。为此,要理解供需双方在市场目标中的共同之处和冲突点,通过协商形成共同目标,如用户满意度、利润的共同增长和风险的减少等。

(2) 建立联合库存的协调控制方法,联合库存管理中心担负着协调供需双方利益的角色,起协调控制器的作用。因此需要对库存优化的方法进行明确确定。这些内容包括库存如何在多个需求方之间调解与分配,库存的最大量和最低库存水平,安全库存的确定,需求的预测等等。

(3) 建立一种信息沟通的渠道或系统信息共享是供应链管理的特色之一。为了提高整个供应链的需求信息的一致性和稳定性,减少由于多重预测导致的需求信息扭曲,应增加供应链各方需求信息获得的及时性和透明性。为此建立一种信息沟通的渠道或系统,以保证需求信息在供应链中的畅通和准确性。要将条码技术、扫描技术、POS 系统和 EDI 集成起来,并且要充分利用互联网的优势,在供需双方之间建立一个畅通的信息沟通桥梁和联系纽带。

(4) 建立利益的分配、激励机制。要有效运行基于协调中心的库存管理,必须建立一种公平的利益分配制度,并对参与协调库存管理中心的各个企业(供应商、制造商、分销商或批发商)进行有效的激励,防止机会主义行为,增加协作性和协调性。

2. 发挥两种资源计划系统的作用

为了发挥联合库存管理的作用,在供应链库存管理中应充分利用目前比较成熟的两种资源管理系统:MRPII 和 DRP。原材料库存协调管理中心应采用制造资源计划系统 MRPII,而在产品联合库存协调管理中心则应采用物资资源配送计划 DRP。这样在供应链系统中把两种资源计划系统很好地结合起来。

3. 建立快速响应系统

快速响应系统是在 20 世纪 80 年代末由美国服装行业发展起来的一种供应链管理策略,目的在于减少供应链中从原材料到用户过程的时间和库存,最大限度地提高供应链的运作效率。

快速响应系统在美国等西方国家的供应链管理中被认为是一种有效的管理策略,经历了三个发展阶段。第一阶段为商品条码化,通过对商品的标准化识别处理加快订单的传输速度;第二阶段是内部业务处理的自动化,采用自动补库与 EDI 数据交换系统提高业务自动化水平;第三阶段是采用更有效的企业间的合作,消除供应链组织之间的障碍,提高供应链的整体效率,如通过供需双方合作,确定库存水平和销售策略等。

目前在美国等西方国家,快速响应系统应用已到达第三阶段,通过联合计划、预测与补货等策略进行有效的用户需求反应。美国的 Kurt Salmon 协会调查分析认为,实施快速响应系统后供应链效率大有提高:缺货大大减少,通过供应商与零售商的联合协作保证 24 小时供货;库存周转速度提高 1~2 倍;通过敏捷制造技术,企业的产品中有 20%~30% 是根据用户的需求而制造的。快速响应系统需要供需双方的密切合作,因此协调库存管理中心的建立为快速响应系统发挥更大的作用创造了有利的条件。

第5章 供应链管理下的库存管理

4. 发挥第三方物流系统的作用

第三方物流系统(third party logistics,TPL)是供应链集成的一种技术手段。TPL也叫作物流服务提供者(logistics service provider,LSP),它为用户提供各种服务,如产品运输、订单选择、库存管理等。第三方物流系统的产生是由一些大的公共仓储公司通过提供更多的附加服务演变而来,另外一种产生形式是由一些制造企业的运输和分销部分演变而来。

把库存管理的部分功能代理给第三方物流系统管理,可以使企业更加集中精力于自己的核心业务,第三方物流系统起到了供应商和用户之间联系的桥梁作用,为企业获得诸多好处:① 减少成本;②使企业集中于核心业务;③获得更多的市场信息;④获得一流的物流咨询;⑤改进服务质量;⑥快速进入国际市场。

面向协调中心的第三方物流系统使供应与需求双方都取消了各自独立的库存,增加了供应链的敏捷性和协调性,并且能够大大改善供应链的用户服务水平和运作效率。

本章小结

库存表示用于将来目的的资源暂时处于闲置状态。在企业生产中,尽管库存是出于种种经济考虑而存在,但是库存却也是一种无奈的结果。它是由于人们无法预测未来的需求变化,才不得已采用库存应付外界变化的手段。

在库存理论中,一般根据物品需求的重复程度分为单周期需求问题和多周期需求问题。单周期需求也叫一次性订货问题,多周期需求又分为独立需求与相关需求两种属性,独立需求是需求变化独立于人们的主观控制能力之外,相关需求的需求数量和需求时间和其他的变量存在一定的相互关系,可以通过一定的结构关系推算得出。

供应链管理环境下库存控制中存在的问题:没有供应链的整体观念;信息传递效率低下;忽视不确定性对库存的影响;库存控制策略简单化;缺乏合作与协调性;产品的过程设计没有考虑供应链上库存的影响。

"需求变异加速放大原理"的基本思想是:当供应链的各节点企业只根据来自其相邻的下级企业的需求信息进行生产或供应决策时,需求信息的不真实性会沿着供应链逆流而上,产生逐级放大的现象,到达源头供应商时,其获得的需求信息和实际消费市场中的顾客需求信息发生了很大的偏差,需求变异系数比分销商和零售商的需求变异系数大得多。

需求放大现象产生的原因主要来自四个方面:需求预测修正;订货批量决策;价格波动;短缺博弈。

VMI是一种在用户和供应商之间的合作性策略,以对双方来说都是最低成本优化产业的可获性,在一个相互同意的目标框架下由供应商管理库存,这样的目标框架被经常性监督和修正,以产生一种连续改进的环境。

实施 VMI 的关键措施主要体现在几个原则:合作性原则;互惠原则;目标一致性原则;连续改进原则。

供应商管理库存概括起来主要有以下四种形式:(1)供应商提供包括所有产品的软件

进行库存决策,用户使用软件执行存货决策,用户拥有存货所有权管理存货。(2)供应商在用户的所在地,代表用户执行存货决策,管理库存,但是存货的所有权归用户。(3)供应商在用户的所在地,代表用户执行决策、管理存货,拥有存货所有权。(4)供应商不在用户的所在地,但是定期派人代表用户执行库存决策,管理存货,供应商拥有库存的所有权。

联合库存管理(JMI)是指从相互协调的角度出发,双方风险分担的库存管理模式。

复习与思考

1. 什么是库存?
2. 需求变异加速放大原理的基本思想是什么?
3. 需求放大现象产生的原因有哪些?
4. 什么是 VMI?
5. 实施 VMI 的原则有哪些?
6. 供应商管理库存的形式有哪几种?
7. 什么是联合库存管理?

案例分析

红辽公司联合库存管理的设计与分析

长期以来,企业受传统供应模式的制约,供应链中的每个环节都有自己的库存控制策略,由于库存控制策略不同,不可避免地产生需求扭曲现象,即所谓的需求放大现象,形成了供应链中的"牛鞭效应",导致辅料库存结构不合理、资金占用较多,影响了对生产的保障能力,同时也加重了供应商的供应和库存风险。

红塔辽宁烟草有限责任公司生产产品相对固定,现有两个辅料库,总库容量在 2400 吨左右。生产过程中应用的辅料种类较多,包括卷烟纸、薄膜、卡纸、香精香料、水松纸、铝纸、拉线、商标纸、封签、胶带、箱皮、丝束、成型纸、三醋酸甘油酯、胶类、标签纸、碳带等 20 多个辅料品种,规格近 260 多个,生产辅料月度库存总量在 1800 吨左右,库存辅料资金占用规模较大。

一、企业辅料库存管理存在的主要问题及原因分析

通过对企业生产旺季辅料库存进行分析,发现企业辅料库存主要存在以下几方面问题:一是库存总量偏大,库存资金占用偏大;二是个别品种不相匹配。如某些品牌的小包装盒商标与条包装盒商标不配套,可生产数量相差数倍;三是部分辅料库存结构不合理。一些品种辅料库存数量大,可提供 2~3 个月生产的使用量;四是个别供货周期长的辅料,没有库存或库存小,容易产生影响生产的风险;五是个别供货周期短的辅料库存较大。

产生辅料库存问题的原因有很多,主要原因在于管理模式较为粗放,库存储备原则还有待完善,科学性和合理性亟须提高,具体表现为:一是采购计划不尽科学、合理,以产定

量的原则,未体现辅料采购、运输、储存等的差异性,导致库存结构的不合理;二是到货过于集中(一次性),辅料到货时间基本在月末集中(一次性)到货,导致月末绝大多数辅料库存总量可生产一个月以上,造成库存总量偏大,资金占用偏大。

二、解决企业辅料库存问题对策

联合库存管理是解决供应链系统中由于各节点相互独立库存运作模式导致的需求放大现象,提高供应链的同步化程度的一种有效方法。应用联合库存管理,要从以下两个方面开展建设。

(一)建立辅料供应链联合库存管理机制

首先,建立供应链共同愿景,供应链各方必须本着互惠互利的原则,建立共同的合作目标;其次,建立辅料联合库存的协调机制,要由一个部门全面担负起协调作用,要对库存、货位优化的方法进行明确确定,包括辅料库存如何在供应商与仓储科之间调节与分配,辅料库存的最大量和合理储备量、安全库存的确定,需求的预测等等;最后,建立考核机制,加强对供应商的考核与监督,提高供应商的服务意识,增加协作性和协调性。

(二)提高联合库存管理的信息化水平

采用信息化技术,构建辅料供应链管理网络系统,提高联合库存管理的信息化水平,将条码技术、扫描技术、POS 系统和 EDI 集成起来,利用 Internet、移动商务的优势,在辅料供应链中建立畅通的信息沟通桥梁和联系纽带,提高整个供应链的需求信息、库存信息、发货信息的一致性和稳定性,使得信息获知、收集等管理步骤同步化,减少信息不畅、信息扭曲,提高供应链各方的协作效率,降低成本,提高质量。

三、辅料采购联合库存管理的具体措施

为解决辅料库存管理中存在的问题,企业结合辅料库管理的实际情况,通过建立适合企业生产特征的辅料联合库存管理模式,将每个供应商的辅料库存信息纳入公司辅料库存管理,将供应商的分散库存转化为公司的虚拟整体统一库存,实现按公司的采购计划组织生产,按订单实行小批量多频次的配送方式,直接送到公司的仓库中补充辅料库存(可在计划外储备 30% 的成品辅料)的目标。

(1) 科学确定辅料合理储备原则。在满足生产的前提下,综合考虑生产计划的下达时间、计划订单的编制、供应商产品加工周期及运输时间等因素,制定辅料合理储备原则。合理储备时间按以下方式计算:合理储备时间=采购计划制订时间+采购订单制定下达时间+产品加工周期+运输时间(汽车、铁路等)。基于企业内部综合因素确定合理储备时间各要素计算值,最终确定合理储备时间省内为 3 天、0.25 个月、0.5 个月,省外为 1 个月、1.2 个月、1.5 个月、2 个月。

(2) 科学确定辅料合理储备量及控制范围。根据合理储备原则,对各品种辅料合理储备数量进行测算,并且根据生产计划不均衡的影响程度确定了辅料合理储备量及控制范围,为辅料的合理采购提供了依据。

(3) 全面掌握辅料库容能力,合理设置辅料货位理想设置。全面调查、分析各个辅料仓库库容、库位、码垛层数、库区面积等基本信息,依据辅料合理储备原则和合理储备量,并且充分考虑生产计划不均衡、生产计划调整及节假日、排产计划、进口丝束集中到货、技改等方面影响后,对辅料货位设置进行科学规划。

(4) 建立以销定购的采购方式,改变原来的采购集中进货为供应商按采购计划生产,按订单驱动、分批进货,实现对采购量和库存量有效控制。

(5) 提升库存管理的信息化水平,开发应用辅料信息管理系统,并引入移动商务技术、扫码技术等,搭建辅料供应链管理网络系统,实现供应商库与企业生产库的无缝对接,使企业生产库迁移,降低库存成本。

(6) 加强供应商的指导和考核。一是指导供应商在采购计划外按平均月采购量的30%储备成品,按平均月采购量的100%准备原材料;当工艺准备调整时及时与公司技术中心协调,对供应商的库存进行明确的要求,将损失降到最低;二是将供应商在联合库存管理的表现和效果纳入《供应商考核办法》中,激励供应商做好联合库存管理。

红塔辽宁烟草有限责任公司实施辅料采购联合库存管理后,仓储货位设置、辅料库存结构更加科学合理,辅料存货风险大大降低,辅料库存资金占用比未采用前降低了26%,联合库存管理效果显著。

资料来源:[1]高延迪.红辽公司联合库存管理的设计与分析[J].经济视角(下),2013,No.222-2(02):63-64.

思考题:

1. 红辽公司联合库存管理是如何设计的?
2. 红辽公司联合库存管理给我们什么启示?什么样的效果?为什么?

即 测 即 练

第6章 供应链管理下的分销管理

本章关键词

分销（distribution）　　　　　　　　分销渠道（distribution channel）
零售商（retailer）　　　　　　　　　　经销商（distributor）
客户关系管理（customer relationship management）

> 供应链分销渠道是指涉及从生产者到客户的物流、储存、信息及金融服务的整个网络。它是企业市场和销售活动的基础，也是企业产品的实际流通方式。随着时代的发展，国内外企业开始重视供应链管理，使供应链销售渠道更加完善。分销管理是供应链中的重要一环。在供应链中，制造商从原材料采购到向最终消费者提供产品，是一个环环相扣的服务链，每一个环节都是基于"以消费者为核心"战略利益目标的相互合作关系。没有合理的分销系统，也就不会有高效的供应链系统和先进的物流系统。供应链销售渠道能够有效地增加企业的市场份额，提升企业的品牌形象，建立企业的口碑，增加企业的零售网点数量，改善企业的客户服务水平，减少企业的成本开支，降低企业的产品销售风险等。

6.1 供应链分销系统概述

6.1.1 供应链分销系统构成

分销是指根据消费者的需要，把产品从生产者手上转移到消费者手上，满足消费者需要的过程，也是从产品进入流通领域开始直到它退出流通领域为止所发生的一系列活动的总和。供应链的分销理论涉及供给链中的重要参与者之间的关系以及影响此关系的因素。这些参与者包括生产商、分销商、零售商、消费者和政府机构。通过分析不同参与者之间的关系，可以推断出分销理论提出的建议，从而使供应链效率提高。不同商品的分销系统可能有不同的构成。分销系统通常可能包括以下成员：

1. 生产商

生产商是分销系统销售商品的提供者，在分销系统中占据着不可替代的基础地位。生产商是指以生产和销售产品为主要业务来源的企业，它们与供应链有着密切的关系。供应链的零部件、原料和服务都是由生产商提供的。因此，生产商在供应链中起着重要的作用，并决定着供应链的绩效。一方面，生产商要根据中间商的要求，及时、保质、保量地供应商品；另一方面，要努力与顾客建立良好的分销关系，在建立和维护分销系统方面发挥主动作用。

2. 中间商

中间商是在生产商和零售商之间提供桥梁作用的企业。它们负责采购原材料、制造成品、储存和运输，并将产品出售给零售商。中间商以自己的价格购买产品，并以自己的价格出售，赚取利润。通过改变价格来调整供应链的流动，中间商对供应链的效率有重要的影响。

中间商包括批发商、零售商、进出口商、代理商，是在商品流通领域专门从事商品买卖或帮助实现交易的那些商业机构和个人。它们在分销系统中通常占据主体地位，因为绝大多数生产商生产的产品，需要经过它们的买卖活动或参与买卖才能进入流通领域；只有通过它们的努力，才能够最后销售给消费者。中间商的分销能力及其发挥程度、中间商的组合状况以及与生产商之间的关系等因素，对分销系统的整体效率具有决定性的影响。

在选择服务于某个市场的中间商时，营销者必须确定与中间商之间的关系类型。可选方案有分销关系和代理关系，作为分销商将购买产品，因此比代理商更富有独立性。分销商一般以产品系列来组织，并且为市场营销者提供完整的营销服务。代理商比分销商具有较少的自由行动权，因为他们以佣金方式经营，通常不实际经营商品。这反而有利于营销者实施控制，比如可确保顾客得到最新和最适宜的产品种类。除了商业意义之外，中间商类型的选择还有法律上的意义，比如说中间商的资金用途及如何终止协议。

3. 辅助商

分销渠道的辅助商是提供除产品外的额外服务的参与者，其主要任务是通过提供有效的支持服务，改善分销渠道的效率和管理。这些辅助商可以包括货运服务、信息技术、原材料供应商、售后服务等。它们能够帮助供应链管理者有效地控制分销渠道，以提高供应链的效率。

在分销过程中，通常需要运输公司承担商品实体的空间移动职能，仓储公司承担商品实体的储存与保管职能，保险公司承担商品保险职能，银行承担货款结算与资金流转职能。此外，还需要市场营销研究公司、咨询公司提供市场信息与决策参考意见，需要广告公司宣传企业的承诺，宣传企业的产品等等；这里的运输公司、仓储公司、保险公司、银行、市场营销研究公司、咨询公司、广告公司等被称为辅助商。

辅助商与中间商都是独立于生产商的市场经营主体，在分销系统中起着帮助把生产商出产的产品销售给消费者的作用。两类主体之间的区别在于：中间商要直接参与或帮助商品所有权转移，而辅助商则不直接参与商品所有权的转移，只是为商品交换提供便利，或为提高商品交换的效率提供帮助。

4. 消费者或用户

分销渠道的消费者是对分销产品感兴趣，并想要从中获益的终端用户。在供应链中，消费者可以通过不同的渠道购买产品和服务，如零售商、网上商店、电话购物、邮购等。消费者的需求和购买行为对供应链的整体效率有着重要的影响,因此,所有参与者都必须注意消费者的变化和需求。

任何分销系统都必须包括商品的消费者或最终用户。这是因为他们是分销的目标,也是商品价值和使用价值的实现者。消费者或最终用户对分销系统起着导向作用,整个系统的运作最终要根据消费者或最终用户的需要和要求来组织。只有消费者或用户的需要才对生产商、中间商和辅助商具有真正的吸引力,通过这种吸引力,各个市场经营主体得以联合起来,构成一个有机的分销系统。

美国市场营销学者科特勒指出:分销系统是一项关键性的外部资源。分销系统的构成典型地反映了分销职能的社会性。在商品经济中,这种系统的存在具有客观必然性。首先,分销系统的构成是由生产的社会分工决定的。消费者其实是(或者可能是)另一种产品的生产者。生产商和消费者通过分工能够提高生产效率,获得更大的经济利益。但是,生产的社会分工必然要求通过商品分销联系起来,以实现生产的社会合作。其次,分销系统的社会化构成是由生产商资源的约束以及商品销售过程对资源的必然占有决定的。通过在商品销售过程中深化分工,把中间商和辅助商纳入分销系统之中,生产商就可以利用外部的资源——中间商、辅助商的资源,扩大其市场营销能力。最后,市场不仅为那些拥有专利技术或专有技术、知名商标的企业提供了发展的机会,同时,信息不对称、知识不对称也带来了企业发展的风险。为了避免风险,求得发展,企业就要通过市场营销方面的努力和创新,建立与中间商和顾客的密切联系。这样也能够造成分销系统构成的社会化。

6.1.2 供应链分销网络系统与传统分销渠道的联系与区别

与传统的分销渠道管理方式相比,基于供应链管理的分销网络更为强调企业与渠道成员之间的合作。分销网络作为一个系统,其内部包含着不同的商品分销渠道。其与传统分销渠道的区别与联系如表6.1所示。

表6.1 供应链分销网络与传统分销渠道的区别与联系

	供应链分销网络	传统分销渠道
市场目标	经过细分的全部市场	无细分的全部市场
利益目标	网络成员与网络整体利益一致,网络整体利益最大化	渠道成员各自利益的最大化
构成	生产商、营销中介机构、消费者及最终用户	营销中介机构
结构	层次结构、宽度结构、类型结构	层次结构、宽度结构、局部市场
市场渗透程度	全部细分市场	局部市场

从表中可以看出,分销网络与传统意义上的分销渠道既有区别又有联系。主要表现在以下几个方面:

① 在分销的市场目标上,传统分销渠道是以既有的渠道来满足全面的市场需要;而分销网络则是通过其内部的不同分销渠道分别满足不同细分市场的消费需要,从而实现其全面满足市场需求的目标。

② 在成员的利益目标上,传统分销渠道成员的利益目标与整个渠道的利益目标是相互冲突和矛盾的。它们往往为各自利益讨价还价,为了追求最大的自身利益,即使以牺牲整个渠道的利益为代价也在所不惜;而供应链分销网络成员的利益要求与整个网络的利益要求是一致的,即获取分销过程的最大收益,与此同时,使每个网络成员获取其应得的利益。

③ 在两者的构成上,传统分销渠道的成员是参与商品交易活动的有关营销中介机构,即各种类型的中间商;而供应链分销网络的成员包括各种类型的中间商,也包括生产商的销售机构和消费者。

④ 在两者的结构上,传统分销渠道是产品从生产商至消费者所经过的各中间商连接起来所形成的一条通道,它的结构只反映在渠道的层级方面和宽度结构;而供应链分销网络则是由若干条相互补充、相互配合的分销渠道共同形成的系统,其结构包括渠道的层级结构、宽度结构和类型结构三个方面。

⑤ 在市场渗透程度方面,两者的区别表现在:一条分销渠道往往面对的只是某一个细分市场或地域市场;而分销网络则面对的是多个细分市场和地域市场,成为企业进行整体营销的得力手段与工具。

6.1.3 供应链环境下分销系统的优势

供应链思想认为:制造商从采购原材料到向最终消费者提供产品,是一个环环相扣的服务链,这一服务链没有企业内部资源和外部资源的区分,每一个环节都基于同一个"以消费者为核心"战略利益目标的相互合作关系。未来的市场竞争将是供应链之间的竞争,而分销系统是供应链中从制造商到消费者的重要部分。在"以消费者为核心"的营销思想指导下,分销系统是围绕消费者建立起来的服务体系,它由消费者、零售商、经销商、代理商、专门服务机构、仓储运输机构及厂商等组成,贯穿于整个供应链中,两者密切相关。没有合理的分销系统,也就不会有高效的供应链系统和先进的物流系统。产品由分销网络扩散到用户手中,具有以下几点优势。

① 分销网络减少了市场中交易的次数。在交易中,企业通过分销网络实现集中采购与配送,从而减少了市场中交易的次数,提高了交易的效率。专业制造商的数目越大,中间商的优势越明显,企业的专业化程度就越高。

② 专业化的分销网络设置使分销成本最小化,交易规范化与专业化是提高分销效率的最基本的驱动力。在实际业务中,第三方物流组织因为能比其他企业更好地承担基本功能,从而能够把经济性引入到物流分销过程中。同时,对交易的规范化处理可以加强网络成员的合作,提高网络效率。

③ 分销网络为买卖双方搜索市场资源提供了便利。在市场环境中,买方试图满足自己的消费需求,而卖方(如制造商)则想要预测并抓住这些需求信息,如果这一双"搜索"过程能成功进行,需求信息能适时高效地流动,那么对买卖双方都是有利的。分销网络中的中间商分别按不同的行业进行组织,并向各自的市场提供相关市场信息,从而为买卖双方提供了便利,并降低了供应中的相关成本,如销售成本(因为充足的市场信息降低了交易次数)、运输成本、库存成本、订单处理成本、用户服务成本等。分销系统作为供应链的一

个重要组成部分,通过物流、服务和信息沟通来促进链上的良性循环,实现系统的高效运作。以制造商为中心的管理分销系统将发生根本性转变,分销系统使得制造商和渠道成员从着眼于眼前的利润扩展为包含远期发展的战略利益。

6.2 供应链分销系统的作用

6.2.1 满足供应链合作伙伴的需求

供应链以客户为中心是因为满足客户需求才能获得利益和竞争优势。供应链管理者必须重视客户,考虑客户的意见和期望,同时确保整个供应链都能够满足客户的需要。只有当供应链的所有参与者能够保证优质的产品和服务,客户才能够满意。

企业供应链改革后,既要负责管理传统的功能,同时还负责满足公司的交易合作伙伴的需求。对公司供应链的关注也从公司产品和服务的最初源头开始直到终端用户。挖掘需求、满足需求和渠道管理的行政活动必须统一和协调,以使供应链活动带来的回报最大化。

分销渠道可以通过改善供应链的效率、提高协调性和优化流程来满足供应链合作伙伴的需求。举例来说,分销渠道可以简化产品的选择,缩短交付时间,优化库存,根据客户要求建立完善的服务系统,以及提供更多的帮助。此外,分销渠道还可以与供应链合作伙伴建立数据共享系统,共同实施改进策略,以提高供应链的效率和协调性。

6.2.2 具有不局限于企业自身的长远眼光

在满足需求的早期阶段,制造商在需求计划、采购和供应管理、制造作业和实施过程等步骤中,习惯将注意力放在管理企业内部的各种职能的相互作用和切换上。在供应链管理的分销系统中,制造商开始与直接供应商、客户和中间商合作一起管理物流。

制造商所关注的范围更加宽广,在努力满足终端用户对产品和服务需求的同时,还在满足所有供应链合作伙伴的物流需求,包括制造商的供应商、供应商的供应商、经销商、一级客户、二级客户等。

如图 6.1 中的描述,很多面巾纸制造商形象地把自己完整的端到端的供应链管理活动称为面巾纸从"树桩到餐桌"的移动过程,利用供应链网络努力提高供应链所有成员的效率。一个关键的效率问题是如何压缩产品从森林移动到最终消费者的周期时间。公司的库存在供应链的一端到另一端的循环周期长达 180 天的情况并不少见。

供应链绩效的衡量标准可供交易合作伙伴衡量供应链的效率和效果。过去制造商把绝大部分的战略资源集中于管理企业内部订单周期以满足经销商的需求。现在的挑战是建立供应链使公司脱离价格战,以及通过供应链的战略举措从而使自己的产品和服务与竞争对手差异化。目前制造商正与经销商一起提高供应链的效率、改善物流,从而在获得竞争优势的同时提高交易合作伙伴的财务回报。

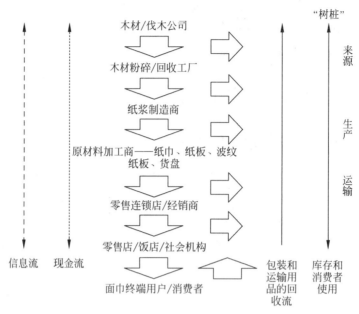

图 6.1 面巾纸供应链网络

6.2.3 努力实现供应链的战略规划

供应链分销管理可以通过加强以下四个方面来实现供应链的战略规划：

第一，建立有效的消息传达及合作机制。分销渠道可以通过建立系统化、统一化的内部机制，提升消息传达和合作水平。在此基础上安排定期的调整和会议，提供有效的沟通渠道，保证信息及时、准确地传达，并且有效地协调各方的利益需求，达成共同的目标。

第二，有效运用信息技术，进行资源整合。分销管理可以通过采用信息技术手段，如集成化的管理系统、数据挖掘分析及其他自动化手段来实现资源整合，提高管理效率和绩效。此外，管理者也可以利用互联网等信息技术为客户提供更好的服务，帮助建立客户关系，提升客户满意度。

第三，实施精细化管理，实现精益销售。分销管理可以通过实施精细化管理来实现精益销售。具体而言，除了传统的生产、物流等营运流程，要让销售管理更加精细化，就要建立一套可扩展的业务流程，建立规范的运作管理机制，定期评估管理的有效性，以保证销售的效率与质量。

第四，积极推动采购、库存及运输管理等内部流程的改进。分销管理可以通过实施相应的技术手段，如 ERP 系统，推进采购、库存及运输管理等内部流程的改进。此外，可以制定更加灵活的缺货处理机制，以便及时调整库存量，减少浪费；实施数字化管理和自动化流程，提高生产力与管理效率；采用供应链和物流合作伙伴的协作模式，提高供应链的灵活性及效率。

6.3 供应链分销系统的设计与管理

6.3.1 供应链分销网络系统设计

一般来说,供应链分销网络系统的设计过程主要涉及分析客户的服务需要,确定分销网络的目标,设计各种分销网络系统方案,评估选择分销网络方案,如图 6.2 所示。

1. 分析客户的服务需要

设计分销网络,首先要深入地分析目标客户的购买行为,即客户要购买什么样的商品、在什么地方购买、为什么要购买、什么时候购买以及如何购买。分销网络的最终目标是要满足客户的服务需要,因此,了解目标客户的服务需要,对于设计合理的分销渠道具有非常重要的意义。

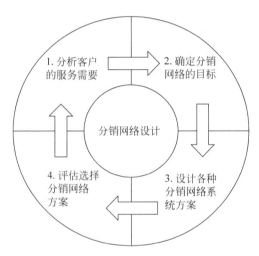

图 6.2 供应链分销网络系统的设计过程

一般地,客户对分销网络存在以下五个方面的服务需要:

① 购买批量。不同的目标客户购买的批量往往不同,因此,购买批量的差异,要求供应链能够设计不同的分销网络。

② 等待时间。即订货提前期,对于不同的商品,客户愿意等待的时间有较大的差异,但一般来说,客户要求等待的时间尽可能短。

③ 方便性。是指分销网络为客户购买产品所提供的方便程度。一般来说,客户更愿意在附近购买东西。但是,对于不同的商品,客户在购买过程中所愿意花费的时间是不同的。

④ 商品品种。客户一般希望分销网络渠道能够提供多种产品、型号和规格的商品供选择和购买。

⑤ 售后服务。包括送货、安装、维修、配件供应等。消费者对不同的商品有着不同的售后服务要求。

2. 确定分销网络的目标

分销网络的目标包括预期要达到的客户服务水平,各分销网络成员应该发挥的功能等。网络系统目标因产品特性不同而不同,如易腐商品要求采用直接或较短的通道。在设计供应链分销网络系统时,要同时兼顾客户服务需要和利润目标。片面强调提高分销网络的利润最大化或片面强调提高分销网络的服务水平,都有可能导致不科学的分销系统决策。服务水平直接影响分销成本,进而也会影响价格。因此,满足目标客户的服务需要,并非使网络服务水平达到最高。正确的做法应该是寻找两者之间的最佳结合点,根据市场细分情况进行具体设计,实现网络系统的服务水平与目标客户的需要相适应。

3. 设计各种分销网络系统方案

确定分销网络目标后,就要设计各种能够实现这一目标的系统方案。在设计方案时,需要注意以下几个问题:

① 市场覆盖率。分销网络能有效地接触到客户吗?如果企业自建网络,就很难全面占有市场。利用分销网络中的中间环节,可以提高最终的市场覆盖率。

② 分销网络的强度。一般认为有三种经销策略。第一种是广泛而密集的经销策略,它要求使用尽可能多的中间商,以使更多的终端客户接触到企业的产品,从而使覆盖率达到最大。当企业竞争对手也采取同样的方法,或者顾客要求能方便地购买到产品的时候,这是一种比较好的方法。第二种是有选择的经销商策略,可以先确定产品的销售区域和销售对象,例如一些公司可以选择用户多的地区设立销售总部。第三种是独家经营的经销策略,可以选择最好的中间商和客户,如果企业没有激烈的竞争对手,而又想收回全部利润,使用这种策略比较合适。

③ 销售速度。分销网络越复杂,环节越多,产品从制造商到终端客户手中的速度也就越慢。如果客户需要快捷的产品或服务,就需要简化分销网络,使之能够满足客户需求。

4. 评估选择分销网络方案

分销网络方案确定后,就要根据各种备选方案进行评估,找出最优的网络方案。在选择分销网络时,一般以网络的经济性、控制性和适应性等标准来评价分销网络设计方案。

① 经济性标准。各种不同的网络方案可能会产生不同的销售量和分销成本。评价备选方案,首先要评价方案的经济性,即方案是否以较少的销售成本实现了最大的销售水平或者是否实现了最高的利润。

② 控制性标准。除了经济性标准之外,评价方案的另一个重要依据是控制性。所谓控制性标准,是指管理与控制的能力。不同的分销网络方案的控制能力是不同的,自建分销网络与利用他人的分销网络相比,前者具有更强的网络控制能力。

③ 适应性标准。一旦选择了某种分销网络方案,在一定时期内,受合约的约束,网络调整和改变的灵活性会受到影响。例如,公司一旦决定使用销售代理商,就可能与代理商签订一份有期限的合同,在这一段时间内,其他公司的分销网络方案可能会变得更为有效。但由于受合约的限制,在短期内不能取消代理商,而随着产品市场迅速变化、新的零售业态不断出现,企业应该及时调整网络方案,以适应变化的营销战略。因此在评价分销

网络方案时,还需要考虑适应性标准,实现网络稳定性与灵活性的统一。

6.3.2 供应链分销系统的控制与管理

1. 分销网络成员的选择

为了实现分销网络目标,企业必须选择合格的中间商来从事分销网络的分销活动。选择合适的经销商作为合作伙伴,对于维持分销网络的良好运作是十分重要的。选择网络成员,实际上是在选择成本和利润,因为成员的实力和行为直接影响着合作效率。不同的企业,其招募经销商的能力也不相同。有些企业可以毫不费力地找到合适的经销商加入其网络,这主要是由于企业享有盛誉,或其产品具有较高的利润率。在某些情况下,独家分销或选择分销的承诺也会吸引相当数量的中间商加入其网络。在选择经销商时,厂商必须确定经销商选择的标准,并做出合理的决策。

明确经销商选择的目标和原则,并且做好深入细致的调查研究工作,全面了解每一个候选经销商的情况,是经销商选择工作的前提。明确目标是选择经销商的前提之一,企业必须明确建立怎样的分销网络,要达到什么分销效果。分销网络的目标明确之后,这些目标就被转换成选择经销商的原则,成为指导经销商选择工作的纲领。一般来说,应遵循的原则包括以下几个方面:

① 把分销网络延伸至目标市场的原则。这是建立分销网络的基本目标,也是选择经销商的基本原则。企业选择经销商,建立分销网络,就是要把自己的产品打入目标市场,让那些需要企业产品的最终用户或消费者能够方便地购买。根据这一原则,企业应当注意所选择的经销商是否在目标市场拥有其分销通路(如是否有分店、子公司、会员单位或二级经销商),是否在那里拥有销售场所(如店铺、营业机构)。

② 分工合作原则。即所选择的中间商应当在经营方向和专业能力方面符合所建立的分销网络功能的要求。一般来说,专业的分销商对于那些价值高、技术性强、售后服务较多的商品,具有较强的分销能力。各种中小百货商品分店、杂货商店在经营便利品、中低档次的选购品方面的能力很强。只有那些在经营方向和专业能力方面符合所建分销网络要求的经销商,才能承担相应的分销功能,组成一个完整的分销网络。

③ 树立市场形象原则。在具体的区域市场上,应当选择那些在消费者的心目中具有良好形象的经销商,这样有利于建立品牌形象。

④ 共同愿望原则。联合经销商进行商品分销,不单是对生产商和消费者有利,对经销商也有利。分销网络作为一个整体,每个成员的利益来自成员之间的彼此合作。只有所有成员具有共同愿望、具有合作精神,才有可能真正建立一个有效运转的分销网络。在选择经销商时,要注意分析有关经销商合作的意愿,以及与其他渠道成员的合作关系,以便选择到良好的合作者。

中间商选择是否得当,直接关系着生产企业的市场营销效果。在分销网络成员选择之前,首先需要确定相应的标准。网络成员选择的标准随企业的性质、产品特征不同而不同。从20世纪50年代开始,有许多学者提出了选择分销渠道成员的评价指标体系。罗杰·潘格勒姆于20世纪60年代提出的渠道成员选择标准,被认为是最综合和最具影响力的标准。他对美国和加拿大200多家制造商进行了实证分析,归纳出渠道成员选择的

10 个标准，如表 6.2 所示。

表 6.2 渠道成员选择的 10 个标准

标准	内容
信用和财务情况	信用等级和资金流转情况
销售能力	销售人员的素质和数量
产品线	避免竞争性产品，具有相容性、补充性和高质性产品
声誉	知名度和美誉度
市场覆盖范围	中间商覆盖制造商预期的地理范围
销售绩效	能否实现制造商所期望的市场份额
管理的连续性	中间商管理层的稳定性
管理能力	重点标志是销售队伍管理状况
态度	进取心、信息和热情
规模	中间商的组织规模和经营额

除了以上标准之外，还要考虑分销商综合服务能力。有些产品需要中间商向客户提供售后服务，有些在销售中要提供技术指导或财务帮助（如赊购或分期付款），有些产品还需要专门的运输储存设备。合适的分销商所能提供的综合服务项目及服务能力应与企业产品销售所需要的服务要求相一致。

一旦确定了网络成员选择的评价标准，就可以对候选的分销商进行评估了。在选择网络成员时，可采用定性评价和定量评价两种方法。选择分销商的方法很多，本书重点介绍企业常用的一种方法——评分法，首先需要确定评价标准和因素的权重，然后计算候选分销商的加权评估得分，选择得分较高者作为网络渠道的合作伙伴。评分方法主要是用于在一个较小范围的地区市场上，为建立分销网络选择理想的分销商。

表 6.3 是企业采用评分法进行渠道成员选择的例子。企业选取的评价因素包括市场覆盖范围、声誉、区位优势、促销能力等，并经过考察初步确定了三家候选的分销商，各个候选分销商各自在某些方面有一定优势，但没有一家分销商在各方面都处于领先水平。运用评分法，公司对三家候选的分销商进行评价，最终考虑选择分销商 B 作为当地的分销商。

表 6.3 评分法应用

评价因素	权重	分销商 A		分销商 B		分销商 C	
		分数	加权	分数	加权	分数	加权
市场覆盖范围	0.25	90	22.50	95	23.75	85	21.25
声誉	0.15	80	12.00	85	12.75	95	14.25
经验	0.10	90	9.00	90	9.00	85	8.50
合作意愿	0.15	85	12.75	90	13.50	95	14.25
综合服务	0.10	75	7.80	85	8.50	85	8.50
财务状况	0.05	85	4.25	80	4.00	90	4.50
区位优势	0.10	90	9.00	85	8.50	85	8.50
促销能力	0.10	85	8.50	90	9.00	85	8.50
总计	1.0	680	85.50	700	89.00	705	88.25

2. 分销网络成员的激励

激励网络成员是分销网络管理中不可缺少的一环。分销网络的有效运行需要网络中所有成员的努力,良好的激励可以充分调动成员的积极性。网络成员激励是指厂商为了实现其分销网络战略和分销目标而采取的一系列措施,激发成员的动机,使其朝着厂商所期望的目标前进的活动过程。

(1) 分析网络成员的需要

激励网络成员,必须了解成员的需要。虽然分销商与厂商是同一条供应链中的成员,有着共同的利益,但是在供应链中的位置和作用不同,分销商和厂商看待问题的角度也不一样。首先,经销商具有相对独立性,并且具有自己的经营方式,执行实现自己目标所必须的职能,在自己可以自由决定的范围内制定自己的政策。其次,对经销商说,最重要的是客户,而不是厂商,它最感兴趣的是客户要从他那里购买什么,而不是厂商要向他提供什么。最后,经销商往往经销多家厂商的产品,他会将其销售的所有商品当作一个整体来看,其关心的是整个产品组合的销量,而不是单个商品的销量。由于经销商是独立的经济实体,有着自己的利益,因此,厂商要想管理好分销商,就应该充分了解经销商的需要,有针对性地制定激励措施。我们可以通过分析经销商选择厂商时考虑的因素,去分析网络渠道成员的需要,作为制定激励措施的依据。例如,对于零售商来说,并不会经销所有厂商的产品,实力越强的零售商对厂商的选择越严格。早在1980年,就有专家提出了零售商选择厂商时考虑的23项因素(见表6.4),这些因素是零售商选择厂商的标准,也是厂商激励零售商的手段。

表6.4 零售商选择厂商的23项因素

接受被毁坏商品的退货	新产品容易获得	有好的声誉	提供广告合作
具有便捷的订货程序	拥有善解人意的销售代表	经营产品种类范围广	提供商品陈列品
接受未被售出而退回的商品	允许在建议标价上有个浮动余地	提供小批量送货	销售代表离职率低
提供迅速的货物运送	提供数量折扣	提供经常性促销补贴	对具体产品提供促销建议
维持足够的供应	可赊账期不低于30天	立即处理投诉	聘用训练有素的销售代表
被公认为诚实	提供足够的总体促销支持	不限定最小订货批量	

(2) 激励措施

对于厂商来说,激励的目的是希望分销商多提货、早提款,增强现有分销网络的风险抵御能力等。激励分销商的措施大体上可分为两种:直接激励和间接激励。

直接激励是指通过给予中间商物质奖励来激发中间商的积极性,从而实现公司的销售目标。例如,为了应战格兰仕掀起的新一轮微波炉价格大战,美的一改往常的做法,将眼睛盯在经销商身上。美的投资3000万,购买了奔驰、奥迪等83辆奖励车,并承诺送120家优秀经销商出国深造。直接激励的主要方式有:

① 返利政策。返利是厂商根据一定的评判标准,以现金或实物的形式对经销商的滞后奖励。从兑现时间上分类,返利一般分为月返、季返和年返三种；从兑现方式上分类,返利分为明返和暗返两类；从兑现的目的返利分为过程返利和销量返利。返利是一把双刃剑,如果运用得当,可以起到激励经销商的作用,可一旦用不好,则可能诱发经销商的短期行为。

② 价格折扣。它包括数量折扣、等级折扣、现金折扣、季节折扣等基本形式。数量折扣一般根据经销商数量、金额来确定相应的折扣；等级折扣是指根据分销商在分销网络中的等级,给予相应的待遇；现金折扣是根据分销商回款的速度,给予不同的折扣力度；季节折扣是指在旺季转入淡季之际,通过鼓励分销商多进货,减少厂商仓储和保管的压力,进入旺季以前加快折扣的递增速度,促使网络渠道进货,达到一定的市场铺货率,以抢占市场先机。

③ 开展促销活动。厂商利用广告宣传推广产品,一般很受分销商欢迎,广告宣传费可由厂商负担,也可要求分销商合理负担。厂商还应经常派人前往一些主要的经销商,协助安排商品陈列,举办产品展览和操作表演,训练推销人员,或根据分销商的推销业绩给予相应奖励。

④ 资金支助。分销商一般期望生产企业给予它们资金支助,这可促使它们放手进货,积极推销产品,一般可采取售后付款或先付部分货款待产品出售后再全部付清的方式,以解决分销商资金不足的困难。

间接激励是指通过帮助经销商进行更好的管理和销售,以提高销售绩效来激发经销商的积极性。常用的间接激励形式主要有：协助分销商搞好经营管理,提高营销效果,如帮助经销商合理确定安全库存数,提高库存管理水平；帮助零售商进行零售终端管理,包括铺货和商品陈列等；提供市场情况,厂商定期或不定期地邀请经销商座谈,共同研究市场动向,制定扩大销售的措施,企业还可以将自己的生产状况及生产计划告诉经销商,为经销商合理安排销售提供依据。

6.3.3 供应链分销系统的评估与调整

1. 分销网络的评估

分销网络的效率与价值对于企业分销网络的重建和调整有着十分重要的意义。企业在设计分销网络时,必须根据分销商的声誉、财务状况、合作意愿等方面进行综合考虑。确定了分销网络成员,并不意味着分销网络就一成不变了。企业需要对分销网络进行定期或不定期的评估,为网络调整提供依据。

评估分销网络的标准有许多,主要包括客户满意程度、财务绩效和分销网络运行状况等。

(1) 客户满意程度。营销的目标是使客户满意,因此,评价分销网络必须评价客户的满意度。分销网络的客户满意度取决于分销服务的质量。

(2) 财务绩效。分销是营销的重要组成部分,网络渠道评估除了客户满意度方面的指标外,还必须有财务方面的指标。财务绩效评估是通过一系列量化指标来分析的,如销售水平、市场占有率、渠道费用、盈利能力等。这些指标能大体反映网络的市场开拓能力、盈利能力、发展能力等。

（3）分销网络运行状态。不论是客户满意度情况，还是财务绩效情况，都与分销网络的运行状态密切相关。分销网络的运行状态是指网络分销产品规模、数量、通畅性、市场覆盖面的情况，它主要指网络本身运行的过程，而不是指这个过程运行的结果。分销网络运行状态评估指标具体包括商品周转速度、货款回收速度、网络覆盖率和市场覆盖面、销售量和市场占有率等。

2. 分销网络的调整

为了适应市场环境的变化，分销网络还要定期进行调整。当客户的购买方式发生变化、市场扩大、新的竞争者进入或者产品进入衰退期时，便有必要对网络进行相应的调整。根据实际情况的不同，企业分销网络的调整策略也不同。

（1）调整分销网络成员功能

调整分销网络成员功能是指重新分配网络成员应执行的功能，使之能最大限度地发挥自身的潜力，从而提高整个分销网络的效率。随着分销网络中的利润越来越薄，许多厂商都提出了"扁平化"的管理策略，减少网络中每个渠道的中间环节，这就要求相应的分销商转变角色，如某些分销商从原来"搬箱子"的功能，发展到直接面对消费者的经销商。

（2）调整分销网络成员的数量

在考虑分销网络调整时，通常会涉及增加或减少某些分销商的问题。在调整分销网络成员数量时，需要分析增加或减少某些成员后，对企业分销效果的影响。美国通用汽车公司在对汽车工业市场进行调研的过程中发现，汽车市场上的代理商数量过多，这些代理商相互竞争、经营积极性较低、责任心较差，结果使客户不满意，同时汽车成本不断增加。通用汽车公司对其进行了调整，首先精选代理商，然后不惜花费时间、人力、物力对这些代理商进行培养、定期考察，对经营绩效好的代理商进行奖励。这些举措大大调动了代理商的积极性，而代理商积极性的提高，促进了汽车的销售。

（3）调整分销网络中的个别分销渠道

由于各细分市场的购买类型、市场情况往往会发生很大的变化，因此，厂商需要分析其分销网络中所有分支渠道是否能有效地适用于目标市场。根据各目标市场的变化情况，对分销网络进行调整，增加或减少某些分销渠道。例如，目前的分销渠道不能很好地占领目标市场时，应考虑重新选择新的分销渠道来占领市场。

6.4 供应链管理下的客户关系管理

6.4.1 客户关系管理概述

1. 客户关系管理的概念与理解

目前对客户关系管理（customer relationship management，CRM）的定义，不同的研究机构有不同的表述，主要有：CRM 的提出者美国 IT 咨询公司 Gartnet Group 认为，客户关系管理就是为企业提供全方位的管理视角，赋予企业更完善的客户交流能力，最大化客户的收益率;Hurwitz Group 认为,CRM 既是一套原则制度,也是一套软件和技术;IBM 则认为客户关系管理包括企业识别、挑选、获取、发展和保持客户的整个商业过程。CRM Guru.com 认为,CRM 是一种选择和管理客户的商务策略,用于最优化(客户的)长期价值。CRM 需要一种以客户为中心的商业哲学和文化,用以支持有效的市场营销、销售和服务流程。CRM 应用(程序)能够有效地进行客户关系管理,条件是该企业拥有明智的领导层、正确的策略和企业文化。

虽然 CRM 还缺乏一个通用的定义,但 CRM 的核心理念"以客户满意为中心",能够帮助企业鉴别、吸引和留住有价值客户,是得到广泛认同的。

据此,我们给出如下的 CRM 的综合定义。

客户关系管理从广义上讲是指:在企业的运营过程中不断累积客户信息,并使用获得的客户信息来制定市场战略以满足客户个性化需求。CRM 意味着观念的转变,企业的市场战略开始以客户为中心。

2. 客户关系管理的核心思想

(1) 客户是企业发展最重要的资源之一

企业发展需要对自己的资源进行有效的组织与计划。企业资源是多种多样的,既包括有形的资产,如土地、设备、厂房、原材料、资金等,又包括无形资产,如品牌、商标、专利、知识产权等,还包括人力资源和信息资源。

在人类社会从"产品"导向时代转变为"客户"导向时代的今天,客户的选择决定着一个企业的命运,因此,客户已成为当今企业最重要的资源之一。企业是为了客户而生存的,一个企业失去客户资源,这个企业就没有存在的必要了。以客户为中心的经营理念是企业生存发展的关键。信息技术为以客户为中心的经营管理理念提供了文化的、基础设施的环境。以客户为中心是指整个企业的运作都以满足客户的需求为中心,客户资源是整个企业的核心资源,其他资源的应用消耗都以客户资源能否充分发挥作用为前提。所以,资源的优化中心是客户。围绕这一资源优化中心,在客户管理中应开展多方面的以客户为中心的工作。一种全新产品的诞生往往源于客户的建议。CRM 系统中对客户信息的整合集中管理体现出将客户作为企业资源之一的管理思想。在很多行业中,完整的客户档案或数据库就是一个企业颇具价值的资产。通过对客户资料的深入分析并应用销售理论中的 80/20 法则将会显著改善企业营销业绩。

(2) 对企业与客户发生的各种关系进行全面管理

企业与客户之间发生的关系,不仅包括单纯的销售过程所发生的业务关系,如合同签订、订单处理、发货、收款等,而且包括在企业营销及售后服务过程中发生的各种关系。如在企业市场活动、市场推广过程中与潜在客户发生的关系;在与目标客户接触过程中,内部销售人员的行为、各项活动及其与客户接触全过程所发生的多对多的关系,还包括售后服务过程中,企业服务人员对客户提供关怀活动、各种服务活动、服务内容、服务效果的记录等,这也是企业与客户的售后服务关系。

对企业与客户间可能发生的各种关系进行全面管理,将会显著提升企业营销能力、降低营销成本、控制营销过程中可能导致客户抱怨的各种行为,这是 CRM 系统的另一个重要管理思想。

（3）进一步延伸企业供应链管理

CRM 系统解决了企业供应链中的下游链管理，将客户、经销商、企业销售部全部整合到一起，实现企业对客户个性化需求的快速响应。同时也帮助企业清除了营销体系中的中间环节，通过新的扁平化营销体系，缩短响应时间，降低销售成本。

随着各种现代生产管理和现代生产技术的发展，企业之间产品的差异越来越难以区分，产品同质化的趋势越来越明显。通过产品差别来细分市场从而创造出竞争优势也就变得越来越困难。与此同时，随着市场形势从卖方市场向买方市场的转变，客户的消费行为越来越成熟，期望也越来越高，因此，研究客户的需求和提高对客户的服务水平也就变得异常重要。客户关系管理就是一种旨在改善企业与客户之间关系的新型管理机制，它应用于企业市场营销、销售、服务与技术支持等企业外部资源整合的领域。客户关系管理的目标是一方面通过提供快速和周到的优质服务保持和吸引更多的客户，另一方面通过对业务流程的全面管理降低企业的成本。

3. 客户关系的分类

从顾客管理的角度，我们可以将客户关系分为以下 5 种：

① 基本型：销售人员把产品销售出去就不再与顾客接触。这种情况如街头小贩卖出 1 份报纸。

② 被动型：销售人员把产品销售出去之后，鼓励顾客在遇到问题时给公司打电话。现在许多厂商设立的 800 免费电话就属于这种情况。

③ 负责型：销售人员在产品销售后不久就给顾客打电话，询问产品是否符合顾客的期望。销售人员同时向顾客寻求有关产品改进的各种建议，以及任何特殊的缺陷与不足。

④ 能动型：公司经常与顾客联系，询问其有关改进产品用途的建议或为其提供有用的新产品信息。

⑤ 伙伴型：公司不断地与顾客共同努力，寻求合理开支的方法，或者帮助顾客更好地进行购买。

4. 客户关系管理与企业竞争优势

所谓竞争优势是指企业在市场中，面对类似的客户群，能够赢得更高的利润率或潜在的利润率等市场目标。企业竞争优势是适应外部环境的变化而形成的，也是企业内部系统创新的结果。它体现在质量和成本、时间和专有知识、阻止竞争对手模仿进入等方面，是企业实力之一。分析企业竞争优势必须把握企业拥有的资源和能力，动态环境中的企业竞争优势必须更多地依托企业自身的资源和能力，而能够帮助企业建立竞争优势的能力就是企业核心能力，有时亦称为竞争优势。企业竞争策略的基点正是要通过建立和保持其核心能力来获取和保持竞争优势。

随着全球化进程的加快和以 Internet 技术为主导的信息技术的飞速发展，企业如何培育和提高自己的竞争优势，将成为企业发展的关键问题。CRM 理论与应用系统在企业中的实施，将最直接地体现在企业竞争优势的培育方面，从而使企业从对短期性资源优化配置能力的关注，延伸到对长期性资源优化配置能力的努力上。CRM 不仅将帮助企业在管理客户关系方面表现更佳，而且将帮助企业更快更好地获取竞争优势。由于新竞争对手和新机遇不断涌现,企业必须创造出新的结构以适应变化需求。依赖于客户生存的企业必须学会如何对待具有不同背景的客户,并借助相关系统满足客户的需求,加强对客户的吸引力。信息技术的发展使得企业与客户都可以在全球范围内建立彼此之间以及各类信息之间的连接,这不仅使客户可以寻找到能够满足其需求的最佳服务供应商,而且消除了现存市场上固有的进入退出壁垒。这样,企业在市场中获胜所需的要素组合,例如资源、人才、资本、信息等都可以很快被竞争对手复制。因此,企业全面掌握的客户信息、对客户需求的了解以及良好的客户关系本身,将成为企业获取竞争优势的关键因素。

(1) 实施客户关系管理可以改善服务、提高效率

营销人员的工作首先是寻找潜在客户,然后不断地向这些潜在客户宣传自己的产品和服务,当对方产生了购买意向后,销售人员便频繁地进行拜访,谈判价格,最后把合同签下来,并执行合同。在传统营销方式下,企业的销售人员是独自追踪他们的合同信息,并把账户信息和销售策略记录在传统的笔记本电脑的合同管理程序中。这样的数据不仅分散、无法共享,而且,随着企业销售的不断增长,以这种形式保存的信息会很容易丢失。最重要的是不能充分对这些信息进行处理,挖掘客户信息的价值。而且,销售人员可能从此将这些竭力争取到的客户遗忘掉,转头去寻找新的客户。一个营销人员已经接触过的客户也可能会被本公司内的其他营销人员当作新客户对待,这不仅浪费时间和财力,而且不利于客户关系的维护,不利于企业改善客户服务。实施客户关系管理由于采用了新技术手段,业务处理流程的自动化程度提高了,实现了企业范围内的信息共享,提高了企业员工的工作能力,使企业内部能够更高效地运转。

利用CRM软件,可以通过挖掘客户关系管理数据库确定有价值的销售线索,保证销售拜访目标的明确;客户关系管理的拜访记录可以保证拜访内容的连续性,并使销售人员快速完成案头工作,从而把时间更多地花在客户身上;企业利用CRM可以搜集、追踪和分析每一个客户的信息,从而知道他们是谁,他们需要什么,并把他们想要的东西送到他们手中;CRM还能观察和分析客户行为对企业收益的影响,并作为决策重要依据,使企业和客户的关系及企业的业务流程都得到优化。也就是说,CRM能够使企业跨越系统功能和不同的业务范围,把营销、服务活动的执行、评估、调整等与相关的客户满意度、忠诚度、客户收益等密切联系起来,提高企业整体营销、服务活动的有效性;同时对客户信息和数据进行有效的分析,为企业商业决策提供分析和支持,这从根本上保障企业投入足够而适当的资源培育其竞争优势。

(2) 实施客户关系管理可以拓展市场、降低成本

客户关系管理是以客户为中心的业务战略,从拓展市场的角度讲,它可以帮助企业有效地采集和管理客户联系点的信息,利用这些信息找到更多的客户开发机会,更长时间地维系客户,提高客户终生价值,减少客户流失。通过新的业务模式(电话中心、网络等)扩大企业经营活动范围,及时把握新的市场机会,占领更多的市场份额。通过对市场、客户关系的管理,通过知识挖掘,促进企业销售水平的增长和服务质量的提高,以增加企业的收入。从成本的角度来看,CRM的目标之一就是通过对企业业务流程的全面重组和管理,提高工作效率,节约营销费用,从而降低企业的成本。CRM的实施不仅会改变销售、营销和服务部门的业务活动,还会影响财务、生产、计划和运输等后台所有部门的业务活

动。它需要大范围的业务流程重组和信息技术的支持。在通信手段极为丰富的今天,如何将面谈、电话和 Web 访问等交流渠道协调起来,使客户既能以自己喜好的形式与企业交流,又能保证整个系统信息的完整、准确和一致是十分关键的,CRM 就提供了这样一个畅通有效的交流渠道。一个性能良好的 CRM 方案,不仅可以使企业的销售人员节省大量的时间、销售更多的产品,更能使企业保持竞争优势。

(3) 实施客户关系管理有助于发掘潜在客户、留住老客户

客户是企业生存和发展的基础,市场竞争的实质其实就是争夺客户资源。潜在客户是从表面上看能够成为企业产品和服务目标的个人或者组织。对于潜在客户要加以验证,看他们是否真正需要某一产品或服务,现在客户关系管理方案可以使我们以较低的成本来实现这个验证过程。CRM 系统可以把其"为客户解决需求"的理念贯彻到其电话服务系统、自动销售系统、市场推广系统和售后服务系统等与客户打交道的所有环节中,帮助公司把这些潜在客户变为现实的客户。留住老客户所花的费用要远远低于吸收新客户的成本,企业通过提供超过客户期望的可靠服务可以将争取到的客户转变为长期客户。一项研究报告指出:1 个满意的客户会引发 8 笔潜在的生意,其中至少有 1 笔成交;1 个不满意的客户会影响 25 个人的购买意向;争取 1 个新客户的成本是保住 1 个老客户的 5 倍。把营销重点放在获取较为丰厚的客户群上,即使不在新客户上投资,企业也能够实现大部分的盈利目标。有了 CRM 系统的支持,企业可以根据客户提出的要求去改进自己的产品和服务,使企业有了更灵敏的客户回应能力,这种回应能力必然会增进客户的忠诚度,同时使公司得以吸引新的客户并促进销售的增长。企业通过 CRM 系统的实施,所形成的统一的客户联系渠道和全面的客户服务能力,将成为企业获取并保持竞争优势的重要组成部分。企业细心了解客户的需求,专注于建立长期的客户关系,并通过实施"以客户为中心"的战略来强化这一关系,通过统一的客户联系渠道为客户提供比竞争对手更好的服务,这种基于客户关系和客户服务的竞争战略,将在市场和绩效中得到充分体现,促使客户回头购买更多的产品或服务,整个企业业务也将从每一客户未来不断的采购中获益。

6.4.2 供应链管理与客户关系管理的联系

1. 供应链管理与客户关系管理的共同点

客户关系管理(customer relation management,CRM),是与顾客保持良好关系,广义而言,即是优化顾客服务质量,提高顾客满意度,保持顾客忠诚度,以增强顾客未来信心。客户关系管理的目的是更有效率地获取、开发并留住企业最重要的资产——顾客。CRM 是一种战略思想,支配企业的各项活动,从战略计划到作业计划,从供应商的选择到面向消费者的个性化营销,从原材料的选择到产品的设计,必须符合这一思想。CRM 不仅是营销思想,还要求企业后台各种职能活动的有效支持,唯有各部门同心同力,协调运作,客户关系管理才能真正起作用。

供应链管理是围绕着客户展开的,其最终目的还是为了更好地了解客户、服务客户。从某种程度上讲,供应链管理包括客户关系管理,客户关系管理可视为供应链管理的一部分。而客户关系管理是专注于销售、营销、客户服务和支持等方面,在这些方面它比供应

链管理更全面、更进一步。同时，它的运作可以完善供应链管理流程。客户关系管理正是通过管理与客户间的互动，努力减少销售环节，降低销售成本，从而实现对供应链管理的提升。

供应链管理与客户关系管理最大的共同点是两者都十分重视客户。客户关系管理的核心即是以客户为中心。对供应链管理而言，正是最终客户的需求，才使供应链得以存在；只有最终客户获得满足，供应链才能延续和发展。因而，供应链必须以最终客户的需求为其关注的焦点。同时，供应链各成员企业间通过多种合作方式结成战略伙伴关系，供应链一体化为最终客户的需求满足而进行生产或提供服务。因此，供应链管理也必须以客户为中心，将提高客户的满意度作为管理的出发点，并贯穿供应链管理的全过程。

2. 供应链管理与客户关系管理整合的必要性

最初的供应链管理是基于企业内部范围的管理。它将企业内部经营所有的业务单元如订单、采购、库存、计划、生产、质量、运输、市场、销售、服务等以及相应的财务活动、人事管理均纳入一条供应链内进行统筹管理，重视的是物流和企业内部资源的管理，即如何更快更好地生产出产品并将其推向市场。这是一种"推式"管理，管理的出发点是从原材料推到产成品、销售市场，一直推至客户端的供应链。随着市场竞争的加剧，生产出的产品只有被客户购买转化成利润，企业才能得以生存和发展。为了赢得客户、赢得市场，企业管理进入了以客户及客户满意为中心的管理，因而企业的供应链管理也由起初的"推式"管理转变为以客户需求为原动力的"拉式"供应链管理。

这种"拉式"管理思想主要是以客户的需求为前提，要求通过供应链内各企业紧密合作，一体化为最终客户创造更多有效的客户让渡价值；通过对从原材料供应商、中间生产过程到销售网络的各个环节进行协调，实现供应链上的良好合作，为供应链各成员企业提供更多的客户关系价值；通过对链上物流、信息流及资金流的双向流动进行管理，提高供应链的反应速度，并通过提高供应链中各个企业的即时信息可见度，信息共享，最终提高供应链的运作效率，促进客户价值的实现。

由以上分析可知，供应链管理由"推式"管理向"拉式"管理的转变，更加注重对客户需求的响应，对供应链上客户关系管理的应用提出了要求。在供应链上应用客户关系管理，以客户为起点，得到市场需求，制订相应的生产计划，然后按要求进行生产，从而达到满足客户需求、提高客户满意度的目的，最终使企业生产出的产品转化成利润，也有助于供应链"拉式"管理的实现。

同时，尽管供应链管理对于产品或服务的有效传递非常重要，但在产品差异越来越小的今天，单纯的依赖供应链管理，一个领先的生产商也许有能力实现短时间内大批量产品的市场投放，可如果不能直接或者通过分销商对个别顾客的独特需求做出反应，不能结合客户的需求去设计、改进产品或服务，就有可能造成大量产品的积压。而且，如果供应链上的成员企业间不能有效协调，保持良好的合作关系，企业也就不能专注于培养自身的核心优势，充分利用供应链上其他企业的资源，提高供应链的整体实力。这也对供应链上B2B和B2C的客户关系管理提出了要求。

综上所述，应该将客户关系管理同供应链管理整合在一起，将客户关系管理作为供应链提升整体竞争力的必要手段，二者结合形成无缝的闭环系统。如图6.3所示。

供应链上的客户关系管理其核心是客户,本质是基于最终客户与分销商、生产商乃至供应商之间形成的价值关系,而不单纯指供应链末端企业同供应链最终客户之间的关系。即认为企业价值的实现依赖于客户需求的满足和客户价值的实现,客户价值的实现不仅同分销商、生产商有关,还依赖于供应链的上游企业。只有供应链各成员企业间密切合作,才能实现最终客户的客户价值。

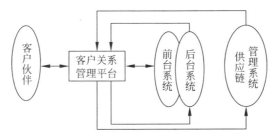

图 6.3 客户关系管理和供应链管理的关系模型

6.4.3 供应链环境下客户关系管理的基本框架

1. 供应链环境下客户关系管理应遵循的基本原则

供应链上客户关系管理的构建原则就是以客户为中心,及时响应客户需求,实现客户满意,赢得客户忠诚,提高客户价值。供应链成员企业间注重客户关系管理,结成合作伙伴关系,再凭借一体化的供应链实现最终客户需要的最大满足。因此,应满足以下的要求:

(1) 将最终客户与供应链连接起来。这意味着在供应链伙伴之间要共享交易数据,要利用发达的信息技术在供应链成员企业间构建共享的数据库。如一个生产商或分销商可以利用客户关系管理收集客户需求信息,这些来自供应链终端的客户信息可以为供应链上游成员企业提供指导产品开发与产品制造的信息。通过将客户与供应链连接起来,实现客户信息在供应链上的传递、交流,供应链就能快速响应客户需求。

(2) 对供应链进行动态管理,及时反馈需求信息。在变幻莫测的市场环境下,通过营销策略和信息技术掌握确切的需求,使企业供应链上的供应活动建立在可靠的需求信息的基础上。同时,动态管理可以使企业及时把握新的市场机会,发掘潜在客户,拥有更多的市场份额。

(3) 全面管理企业与客户发生的各种关系。在供应链上的客户关系不仅包括生产商或分销商同最终客户的关系,还包括供应链上成员企业间的合作伙伴关系。而在这两类关系中,又不仅包括单纯的销售过程中所发生的业务关系,如合同签订、订单处理、发货、收款等,而且也包括在企业营销、售前及售后服务过程中发生的各种关系,如联合开发、技术支持等。对企业与客户间可能发生的各种关系进行全面管理,将会显著提升企业营销能力、降低营销成本、控制营销过程中可能导致客户抱怨的各种行为。

(4) 与客户间保持良好互动。企业可以选择客户喜欢的方式同客户进行双向沟通,既可方便地获取所需信息,又可使客户得到更好的服务,获得心理满意,从而保留更多的老客户,并能吸引更多的新客户。

(5) 树立一种面向流程的观点。如果供应链不是围绕客户建立的,就会限制客户关系管理带来的利益。而建立以客户为中心的供应链必须本着一种面向流程的观点。流程的观点打破了以功能划分的组织边界,使得组织将精力集中于最终结果,围绕客户而不是企业内部组织活动。

2. 供应链环境下客户关系管理应适用的信息技术

供应链管理在同客户关系管理整合时,企业需要通过客户资料和信息系统来更新供应链管理。在此过程中,企业要及时响应客户需求,就要优化其流通网络,减少库存,加快周转,这就要通过企业建立起有效的信息系统,同客户数据以及销售、营销、服务的职能相结合,以对客户实际需求满足作为供应链发展的原则和目标,从客户开始,到客户结束,推行以客户为中心的管理。在供应链上对客户关系进行管理,要使用到以下几种主要的信息技术:

(1) 共享的数据库。供应链内各成员企业如果仅从自身角度考虑去掌握企业数据,供应链整体的业务流程将被割裂。因此,在供应链上进行客户关系管理时,建立客户间紧密联系的共享数据库是最基本的条件。共享的数据库可以把销售、市场营销和客户服务连接起来,全方位地提供客户和市场信息。这个共享数据库也被称为包含所有重要信息的"闭环",其中包含的数据可以全面、准确、及时地反映客户、市场及销售信息,实现与客户双向、有效的沟通,真正体现了以客户为中心的管理思想。

(2) 销售流程自动化(sales force automation,SFA)。是专为销售代表和销售管理的日常工作要求而定制的软件系统。SFA 忠实记录企业销售行为,并通过企业内部的信息共享将产品信息及时传达给潜在客户,抓住每个销售机会,同时促进销售和客户支持部门之间的合作:可以根据 SFA 获得的数据预测和分析销售周期,制订适当的生产和采购计划,为企业的管理层提供决策依据。SFA 的网络共享功能还可以使信息快速传播和全球化,在企业内部和企业之间共享信息并促进企业合作。

(3) 呼叫中心。呼叫中心是为客户服务、市场营销、技术支持和其他的特定商业活动而接收和发出呼叫的一个实体。它是客户和企业的联系纽带,是企业的客户服务中心,对外面向用户,对内则与整个企业相连,与企业的管理、服务、生产活动结为一体。它可以把从用户那里获得的各种信息储存在企业的数据库中,供管理者用以分析和决策。它把用数据库形式集成的企业活动应用于整个供应链的配合以及客户关系的互动,是数据库所存储信息的来源和具体应用。

(4) 数据挖掘。数据挖掘是通过使用数据分析和数据建模技术来发现数据之间的趋势和关系的过程。它抽取的是数据库中不为用户所知的信息,寻找交易活动中各因素同客户行为之间不直接的联系,从而发掘潜在的市场机会。完整的数据挖掘不单可以发现潜在有用信息,纠正错误信息,做到准确的目标市场营销,还可以凭借采集到大量个性化信息,使企业能准确地对个人客户做营销,实现一对一营销。数据挖掘和数据仓库技术的使用使企业能够管理大量数据,增加对客户理解的精确程度。拥有这种精确信息可以使供应链上的企业持有较少的安全库存,提高制订需求计划、分销和资源配置的水平,并为客户提供定制产品。

（5）查特曼隐喻引出技术（ZMET）。这种技术是一个帮助客户更方便、更全面表达思想和感觉的研究工具。与其他研究方法相比，ZMET可以帮助交流双方克服语言障碍，有效引出企业客户的深层次的信息。"它使用计算机成像技术帮助消费者探索和表达他们的思想。"通过该技术，可以确定企业客户对企业的看法、品牌印象以及经营情况；更深入地理解企业与客户关系的复杂性，帮助高层管理者考虑品牌定位和企业的经营理念；并且通过为企业提供多媒体报告，可以直接反映客户的想法和感受，为市场研究人员，相关管理人员和设计、创意人员都提供了有价值的材料。

使用这种技术，可以使有关工作人员跨越同客户之间在思想、感情上的障碍，在心理上"靠近消费者"。

6.4.4 供应链环境下客户关系管理的内容

供应链中所有的企业都是生产和服务过程中的一个节点，上游企业与下游企业之间均存在着客户关系，同时，由于合作，这种客户关系还是相互的。链上的供应商为生产商提供原料、零部件，生产商参与供应商的产品开发、技术改进，两者之间互相存在对彼此产品或服务的需求；生产商向分销商提供品质优良、市场前景光明的产品，分销商则为生产商提供强大的销售渠道、销售力量的支持，两者之间亦存在相互需求。因而供应链中成员企业间是互为客户的关系。所以，供应链上的客户关系管理应当包括供应链上核心企业（生产商）与其上游企业（上游供应商）的关系，与下游企业（零售商、批发商、代销商）的关系以及供应链成员企业与最终客户之间的关系管理。

1. 供应链环境下成员企业间的客户关系管理（B2B）

传统的营销模式，供应链中供应商与生产商、生产商与分销商、批发商与零售商、零售商与最终客户之间是一种"零和"博弈关系，一方的获益往往以另一方的利益受损为代价。当供应链中重视了合作伙伴间的客户关系管理，在关系营销模式下，供应链企业间的合作就转变为以相互信任、相互协调为基础，形成了一种"双赢"的联盟，一方的成功是以自身的核心优势来为另一方的成功服务。

最终客户是供应链的利润来源，而供应链中成员间的客户关系也为最终的利润贡献力量，因此说任何一条供应链都应该是基于客户的，这里的"客户"不仅包含客户，也包括供应链上所有的成员企业。这就要求所有供应链成员主动获取客户求信息，分析客户的结构与行为，并相互传递、共享这些知识。

供应链成员企业通过客户关系管理结成一个整体，通过这种无缝连接，来对最终客户进行全方位的分析。这样可以使供应链成员对市场的理解与认识取得一致，可以降低成本，使每个成员从中得利。只有协调的供应链成员间的关系，才能保证供应链协调运行，也才能够实现供应链各成员企业共同为最终客户提供最大化的价值。

供应链上成员企业间的客户关系管理可以从以下两方面来理解：

（1）供应商与生产商之间的客户关系管理

生产商和供应商之间的关系中，一般而言，生产商处于主导地位，原料、零部件商处于辅助性地位。随着竞争的日益激烈，要求两者之间由原来的价格博弈关系，转为资源共享的合作伙伴关系。

在这种合作伙伴关系下,生产商同供应商两者具有统一的市场目标,两者利益共享,共同承担研发、生产制造的风险,从而分散风险,提高企业在市场上的竞争力。通过结成紧密的合作伙伴关系可以使供应商成为生产商企业内部采购、研发、生产部门的延伸。

本田公司与其供应商之间就是这样一种长期相互信赖的客户关系。如果供应商达到本田公司的业绩标准就可以成为它的终身供应商。本田公司则为其供应商提供多方面的支持:帮助供应商改善员工管理,提高生产率和产品质量并提供塑造、焊接、模铸等方面的技术支持等。双方都能从这种稳固的合作关系中获益。

(2) 生产商与分销商之间的客户关系管理

随着科学技术的进步和经济的发展,产品的生命周期越来越短,生产商面临着要提高产品质量、降低产品成本、提供个性化服务、提高服务水平的竞争压力。而分销商也面临客户多样化需求、市场竞争激烈的压力。两者只有结成合作伙伴关系,才能资源共享,增强竞争力,为客户提供更为完善的服务。

在这种合作关系下,分销商将最终客户对产品或服务的反馈意见反映给生产商,生产商可以根据市场需求改进产品设计、制造个性化产品;同时,生产商可以为分销商提供强有力的技术支持、完善的售后服务,还可为分销商提供人力、咨询等服务,共同开拓市场。通过两者之间共享有价值的信息,可以增强客户的信任感和忠诚感,使得两者围绕着共同的经济利益来共同应对市场的挑战。宝洁公司与沃尔玛之间就是这样一种合作关系。宝洁加强与沃尔玛的协作与信息沟通,建立了复杂的电子数据交换(EDI)系统连接,从而能随时掌握沃尔玛的库存状况、销售的动态、需求数量等信息,对产品给予改进;沃尔玛也能及时补充货物数量,降低库存从而降低成本,实现低价经营。这种伙伴关系使得两公司能很好地协作,给双方都带来益处。

2. 供应链上的最终客户管理

传统营销模式下,以产品为导向,最终客户的需求往往被忽视,即使有些企业注意到了满足客户需求的重要性,也往往处于一种支配地位,对于客户需求采取一种居高临下的态度。而在关系营销模式下,客户需求、客户满意被提到了相当重要的位置。

企业开始注重同客户间的双向交流,注重在产品之外,通过服务使客户获得情感上的满足,从而获得客户忠诚。这样供应链上生产商或分销商直接对最终客户的客户关系管理也就由原来的单向控制转变为双向交流。

生产商或分销商通过仔细倾听最终客户的需求,并将这种需求通过快速反应机制及时、准确地反馈给供应链的上游,可以提供满足客户需求的产品或服务,赢得客户满意和客户忠诚;可以通过对最终客户进行面对面的服务,直接面对客户的咨询,客户反映问题的处理,这将有助于客户价值的提高;还可以针对客户的个性化需求,为客户提供定制化的产品和服务。大规模定制可以确定客户的真实需求,并根据客户的选择,按照订单制造,从而降低库存成本,提高生产效率,提高客户的满意度,进而增加企业的利润。客户因此将不单从生产商或分销商处得到优质的产品,更得到真实的效用和需求的满足。这样生产商或分销商就同供应链的最终客户间建立起持久、长远的"双赢"关系。

著名的计算机公司戴尔就通过其供应链以及客户关系管理的整合获得了竞争优势。戴尔公司设立呼叫中心,通过免费电话,使客户可以对产品提出个性化的要求,公司按照不同的客户需求生产交货,并结合个性化需求来简化物流流程,改善公司运营系统。通过满足客户的个性化需求,戴尔公司赢得了声誉,也赢得了市场。

3. 跨国供应链环境下的客户关系管理

从电话、传真到电子数据交换,互联网和通信技术的发展为供应链的跨国协调提供了低成本的工具,也为跨国供应链上的客户关系管理提供了便利条件。计算机和网络在国际范围内的普及使跨国的产品设计、生产及配送流程信息在企业与企业间或组织内部各部门间更加透明,企业间的信息交流以及最终客户信息的获得也更加便捷。

在跨国供应链上进行客户关系管理,其管理的内容同一般供应链上的客户关系管理相同,仍然是供应链的核心企业(生产商)与其上游企业(上游供应商)和下游企业(零售商、批发商、代销商)或最终客户相互之间的关系管理。但由于其关系各方可能分布在全球各地,这种空间上的间隔,以及由之带来的信息传递的时滞,都会增加供应链上进行关系协调、整体管理的难度,所涉及的国际经济合作以及国际贸易方面的内容也增加了管理的复杂性,因而跨国供应链上的客户关系管理内容也有其自身需要注意的特点。

同时,跨国供应链上企业产品的原料采购、生产、销售等过程可能分别发生在不同的国家,产品的整个供应链流程跨越国界。这就造成跨国供应链管理的复杂性,链上成员企业间的合作和协调的难度都将大大增加。而且,跨国供应链上的客户关系管理由于涉及的关联对象更为复杂,可能涉及不同国家、地区的企业间的合作,可能提供产品或服务的对象也是不同国家的消费者,这样,管理中可能会遇到更大的不确定性。不同国家文化间的冲突,加大了企业同客户之间的交流沟通的难度,这对于企业在跨国供应链中的协调和管理能力也将提出很大的挑战。

本章小结

由生产商、中间商、辅助商和消费者或最终用户联合起来,共同完成生产商的商品从生产领域向消费领域转移,实现商品价值和使用价值转换的系统,就是所谓的分销系统。通过各个合作者发挥应有的作用,分销系统将可以执行商品所有权流程、商品实体流程、贷款流程、市场信息流程和促销信息流程等职能工作。

客户对分销网络存在五个方面的服务需要:购买批量、等待时间、方便性、商品品种、售后服务。设计方案时,需要注意的几个问题:市场覆盖率、分销网络的强度、销售速度。

选择经销商时,一般都需要考虑有关经销商的声誉、市场经验、产品知识、合作意愿、市场覆盖范围和服务水平等方面的信息。

将客户关系管理同供应链管理整合在一起,将客户关系管理作为供应链提升整体竞争力的必要手段,二者结合形成无缝的闭环系统。

供应链上客户关系管理的构建原则就是以客户为中心,及时响应客户需求,实现客户满意,赢得客户忠诚,提高客户价值。供应链成员企业间注重客户关系管理,结成合作伙伴关系,再凭借一体化的供应链实现最终客户需要的最大满足。在供应链上对客户关系进行管理,要使用到以下几种主要的信息技术:共享的数据库、销售流程自动化、呼叫中心、数据挖掘、查特曼隐喻引出技术等。

📖 **复习与思考**

1. 供应链分销系统由哪些部分构成?
2. 供应链分销网络系统与传统分销渠道的联系与区别是什么?
3. 供应链环境下分销系统的优势有哪些?
4. 供应链下客户关系管理应遵循的基本原则是什么?

案例分析

Ascoli 品牌的跨境电商渠道整合

Ascoli 是美科制冷公司打造的厨房家电 DTC(direct-to-consumers,"直达消费者")品牌,随着电商和社交媒体的发展,DTC 在跨境电商行业大热,成为跨境电商企业行业"破冰"的重要行为。DTC 品牌去除了中间商这一环节,通过各种渠道直接触达消费者。DTC 营销模式基于比较早熟的小众移动电商基础网络设施和健全完善的小众品牌意识,许多跨境电商企业正是依托其主要入口商品流量,更多地面向个性化的小众移动电商平台。品牌在这些移动端平台上直接成为卖家,形成新兴的移动电商品牌。

一、公司背景

美科制冷是国内领先的主打高端嵌入式冰箱的研发、制造企业,同时也兼顾独立式家电和小家电的研发生产。经过多年努力,不但在国内市场建立了一批稳定的客户群,而且与一批国内国际顶级橱柜橱电厂商建立了战略联盟关系。

在国内,合肥美科的销售渠道分为电商渠道、工程渠道、代理商渠道、定制渠道,在国内营收的比重分别为 40%、9%、31%、20%。合肥美科的外销业务在公司营收的比重占比约为 70%,渠道类型有海外子公司(俄罗斯、美国子公司)、海外经销商、国外制造企业的代工、品牌业务的直接出口(FOB 直发)、跨境电商直发,在海外出口业务的比重分别占 41.2%、31.2%、22%、4.8%、0.8%。

公司于 2019 年在俄罗斯成立子公司 AKS,并成功创建厨房家电品牌 Ascoli。其渠道类型主要为:联邦连锁(客户:MVIDEO、DNS)、区域批发商(客户:GST、ANCONA、ABSOLUTE)、本地电商平台(客户:HOLODILNIK、OZON、YANDEX、WILDBERRIES)、区域连锁或零售(客户:欧尚、POISK)、电商直营 DTC 渠道(自有平台 AKS),在 AKS 销售比重分别为 31%、25%、24%、11%、9%。2021 年 AKS 的销售收入 2.28 亿元卢布(按照当期汇率,折合为 305 万美元)。

二、公司发展中遇到的增长瓶颈

(1) 品牌的发展需要沉淀。一个品牌的打造、用户口碑的积累都需要时间。DTC 品牌需要与消费者进行大量的互动,获取一手的数据,从而对消费者的需求能够迅速反应、快速改善产品,最终赢得消费者的口碑。

(2) 品类不够丰富。受制于供应链的建设,Ascoli 主打厨房嵌入式冰箱,产品线不算丰富。

(3) 本土化运营需要高级人才。由于在俄本土运营,受到语言、地域限制,人才需求升级为更加高级的多语言能力＋电商运营能力的复合型人才。

（4）资金不足。海外品牌的建设需要较为充足的资金。

三、Ascoli 渠道整合策略

（一）本土化运营策略

（1）线下渠道。大力拓展 Alisco 在俄罗斯的线下商业实体渠道，从 2020 年至今，Ascoli 迅速进行线下场馆租赁和布局，不仅开拓了线下渠道，也深入贯彻了品牌战略，积极在门店展示产品，扩大了品牌在俄罗斯的知名度。

Ascoli 在俄罗斯线下商业实体包括：①MVIDEO，俄罗斯第一连锁。强势的销售终端，合作的品牌多为欧美 A 类品牌，如 BOSCH、SAMSUNG、HAIER。②ANCONA，区域电器批发商。拥有南部地区的配送安装体系和分销体系。③DNS，以 3C 品类起家的全俄电器连锁，在电器领域占用全俄 10% 左右的零售份额。

（2）线上渠道。为保证本土化经营保持持续增长，渠道拓展方案如下：①重布局，在各大电商平台开店。在 YANDEX、OZON、WILDBERRIES 上快速开店。②抓三建，即强团队（当地招聘有丰富电商运营经验的本土经理人）、亮终端（积极展示线下门店内的产品）、重服务（利用好在全俄罗斯的 105 家售后网点，增加服务）。③打竞争，精准分析竞品卖点，积极导入优势产品。

（二）Ascoli 品牌独立站营销渠道拓展

为保证独立站正常进行，制定网络营销组合策略，助力线上渠道的拓展，实现可持续增长，具体如下：

（1）品类延伸。冰箱、洗衣机属于大白电业务；空调、厨房小电器等品类的延伸在独立站上具备较好的基础。

（2）成套厨电方案的打造。Ascoli 品牌是以嵌入式冰箱、洗衣机为主，整个品类的用户属性具有房屋装修的属性，用户大多同时具备嵌入式厨房电器的其他消费属性。独立站对于 AKS 导入其他成套厨电比如嵌入式烤箱、洗碗机有较为明显的意义。

（3）站外推广。独立站受限于流量和推广预算的限制，需要适当增加站外推广投入，促进成交量、增加用户的好感。

（4）产品的预售。AKS 公司在导入新品的时候，为了减少库存资金占有，在 DTC 网站上做适当的预售，来测试用户的采购意向度，收集客户的开发意见。

资料来源：张琼.跨境电商渠道整合影响因素研究——以对俄出口品牌 Ascoli 为例[J].产业创新研究，2022(07)：63-66.

思考题：

1. Ascoli 品牌渠道的整合与传统渠道的管理有何不同之处？
2. Ascoli 品牌渠道整合对我们有哪些启示？

即 测 即 练

第 7 章　供应链管理与信息技术

本章关键词

电子用户支持系统(electronic customer support)　　电子商务(electronic commerce)
电子数据交换(electronic data interchange)　　　　智慧供应链(smart supply chain)
计算机辅助设计(computer aided design)　　　　　区块链(blockchain)
执行信息系统(executive information system)　　　信息技术(information technology)

> 信息共享是实现供应链管理的基础,供应链的高效率运作是建立在供应链节点上各个企业之间信息传递和共享的基础之上的。因此,有效的供应链管理离不开信息技术的支持。信息技术的应用有效地推动了供应链管理的发展,它不但可以节省时间、提高企业信息交换的准确性,还可以减少企业在复杂、重复工作中的人为错误,从而减少了企业的时间浪费和经济损失,提高了供应链管理的效率。

7.1　信息技术的概念及其对供应链管理的支撑

7.1.1　现代信息技术的概念

信息技术主要是指利用电子计算机和现代通信手段实现获取信息、传递信息、存储信息、处理信息、显示信息、分配信息等的相关技术。

现代信息技术奠定了信息时代发展的基础,同时又促进了信息时代的到来,它的发展以及全球信息网络的兴起,把全球的经济、文化联结在一起。任何新的发现、新的产品、新的思想、新的概念都可以立即通过网络,通过先进的信息技术传遍世界。经济国际化趋势的日渐显著,使得信息网络、信息产业发展更加迅速,使各行业、产业结构乃至整个社会的管理体系发生深刻变化。现代信息技术是一个内容十分广泛的技术群,它包括微电子技术、光电子技术、通信技术、网络技术、感测技术、控制技术、显示技术等。在 21 世纪,企业管理的核心必然是围绕信息管理来进行的。在最近几年里,技术创新成为企业改革的最主要形式,而信息技术的发展直接影响企业改革和管理的成败。不管是计算机集成制造(CIM)、电子数据交换(EDI)、计算机辅助设计(CAD),还是制造业执行信息系统(executive information system),信息技术革新都已经成为企业组织变化的主要途径。

7.1.2 信息技术对供应链管理的支撑

信息技术对供应链管理的支撑作用可以从两方面理解：一是信息技术的功能对供应链管理的作用[如 Internet、多媒体、EDI、CAD/CAM(计算机辅助设计)、ISDN(综合业务数字网)等的应用]；二是信息技术本身所发挥的作用(如 CD-ROM、ATM、光纤的应用)。信息技术特别是最新信息技术(如多媒体、图像处理和专家系统)在供应链中的应用，可以大大减少供应链运行中的非增值行为。

供应链管理涉及的主要领域有产品、生产、财务与成本、市场营销/销售、策略流程、支持服务、人力资源等多个方面，通过采用不同的信息技术可以提高这些领域的运作绩效。

① EDI(electronic data interchange)是供应链管理的主要信息之一，特别是在国际贸易中有大量文件传输的条件下。它是计算机与计算机之间的相关业务数据的交换工具，它有一致的标准从而使交换成为可能。典型的数据交换是传向供应商的订单。EDI 的应用较为复杂，其费用也很昂贵，不过最新开发的软件包、远程通信技术使 EDI 更为通用。利用 EDI 能清楚职能部门之间的障碍，使信息在不同职能部门之间通畅、可靠地流通，能有效减少低效工作和非增值业务(non-value added)；同时可以通过 EDI 快速地获得信息，更好地进行通信联系、交流和更好地为用户提供服务。

② CAD/CAE(计算机辅助工程)/CAM、EFT(电子资金转账)和多媒体的应用可以缩短订单的交货期。如果把交货看作一个项目，为了消除物料流和信息流之间的障碍，就需要应用多媒体技术、共享数据库技术、人工智能、专家系统和 CIM。这些技术可以改善企业内和企业之间计算机支持的合作的工作，从而提高整个供应链系统的效率。

③ 企业的内部联系与企业外部联系同样重要。比如在企业内建立企业内部网络(Intranet)并设立电子邮件(E-mail)系统，使得员工能便捷地互相发收信息。互联网的应用可以方便地从其他地方获得有用数据，这些信息使企业在全球竞争中获得成功，使企业能在准确可靠的信息帮助下做出准确决策。信息流的提前期也可以通过 E-mail 和传真的应用得到缩短。信息时代的发展需要企业在各业务领域中适当运用相关的信息技术。

④ 战略规划受到内部(生产能力、技能、职工合作、管理方式)和外部信息因素的影响。而且供应链管理强调战略伙伴关系的管理，这意味着要处理大量的数据和信息才能做出正确的决策去实现企业目标。如电话会议、多媒体、网络通信、数据库、专家系统等，可以用来收集和处理数据。决策的准确度取决于收集的内外部数据的精确度和信息交换的难易度。

⑤ 产品设计和工程、流程计划可被当作一个业务流程，产品本身需要产品、工程、流程计划的设计，这些可以用 QFD、CE、CAD/CAE 和 CAPP 集成在产品开发中，从而缩短设计提前期并在产品周期每个阶段的生产中减少非增值业务。

⑥ 市场营销和销售是信息处理量较大的两个职能部门。市场研究在一定程度上是信息技术革新的主要受益者。市场营销作为一个流程需要集成市场研究、预测和反馈等方面的信息，EDI 在采购订单、付款、预测等事务处理中的应用，可以提高用户和销售部门之间数据交换工作效率，保证为用户提供高质量的产品和服务。

⑦ 会计业务包括产品成本、买卖决策、资本投资决策、财务和产品组决策等。计算机

信息系统包括在线成本信息系统和数据库,主要采用在线共享数据库技术和计算机信息系统完成信息的收集和处理。技术分析专家系统(expert system for technology analysis,ESTA)、财务专家系统能提高企业的整体投资管理能力,而且在 ESTA 中应用人工智能(AI)和神经网络技术可以增强某些非结构性问题的专家决策。AI 的应用可以提高质量、柔性、利用率和可靠性,EDI 和 EFT 应用在供应链管理当中可以提高供应链节点企业之间资金流的安全和交换的快速性。

⑧ 生产过程中的信息量大而且繁杂,如果处理不及时或处理不当,就有可能出现生产的混乱、停滞等现象,MRPII、JIT、CIMS、MIS(管理信息系统)等技术的应用就可以解决企业生产中出现的多种复杂问题,保障企业生产和整个供应链的正常运行。

⑨ 客户/服务技术可以用于企业之间的信息共享,以改善企业的服务水平,同时各种网络新技术的应用也可以改善企业之间的信息交互使用情况。信息自动化系统提高了分销、后勤、运输等工作的效率,减少了纸面作业,从而降低成本和提高用户服务水平。

⑩ 供应链设计当中运用 CIM、CAD、Internet、E-mail、专家支持系统等技术,有助于供应链节点企业的选择、定位和资源、设备的配置。决策支持系统(DSS)有助于核心企业决策的及时性和正确性。

⑪ 人力资源管理当中,人类行为工程(human performance engineering,HPE)也开始在企业管理当中得到应用,其主要职能是组织、开发、激励企业的人力资源。在企业系统的工作设计、培训、组织重构中应用 HPE 可以帮助企业提高从最高领导到车间的人力效率,同时多媒体、CAD/CAM 和互联网等技术的应用可以改善职工之间的合作水平与降低工作压力。

7.2 信息技术在供应链管理中的应用

7.2.1 电子数据交换

1. 电子数据交换(EDI)技术的概念

EDI 技术是指不同的企业之间为了提高经营活动的效率在标准化的基础上通过计算机联网进行数据传输和交换的方法。目的是通过建立企业间的数据交换网来实现票据处理、数据加工等事务作业的自动化、省力化、及时化和正确化,同时通过有关销售信息和库存信息的共享来实现经营活动的效率化。

EDI 的主要功能表现在电子数据传输和交换、传输数据的存证、文书数据标准格式的转换、安全保密、提供信息查询、提供技术咨询服务、提供信息增值服务等。

EDI 系统是对信息进行交换和处理的网络自动化系统,是将远程通信、计算机及数据库三者有机结合在一起,实现数据交换、数据资源共享的一种信息系统,是供应链管理的主要信息技术手段,它被确认为企业间计算机与计算机交换商业文件的标准形式。使用 EDI 的直接利益包括:①提高生产效率;②改善渠道关系;③提高竞争能力;④降低成本;⑤使信息交换更为及时、准确、有效率。

2. EDI 技术的发展

初期,一般由大企业以自己独自设计的数据格式和系统构造建立以本企业为中心的 EDI 系统,通过在业务往来频繁的企业设置 EDI 终端来处理和交换有关订货、库存、销售时点数据、需求预测以及运输日程通知等方面的信息。这时的 EDI 有两个特征:一是由某个大企业主导;二是存在多个以不同的企业为中心的 EDI 系统,数据和代码缺乏统一的标准格式。

随着业务范围的扩大和竞争的需要,扩大 EDI 的使用对象,同时许多企业同多个大企业有业务关系,必须利用不同的 EDI 系统。EDI 使用范围的扩大使更多的企业通过 EDI 连接在一起交换信息,共享资源。但是因为必须面对多个不同数据格式和代码,不得不增加投资添置计算机终端,同时重复输入数据,增加事务作业成本。

为了克服 EDI 标准不统一所带来的问题,联合国欧洲经济理事会在 1987 年公布了一套名为 UN/EDIFACT 的 EDI 国际标准。UN/EDIFACT 是一种用于行政、商务和运输业的电子数据交换的标准文书数据格式,国际标准化组织 ISO 为该标准配套制定了一套程序规则(SYNTAXRULES,ISO9735),目前,UN/EDIFACT 标准已占据全球 EDI 标准的主导地位。

3. EDI 的构成

EDI 是通过计算机联网进行数据传递和订货等交易活动,不需要人的直接介入,因此利用 EDI 的当事者之间必须预先确定 EDI 系统的结构和标准。一般地说,EDI 系统由以下四个方面构成:关于信息传送方式的规定;关于信息表示方式的规定;关于系统运行操作的规定;关于交易业务的规定。

这些规定或称为议定书,是利用 EDI 系统的各方达成的共识,这些规定实际上是对这四个方面涉及的内容进行标准化工作,其中最重要的是信息传送方式的标准化和信息表示方式的标准化。信息传送方式标准化是指为了在不同的计算机之间传送信息对通信线路的类型以及传送控制方式等方面进行决策,具体的内容包括通信速度、数据格式、数据长度、检查方法等方面的标准化,信息传送方式标准化工作还包括应用系统界面与数据格式之间相互转换方式的标准化。信息表示方式的标准化是指对应 EDI 网络传送业务类型,确定对该业务信息内容的表示方式并使之标准化。具体内容包括数据代码、信息的格式等方面的标准化。

4. EDI 通讯方式——VAN

EDI 通讯主要采用增值网(value added network,VAN)方式。VAN 是指通过利用通信公司的通信线路连接分布在不同地点的计算机终端形成的信息传递交换网络。该网络向利用者提供服务,如计算机之间的联网、数据交换服务、通信线路阻塞时的迂回中继等。VAN 是实现 EDI 功能的外部设备,目前被广泛应用的销售时点数据(POS)、电子订货系统(EOS)等都是 VAN 应用的具体形式。

7.2.2 条形码技术

1. 条形码（Barcode）技术基本概念

信息的收集和交换对于供应链管理来说是至关重要的，传统的收集和交换信息的方法是通过手工来完成的，造成了效率低下和容易出错的现象。条形码技术作为自动化识别技术，能够快速、准确而可靠地收集信息，使得这种现象出现的可能性大为降低，而且实现了入库、销售、仓储的自动化处理。

条形码技术是供应链中物流系统里非常重要的大量、快速信息采集技术，能适应物流大量化和高速化要求，大幅度提高物流效率。条形码技术包括条形码的编码技术、条形符号设计技术、快速识别技术和计算机管理技术，是实现计算机管理和 EDI 不可少的开端技术。主要运用于产品的出入库和销售。条形码技术的应用解决了数据录入和数据采集的"瓶颈"问题，为供应链管理提供了有力的技术支持。

企业运用条形码技术，并借助于先进的扫描技术、POS 系统和 EDI 技术，能够对产品实现跟踪，获得实时数据，做出快速、有效的反应，同时减少了不确定性，去除了缓冲库存，提高了服务水平。条形码技术同时也是实现 ECR、QR、连续补充（CR）、自动化补充（AR）等供应链管理策略的前提和基础。目前条形码技术在零售、生产领域得到了广泛的应用，并取得了显著的经济效益。

2. 条形码技术在供应链管理中的应用

在流通和物流活动中，为了能迅速、准确地识别商品，自动读取有关商品的信息，条形码技术被广泛应用。条形码是用互助数字来表示商品的信息。按使用方式分为直接印刷在商品包装上的条形码和印刷在商品标签上的条形码。按使用目的分为商品条形码和物流条形码。商品条形码是以直接向消费者销售的商品为对象，以单个商品为单位使用的条形码。它由 13 位数字组成，最前面的两个数字表示国家或地区的代码，中国的代码是 69，接着的 5 个数字是表示生产厂家的代码，其后的 5 个数字是表示商品品种的代码，最后的 1 个数字用来防止机器发生误读错误。例如，商品条形码 6902952880041 中，69 代表中国，02952 代表贵州茅台酒厂，88004 代表 53%（V/V）、106PROOF、500ml 的白酒。物流条形码是物流过程中的以商品为对象以集合包装商品为单位使用的条形码。标准物流条形码由 14 位数字组成，除了第 1 位数字之外其余 13 位数字代表的意思与商品条形码相同。物流条形码第 1 位数字表示物流识别代码，在物流识别代码中 1 代表集合包装容器装 6 瓶酒，2 代表装 24 瓶酒。例如，物流条形码 26902952880041 代表该包装容器装有中国贵州茅台酒厂的白酒 24 瓶。

条形码是有关生产厂家、批发商、零售商、运输业者等经济主体进行订货和接受订货、销售、运输、保管、出入、检验等活动的信息源。由于在活动发生时点能即时读取信息，因此便于及时捕捉到消费者的需要，提高商品销售效果，也有利于促进物流系统提高效率。另外，条形码与其他辨识商品的方法如 OCR（optical character recognition，光学文字识别）、OMR（optical mark reader，光学记号读取）比较具有印刷成本低和读取精度高的优点。

7.2.3 通信技术

从历史上来看,供应链中的物流活动在通信传输上有明显的不利条件,因为它们无论是在运输还是搬运中,都始终处于运动状态或处于非常分散的状态。无线电、卫星通信和图像处理等技术的应用可以有效克服这些因产品移动和物流分散化所导致的问题。这些通信技术(communication technology)的最基本的利益并不是降低成本,而是改善顾客服务。改善服务是通过更及时地明确任务、更快地装运跟踪,以及更迅速地传递销售和库存信息等形式实现的。当顾客注意到实时信息反馈传输的竞争优势时,对这些通信技术应用的需求将会不断地增长。

因此,通信技术在供应链管理中是必不可少的。随着科技的更新,通信技术也得到了快速的发展,这也极大地提高了供应链管理的水平。由于供应链管理中各个环节都是处于运动或松散的状态,因此,信息和方向常常随实际活动在空间和时间上转移,结果影响了信息的可得性、实时性及精确性。射频技术(radio frequency)和卫星通信技术的应用,很好地解决了上述问题。

1. 射频技术

射频技术应用于相对较小的范围内。一般在配送中心和仓库内使用较为广泛,例如叉车驾驶员和订单选择员进行实时通信。射频技术可以使得叉车驾驶员获得实时的指示,而不是在一段时间之前打印出来的书面指示。这样作业的灵活性增强,成本降低,服务的质量得到提升。

2. 卫星技术

卫星技术可以在一个广阔的地域范围内产生作用,从而弥补了射频技术的不足。利用卫星通信技术开发的全球卫星定位系统(global position system,GPS)能够实现对货车的调度和货物的追踪管理。只要在货车的车顶上装一个通信盒,便能实现驾驶员和总部之间的实时通信。总部能够通过卫星知道货车的实时位置,并将这一信息更新到数据库中去,使得顾客能够随时通过网络或电话了解到货物目前所处的位置,提高了顾客的服务水平,同时利用 GPS 能够对货物需求和车辆拥挤的状况做出积极的反应。

7.3 基于互联网/内联网的供应链管理信息技术支撑体系

网络已经遍布在我们周围,网络技术的作用也日趋突出。供应链这种动态战略联盟更加离不开网络的支持。不管是企业内部的内联网还是联系全球的互联网,都是供应链正常运行的技术支持。供应链特别强调的集成和共享也必须建立在网络之上才可以发挥出它的作用和效率。

7.3.1 内联网

1. 内联网及其特点

内联网是基于互联网 TCI/IP 协议,使用环球网 WWW 工具,采用防止外界侵入的安全措施,为企业内部服务,并有连接 Internet 功能的企业内部网络。其通用组成为:网络;电子邮件(E-mail);内部环球网 Internal Web;邮件地址清单 mail lists;新闻组 newsgroups;闲谈 chat;FTP;gopher 和 Tel-net,它与 Internet 连接还可以通过防火墙等安全措施实现企业内部用户对 Internet 的利用。内联网能更好地满足企业经营的需要。它对企业的作用主要反映在以下几个方面:提高经营效率,节省时间和开销;允许获得及时的信息;改进通信环境;改善协同工作机制;可以共享知识;激发企业员工的创造力和革新精神。

具体来说,内联网有以下优点:容易实施和维护;经济安全;灵活方便;便于信息集成与共享;提供多媒体服务。

2. 内联网的结构

整个企业的内联网实际上是由一些小的局域网互联而成。这些小局域网(LAN)分别是由公司的不同部门建构而成。企业系统人员再用内联网技术把这些分散于不同部门的 LAN 连接起来,并按照 TCP/IP 协议,给各个部门分配内部的 IP 地址、域名等标记,最后由一个 modem(调制解调器)连入到内联网中。这样就实现了各个部门不同 LAN 的互联,还实现了公司内部用户对内联网的访问请求。软件技术上要求每台用户机上配备 WWW 浏览器,而主服务器要求采用 WEB 服务器。

3. 内联网的实现

在建立内联网之前应进行详细的规划设计,要将当前的需要、拟定目标以及经费预算等方面进行综合权衡比较。一般情况下,建立内联网网络的步骤是:

① 制订系统规划。内联网结构系统和功能需求主要取决于系统预期的使用情况及对其增长的预测。特别是作为内联网核心的 WEB 站点,应保证即使在高峰期间,也能以最短的响应时间满足访问请求。这要求系统应配置在性能和数据存储方面满足需求的服务器,具有足够网络带宽、可靠的系统和网络保障。

② 选择软件平台。内联网产品主要来自三个方面:一是来自内联网开放技术向企业应用的扩充和发展,以 Netscape(网景)为代表;二是来自特定操作系统向内联网框架的扩展,以 Microsoft(微软)为代表;三是来自特定的信息处理群件向内联网框架的转移,以 Lotus 为代表。原则上内联网可以由很多基于开放标准的厂商产品构成,但实际应用中最好以一种技术路线为主。基于技术路线的选择要综合考虑现有设施、网络规模、目前的关键需求和长远发展等多种因素。

③ 建立各类服务器。根据系统规划的要求,选择性地建立域名服务器(DNS server)等,其中 WWW 服务器是内联网网络建设的重点。

④ 选择内联网的接入方式。内联网与互联网的连接方式主要有以下三种:通过 Modem 远程方式;路由器方式;帧中继方式。使用 Modem 是最基本的接入方式,这种

方式费用最低,但传输率很低。较为理想的方式是使用专用路由器,路由器具有包过滤和线路负载控制等功能,能够加强系统的安全性,并具有较高的传输率。帧中继方式的传输率最高。

⑤ 完善安全措施。内联网接入互联网时网络安全就成为令人关注的首要问题,尽管许多新的网络操作系统都达到了 C2 级安全标准,具备一定的访问控制能力,但仅依靠它们所提供的安全措施是不能保护整个网络安全的。目前常用的办法是使用防火墙来加强访问控制能力,在开放的同时保证系统的安全性。

⑥ 应用设计。内联网应用程序开发工具有 HTML、CGL 和 Java 等,HTML 具有较强的多媒体信息组织能力,CGL 和 Java 则有较好的交互功能和数据库操作能力,利用这些工具可以开发基于浏览器服务器方式的各种应用软件。

4. 内联网的关键技术

由于采用一种全新的信息组织形式,内联网的应用必须能够在内联网开放标准上很好地解决如下一些关键技术:

① 统一客户端:用户从标准的统一客户端应该能够访问内联网的所有资源,而与用户个体的网络环境、联网方式和地理位置无关。

② 动态数据库应用:必须提供高效的数据库与 WEB 的对接,最好采用 APT 方式与数据库端接口。

③ 消息流机制:应该具备邮件路由和事件触发等工作流功能,使应用系统可以方便地基于 E-mail、Web 等开放标准实现业务流程的网络化。

④ 基于 Web 的网络管理:WBM(web based management)技术允许网络管理人员使用任何一种 Web 浏览,在网络任何节点上方便迅速地配置、控制以及存储网络和它的各个部分,从而使内联网成为更有效的通信工具。

⑤ 安全:防火墙可以是一个概念,也可以是一个产品,无论是否选用防火墙软件,内联网的安全都要包括 IP 层的隔离、客户端授权、传输层的加密等基本内容。

⑥ 系统集成化:内联网集成包括一整套服务程序:客户程序、防火墙、开发工具、升级工具等,为企业向内联网转移提供一个开放的信息平台,可以随时集成新的应用,如内联网电话、电视会议等,以及将来要出现的新技术。

5. 内联网的应用

从企业经营的角度来看,内联网的工具的使用对企业经营管理有着重大影响,其内容包括以下几个方面:企业内部主页、通信处理、支持处理、产品开发处理、运行处理、市场和销售、客户支持等。

① 企业内部主页:企业内部主页包括工具和资源、目录、电话以及组织结构图、历史和企业宗旨、服务和组织的主页。

② 通信处理:包括组织机构的通信和个人之间的通信两类通信处理。

③ 支持处理:支持处理用于企业内部,企业的客户只是间接受益,它包括人事处理、财务处理、信息系统和技术支持、法律事务以及基础设施的开发和建设等。

④ 产品开发处理:产品开发处理是企业的核心部分,它和企业的经营目标有关,同

时也是企业专有的,为了竞争需要,一般都属于内部使用,不被外界共享,从内容上看大致可以分为研究开发和工程开发两部分。

⑤ 运行处理:这也是企业经营的核心部分,包括采购、电子数据交换 EDI、库存、制造以及专门的服务开发等。

⑥ 市场和销售处理:这也是企业经营的核心处理部分。由于竞争的原因,一般这些信息也不共享。销售人员可随身携带手提计算机,并随时和企业内联网相连,以获取销售需要的有关信息。

⑦ 客户支持:企业利用内联网做客户支持,如通过企业的 Web 主页给客户提供信息,提供客户提问、反馈意见的通道,提供客户和产品开发联系的通道,以改善产品质量,将企业内部数据库通过内联网提供给客户使用。

7.3.2 互联网

如果说内联网面向企业内部,全面支持企业的经营管理决策和日常办公事务处理,那么互联网(Internet)则面对的是全球的用户,是企业对外交流的通道。

1. 互联网技术特点

互联网易于管理,价格较为便宜,通过虚拟网络 VPN,也可以实现基于互联网的供应链管理平台,并且它在可扩展性、网络稳定性和重新组合容易程度(即动态性)上都有无可比拟的优势。而且,实施基于互联网的供应链管理符合经济全球化发展方向,也是未来经济发展的必然趋势。

互联网最初是用于关系不密切的供应链合作伙伴之间,但随着其稳定性和速度以及用户的发展,在许多方面它已经超过了专有网络并在供应链管理中应用越来越广泛。

从技术上考虑,互联网上局部网络出现故障并不影响整个网络的其他部分,但数据在某一通道不能通过时会选择其他道路到达终点,只要每个企业管理好自己一端的网络,基本上就能保证网络的稳定通畅。这样,网络管理的复杂工作就可以交给电信等网络营运商去解决,企业要解决的就是其最熟悉的核心业务。

2. 互联网在供应链管理的应用

在供应链管理中,互联网被广泛地应用在运输管理、订单处理、采购或征购、客户服务、库存管理和生产调度管理等方面。在每一个管理环节中,对互联网的应用都是基于需要进行有效处理的实时信息需求。随着技术的发展,互联网在客户服务和库存管理方面的应用将会变得更普遍。

① 运输管理。互联网在供应链中应用得最普遍的是运输管理。采用互联网,对仓储中心的发货进行监视,对货物运输过程进行跟踪,提供给核心企业有关货物运输的一切可靠性数据。这使得管理者能够确保他们所使用的运输工具能够满足原来所承诺的到达时间,也可以提供给管理者另外的信息,如发生运货延迟,从而可以立即采取必要的补救措施。

② 订单处理。在供应链管理中,订单处理也是应用互联网很普遍的环节。而在订单处理中,应用最多的是订单设定和订单状况,大多数企业采用互联网就是为这一目的。采

用互联网处理订单可以减少订单成本；订单处理的速度可以得到很大提高，订单的循环周期(从订单下达至交货之间的这段时间)得到缩短；可以减少订单处理的出错率，而且更容易发现错误并很快改正；核心企业在订单处理中进行准确标价是很重要的，核心企业在订单设定之前，互联网可以使企业检查供应商的在线价格。

③ 采购管理。互联网本身已经证明核心企业与供应商有着重要的通信联系。互联网的应用使得传统的采购方式有了很大改变，如通过互联网，可以从供应商那里方便得到查询回执，提供给供应商的需求信息，商品退回处理等。而且互联网能够使供应商和其客户(需求商)实时地处理这些功能。互联网在供应链的采购环节上应用得很多。包括与供应商通信，检查供应商的报价，从供应商目录中选择采购商品。通过使用互联网，核心企业可以使采购工作合理化，减少采购人员，使工作单的流量减少，订单的循环周期也得到缩短。通过使用互联网，也可以使核心企业与供应商之间的协商变得合理化。协商内容主要包括交易、重复商讨、价格和期限协议等。

④ 客户服务。核心企业客户通过互联网可以非常方便地联络有关服务问题，核心企业通过互联网，接受客户投诉，向客户提供技术服务，互发紧急通知和管理服务外包等。客户可以随时通过互联网联系核心企业的服务部门，通知任何可能发生的服务问题，缩短对客户服务问题的响应时间。互联网改善了核心企业和客户之间的双向交流。如果对问题的即时处理能令客户满意，则客户很有可能会再次购买该企业所生产的产品。只要在客户服务中恰当应用互联网，可以使企业拥有较高的客户满意度。

⑤ 库存管理。互联网在库存管理中用得最多的是核心企业对供应商的缺货通讯，或者说核心企业对它们的客户的缺货通讯。互联网使企业同它们的客户快速地建立了 EDI 信息程序。引入互联网后，JIT 和 EDI 系统只要花费以前所需时间的一半就可以投入和进入系统运行。互联网在库存管理中的应用使核心企业可以即时通知客户订单的交送延迟和库存告急，使库存管理者对信息的获得更有准备，使管理者能够追踪现场库存商品的缺货情况。总之，采用互联网来管理库存可以使库存水平降低，减少总的库存维持成本，提供高的客户服务水平。

⑥ 生产管理。一般说来，生产调度管理是供应链管理中最难的环节，主要因为核心企业对产品销售预测的高度不准确性，缺乏来自供应商的原材料信息，缺乏供应商的库存水平波动和客户需求波动信息。互联网通过改善供应商、核心企业和客户之间的通信来降低在生产调度管理中所出现的困难程度。企业使用互联网协调与供应商的 JIT 程序，协调与供应商之间的生产调度。

3. 互联网对供应链管理的影响

互联网提高了企业的竞争力，也增加了商业环境的复杂性。只有合理运用互联网，企业才能在顾客满意度方面和利润方面取得巨大的竞争优势。处理供应链的关键成功因素是从供应链的操作管理如运输、采购、客户服务、生产调度、订单处理上得到快速、准确的信息，使企业能够对市场变化快速做出反应，调节运输、库存和生产系统。在当今信息爆炸的时代，企业能不能采用先进的信息技术，将直接关系到企业的生存与发展，互联网前所未有的发展使之成为一种大众传媒，为供应链管理提供了机会。为了在当今的全球市场立于不败之地，企业要通过互联网在它的供应链伙伴之间锻造紧密的合作关系，能使供应链像一个整体一样地工作。它能够帮助企业实现从订货、进货、生产、销售等日常工作全流程的自动化,并方便管理者获取与企业相关的各种信息。它有助于降低开支,提高工作效率,增加收入,提高客户的忠诚度,帮助企业的管理者做更明智的决定。

7.3.3 外联网

外联网(extranet)是利用互联网技术在内联网基础上建立与发展起来的企业间网络。其实质就是企业将其内联网部分开放给其业务关系单位进行信息资源共享,达到零库存、适时生产、协作配套、共同开发等目的。外联网有以下几个优点:

① 便捷性。由于外联网利用了已有的互联网,实现了企业间合同、协议等文函的网上传送,方便了企业间的交流,避免了不必要的中间环节和信息阻塞,彼此响应性迅速提高,企业间的适时生产与并行工程成为可能。

② 经济性。由于外联网利用了已有的互联网,企业不需再建新的通信线路,与 EDI 相比建设费用大为降低;外联网实现了无纸化办公,节约了办公费用;外联网同 EDI 相比通信费用要低 60%。

③ 广泛性。在 Active Media 公司调查的 2500 家公司中,美国有 13% 的公司正在采用外联网。其互联网服务部门的使用率达到了 28%,公共部门的使用率达到了 30%。

7.4 电子商务与供应链管理

进入 21 世纪后集成化供应链管理将成为企业适应全球竞争的一种有效途径。在供应链中,所有的节点企业基于为用户提供质量最好、价值最高的产品或服务的共同目标而相互紧密地联结在一起,而松散的连接是不能增值的,不管链中哪一点的失误,都可能导致整个供应链出现产品或服务的质量问题,而电子商务(electronic commerce)、QR、ECR 等的出现与应用,则消除了用户与供应商之间的障碍。

随着知识经济时代的到来,信息替代劳动力和库存成为提高生产力的主要因素,而企业用于提高决策水平的信息更多地来源于电子商务。供应商通过 EDI 给其用户发出船运通知单,通知用户什么产品将于什么时候出运,用户利用这条信息更改其库存水平。而分销商把销售点和预测信息传送给它们的供应商,供应商再根据这些信息进行计划和生产。当供应链中节点企业能很好地通过电子商务达到信息共享后,企业就可以提高生产力,提高质量。为产品提供更大的附加值。

电子商务的运用,能有效连接供应商、制造商、分销商和用户,而且在企业内部,电子商务也可以改善部门之间的联系。如互联网加强了用户拉动机制,使用户可以直接从供应商那里获得产品的同时获得有用信息,而且通过互联网,企业能以更低的成本加入到供应链联盟中。

7.4.1 电子商务概述

1. 电子商务的发展及应用现状

随着计算机、网络、通信技术的发展和日益融合,以及互联网的普及,包括电子商务

(EC)、视频会议、远程医疗等在内的一些应用已开始引起社会的关注,并逐步走进人们的日常生活。进入20世纪90年代以来,随着计算机网络、通信技术和互联网的普及应用,电子商务作为商业贸易领域中一种先进的交易方式,已经风靡全球,并对商业贸易领域中传统的观念和行为方式产生了巨大的冲击和影响。它在互联网上的广阔联系与传统信息技术系统的丰富资源相互结合背景下应运而生,是一种在互联网上展开的相互关联的动态商务活动。

由于电子商务的出现,传统的经营模式和经营理念将发生巨大的变化。电子商务将市场的空间形态、时间形态和虚拟形态结合起来,将物质流、现金流、信息流汇集成开放的、良性循环的环路,使经营者以市场为纽带,在市场上发挥最佳的作用,得到最大的效益,创造更多的机会。可以肯定,电子商务的发展会带给我们一个经济更加繁荣的时代。

电子商务的发展非常迅速,通过互联网进行交易已成为潮流。基于电子商务而推出的商品交易系统方案、金融电子方案等,已形成了多种新的产业,给信息技术带来许多新的机会,并逐渐成为国际信息技术市场竞争的焦点。

2. 电子商务的本质

传统商务的本质特征,是生产者和消费者之间的一个物理空间上的中间第三方——商场;而在电子商务中,生产者和消费者之间的关系是直接的,电子商务不是搬来一些电子形式的物体,在物理时空中的商店收款台上完成交易,而是对生产者和消费者之间的各种中间环节、中间成本进行彻底消减。"两点之间直线距离最短"的数学理念变为商务理念,把工业时代形成的"只有拉长迂回路径,增加中间环节,才能提高附加值"的传统理念,变为"只有快速拉近与顾客的距离,减少中间环节,才能提高附加值"的信息价值观。

电子商务始于网络计算。网络计算提供了实现电子商务的技术平台,而电子商务是网络计算机的最新应用和最终目标。电子商务利用互联网技术,将企业、用户、供应商以及其他商业和贸易所需环节连接到现有的信息技术系统上,从专用互联网到共享内联网,再到公共互联网,以前所未有的方式,将商业活动纳入网上,彻底改变了原有的业务作业方式和手段,从而实现了充分利用有限资源、缩短商业环节和周期、提高效率、降低成本、提高用户服务质量的目标。更重要的是,电子商务提出了一种全新的商业机会、需求、规则和挑战,是21世纪全球经济与社会发展的朝阳领域。

3. 电子商务的内容

电子商务所强调的是在计算机网络环境下的商业化应用,不仅仅是硬件和软件的结合,也不仅仅是电子商务,而是把买家、卖家、厂商和合作伙伴在互联网、内联网和外联网结合起来的应用。电子商务的应用可以概括为"3C",即内容管理(content management)、协同及信息(collaboration and messaging)和电子商务(electronic commerce)三个层次的应用。内容管理是通过更好地利用信息来增加产品的品牌价值,主要体现在通信和服务方面。内容管理具体包括以下三个方面:信息的安全渠道和分布,客户信息服务,安全可靠高效的服务。协同及信息是指自动处理商业流程,以减少成本和开发周期。它由四个方面组成:邮件与信息共享、写作与发行、人事和内部工作管理与流程、销售自动化。电子商务包括四个方面的具体应用:市场与售前服务,主要是通过建立主页等手段树立产品的品牌形象；销售活动，如POS机管理、智能目录、安全付款等；客户服务，即完成电子订单及售后服务；电子购物和电子交易。

电子商务范围广阔，涉及LAN、互联网和内联网等领域。它利用一种前所未有的网络方式将顾客、销售商、供货商和雇员联系在一起。简而言之，电子商务系统能够将有价值的信息迅速传递给需要的人们。

4. 电子商务的安全与效益问题

由于互联网早期构建时并未考虑到以后的商业应用，因此使用了TCP/IP协议及源码开放与共享策略，为后来的商业应用带来了一系列的安全隐患。在电子商务过程中，买卖双方是通过网络来联系的，因而交易双方的安全和效益都会受到一些威胁。

总体看，卖方面临的安全威胁来自以下几个方面：(1)中央系统安全性被破坏。入侵者假冒合法用户来改变用户数据，解除用户订单或生成虚假订单。(2)竞争者检索商品递送状况。恶意竞争者以他人的名义来订购商品，从而了解有关商品的递送状况和货物的库存情况。(3)客户资料被竞争者获悉。(4)被他人假冒而损害公司的信誉。假冒者建立与销售者服务器名字相同的另一个WWW服务器进行虚假交易。

买方面临的安全威胁主要有：(1)付款后收不到商品；(2)机密性丧失。买卖双方在网络交易的过程中，买方的个人数据有可能泄漏。

7.4.2 电子商务在供应链管理中应用的主要技术手段

1. EDI销售点和预测

EDI是一种在合作伙伴企业之间交互信息的有效技术手段。它是供应链中连接节点企业的商业应用系统的媒介。供应链环境中不确定的是最终消费者的需求，必须对最终消费者的需求做出正确的预测，供应链中的需求大都来源于这种需求预测。虽然预测的方法有上百种，但通过EDI预测，可以最有效地减少供应链系统冗余性，这种冗余可能导致时间的浪费和成本的增加。通过预测信息，用户和供应商可以一起努力缩短订单周期。

2. 财务技术手段

(1) EFT(electronic funds transfer)

财务电子商务广泛应用于企业和它们的财务机构之间，用户可以通过汇款通知系统结账，而不是通过支票。汇款通知数据包括银行账号、发票号、价格折扣和付款额，用户的财务机构用EFT系统将汇款通知信息传递给供应商，并收款结账，供应商则根据付款信息更改应收账款等数据。

(2) Lockboxes

另一种广泛应用的财务电子商务是Lockboxes。用户将支票或电子付款单传送到供应商的Lockboxes，供应商的财务机构会处理这一付款单，将付款存入供应商的账号，同时从用户的财务机构扣除此款，财务机构会通过EDI-Lockboxs将付款单信息传递给用户和供应商。

(3) ECR(evaluated cash receipt)

ECR是一种有效地减少发票的技术手段。用户可以在接收到产品或服务时自动地按共同商定的单位价格付款给供应商。通过 ECR 改善现金流管理和减少纸面工作。

3. 非技术型企业的电子商务

大企业不希望同时拥有具有相同功能的多个系统,所以希望通过电子商务实现商业交流的标准化,但这往往忽略了商业伙伴的电子商务能力。没有电子商务系统的小企业,可以采用 E-mail 或传真的服务实现电子商务功能。

(1) E-mail

企业内部的 E-mail 系统通过互联网与其他企业的 E-mail 系统联接在一起,互联网 E-mail 可以发送文本、图像,如 CAD 和 Word 文档。

(2) 电子会议

在世界不同地点的人通过互联网实现实时的电子会议,可以通过 IRC(Internet relay chat)系统实现基于文本的讨论,MUD(multi-user dimension)可以用于讨论文本、高精度图像和声音(通过 WWW 客户服务器系统)。

(3) 电子市场营销(电子广告)

企业可以通过互联网在网络上发布产品和服务的促销广告,包括高精度图像、文本、声音等的超文本文件可以建立在 WWW 服务器上并联接到互联网上。这种广告可以被世界各地的网络客户浏览到(通过客户端浏览程序软件等)。计算机软件生产商还可以把产品演示版软件挂在网络上让用户下载试用。

(4) 电子用户支持系统(electronic customer support)

许多企业都把最常见问题的解答挂在网络上,而当用户需要得到更多的信息时,用户可以把问题或需求通过 E-mail 发给企业的用户支持领域(customer support area)。

(5) 用户网上采购

在浏览企业的广告之后,用户可以通过网络进行订购。在 WWW 服务器上,用户只要输入信用卡账号、名字、地址和电话号码等信息就可以直接实现网上购物,而订购信息通过网络传递到供应商服务器上,确认信息将通过 E-mail 返回给用户,同时货运通知或服务信息也将随后通过网络传递给用户。

4. 共享数据库技术

战略合作伙伴如果需要知道相互之间的某些快速更新的数据,它们将共享部分数据库。合作伙伴可以通过一定的技术手段在一定的约束条件下相互共享特定的数据库。如企业将与其供应商共享运输计划数据库,JIT 装配制造商将与它们的主要供应商共享生产作业计划和库存数据。

7.4.3 电子商务在制造业中的应用

制造企业应用电子商务模式应注意:第一,不单纯把电子商务作为一项技术来考虑,而将其作为企业创造价值的增值手段加以具体应用。第二,用电子商务构建企业内部供应链贯穿于企业内部经营活动和组织形式,以及构建产业供应链和全球网络供应链,把企业的所有经营和组织活动都纳入供应链加以考虑,并通过有效的供应链管理,在供应链的每一个环节中考察其价值创造能力。第三,应树立与其他合作伙伴组建"虚拟企业"的经营理念,加强关联之间的联系,以达到各种资源"虚拟整合"的目的。整条供应链创造性地与上游供应商、下游经销商,以及中间环节的服务代理商和科研机构组成"虚拟企业",实现不同产业之间资金、技术、信息和人力资源的"虚拟整合",构建形成一条快速、高效的产业供应链。在市场发展完善和技术进步情况下,最终建成企业的全球网络供应链。

1. 制造企业应用电子商务的模式

(1) 制造企业构建内部供应链

这里先介绍应用电子商务优化企业内部经营活动的价值创造模式。首先,应用电子商务这条供应链将企业(基础设施、人力资源管理、技术开发、采购)与企业经营支持活动(内部后勤、运营、外部支持、营销、服务)结合成为一个完整体系,而不是传统的独立、分散、缺乏联系的多个部门,以提高企业整体运行效率。其次,从供应链的具体链节来看,基础设施是经营活动的基本前提条件,处于供应链的首要位置;人力资源管理是经营活动进行的组织保障;技术开发和采购是企业生产经营活动的前期技术、物质准备。要保证内部供应链完整、有效地运作,除了将企业经营基础活动包括在供应链内外,更重要的是,必须将企业经营、支持活动纳入供应链中。内部支持为经营活动做必要准备,它们与外部支持共同服务与营销,而服务是企业的增值和回报顾客的环节,也是企业为了获取持久利润、赢得顾客信赖的一项不可缺少的活动,此链接处于内部供应链的最后。制造企业应用内部供应链,将过去经过多个环节、由多个部门共同完成的经营活动都纳入这条"主线"之中,更利于企业优化经营活动,创造价值。

图 7.1 新型经营模式

电子商务在制造企业中的应用,不仅可以改变传统企业价值创造环节之间的联系,而且能对体系中的价值环节进行重新组合。即应用电子商务改变和提高了企业利用资源的方式和效率,从而使企业的价值创造方式发生改变。另外,传统企业一般都是在有形的世界中来完成这一系列环节,形成有形的价值链,并创造出更多的价值。

如何在构建的企业内部供应链模式中创造价值,这里从分析企业应用电子商务之后主要经营活动和支持活动的过程来说明这一点。

① 可利用资源分析。传统企业往往因时间和空间的限制,导致获取的信息滞后和信息流通不畅。企业应用电子商务后,在开放的网络平台下可利用无限的信息量和能够及时获取的信息资源,为组织决策提供支持。此外,企业还可以根据市场的发展变化对资源进行再造和重组,从而使这些资源发挥出比传统组织更强大的价值创造力。

② 内部支持分析。应用电子商务,使企业在库存控制、材料处理方面具有较高的组

织能力,使应用电子商务的组织能够在最短时间内处理大量的信息,缩短对市场的反应时间,便于做出相应的决策和快速调整战略方向。

③ 运营分析。灵活和分散网络化的制造思想,使应用电子商务的企业可将生产成本分散于多个合作伙伴,将生产成本压缩到最低限度,从而达到低成本高回报的目的。这使得企业能将技术、资金和人力资源集中到核心价值创造力和竞争力上。

④ 外部支持分析。所谓外部支持,是指物流配送体系。随着第三产业物流配送的发展,这个问题已迎刃而解。企业也可以通过"虚拟企业"联盟,使用 EDI 与合作伙伴搭一个物流配送系统,与第三产业共同解决这个难题,避免或减少企业独自建立物流体系的成本。

⑤ 营销分析。通过企业网站,向顾客传达商品信息,提供维修、保养等服务。建立特色网站,开拓全新的企业文化和经营理念、吸引顾客和合作伙伴,并根据浏览网站的个人或企业的有关资料,掌握顾客的信息反馈和竞争对手的动向,进而更快、更准确地开拓真正意义上的新市场。

⑥ 服务分析。网络使企业能够 24 小时为顾客提供服务,在时间和空间上具有比传统企业更大的灵活性。企业可将一部分产品价值让渡给消费者,从而培养忠诚的固定消费群体。另外,其他不能够通过网络实现的服务,企业可以将其外包给企业的代理服务商完成。

⑦ 基础设施分析。企业利用内部网络和管理信息系统,使企业的经营公开和透明,而且应用电子商务可以较好地监督计划的实施和财务运作状况,便于掌握质量控制标准,减少操作误差。

对于应用电子商务改造企业内部组织形式的模式来讲,企业在内部供应链中应用电子商务,表现出比传统企业形式更强大的价值创造能力。但是这种模式的应用,离不开企业组织形式上的保障和支持。企业也只有在组织形式上应用电子商务进行改造,实现组织结构的调整,才能够持久、稳定地支持这种模式在企业中的应用,从而创造更多的价值。基于传统组织形式出现的弊端,可应用电子商务模式优化其管理。这种管理模式区别于传统形式的重要特征表现为:组织形式扁平化、网络化、组织性质柔性化、组织管理透明化。针对传统组织形式的不足,在应用电子商务优化组织形式时,应遵循分权性原则、简单性原则、协调性原则、柔韧性原则和整体性原则。

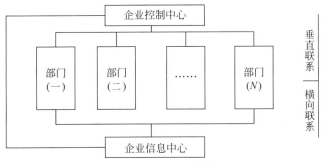

图 7.2 新型组织模式

(2) 制造企业构建供应链

制造企业可以通过互联网的对接,一方面在网络获得先进技术信息和市场信息,从而在技术开发方面能够紧跟时代潮流;另一方面,也可以与其他企业建立战略联盟,一起进行技术开发。制造企业要成功地应用电子商务,不但要构建产业供应链,而且还必须在此基础上建立其卓有成效的产业供应链管理。只有通过产业供应链管理才能灵活、高效地应用电子商务。产业供应链及其管理模式如图7.3所示。

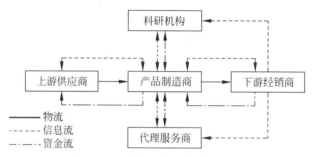

图 7.3　产业供应链及其管理模式

① 企业与上游供应商。企业与上游供应商组成"虚拟企业"。所谓"虚拟企业"就是一种基于竞争—合作关系的企业动态联盟,它们之间实现资源、信息、技术的共享,实现优势互补,通过彼此之间的利益关系和共同价值目标而进行的联合。它能以"电子"速度对订单做出反应,当订单传至企业信息中心时,由公司控制中心将订单分解为若干子任务,并通过企业信息网发送给各个独立上游供应商。上游供应商按其下游企业的要求进行生产、交货。企业产品只需在车间完成组装和系统测试,最后出厂,这样可大大提高企业的运行效率。并且,通过网上竞价购买方式,可使企业有更优的选择方案,从而降低采购成本,得到最优的产品质量。企业与上游供应商通过一系列事先定好的规则约束,实行风险共担、利益共享原则。

② 企业与下游经销商。企业生产好产品后,下一环节就是与下游经销商的合作,同样组成"虚拟企业"。经销商根据市场变化和顾客的要求,将相关信息加以分解,并快速地通过网络传给它的上游企业控制中心。上游企业控制中心接到订单后,将其分类整理,一方面通知发货,另一方面又将订单通过信息中心,再传递给上游供应商,进行下一批产品配件的预定,这样供应链上产品生产环节完成一次循环,通过电子商务与经销商合作,可以借助经销商已有的完善销售网络,达到快速占领市场的目的,解决企业物流配送的问题,并将从经销商广泛的销售渠道所反馈的市场信息,反馈到上游企业,使企业在第一时间了解市场供需状况及顾客的消费倾向,为企业提供决策依据,从而快速调整市场投放比例、产品类型、市场策略等。

③ 企业与代理服务商。目前,企业目标应该由利润最大化向顾客满意度最大化转化,因为顾客才是企业利润的无穷源泉。企业为了使顾客对企业的产品产生偏好和忠诚,就必须由良好、高效、方便的售后服务作为保障。除了部分咨询服务可以通过企业网站解决之外,企业可将大部分业务外包给专业化的代理服务商企业,只需要向代理商提供必要的技术支持即可。

④ 企业与科研机构。速度因素在企业竞争间的作用日益突出,由于技术进步速度加快,产品更新周期越来越短,这要求企业以最快的速度对市场做出反应,推出自己全新的功能强大且适应市场的产品。但单独依靠企业自己的科研部门显然越来越难满足要求,只有借助于"外脑"——独立于企业之外的科研机构的合作,才能更好地适应企业技术创新的需要,缩短产品开发周期,提高开发质量。网络的便利性使企业可与多个科研机构合作。企业向科研机构提出合作项目,共同研究开发,实现科研成果快速转化为生产力。企业与科研机构还可以通过协商,以"技术入股"等方式,调动科研机构参与的积极性。

2. 制造企业应用电子商务的条件

(1) 基础设施信息化

基础设施信息化就是企业运用计算机网络技术,将企业的有形和无形的原材料、技术、人力资源和资金等生产要素联系起来,在专业管理软件的支持下,能够把这些资源整合并加以有效地利用。企业利用强大的信息化基础设施和科学的数字化管理体系作支撑,可应用SCM(供应链管理)、CRM(客户关系管理)、ERP(企业资源规划)等多种软件,以便企业达到全面信息化。

(2) 网络人才

现在,企业发展电子商务遇到电子商务人才不足的问题。对于制造企业来说,要充分利用高校和科研院所拥有的人力资源,建立激励机制,吸引人才,留住人才,并通过培训、继续深造等方式,为企业培养专业人才,储备人才库。

(3) 资金保障

国内有许多效益良好的大企业,有能力发展电子商务。但是有些企业却不愿意把大量的资金投入不能够马上转化为生产力或者立刻为企业带来经济效益的项目。而更多的企业缺乏资金,这就需要银行的支持,或者是吸引风险投资,为企业的这类高科技含量系统的建立提供资金。

3. 制造业应用电子商务的步骤

企业可进行自身信息化建设,用已有电信网络和计算机网络,率先发展以客户为中心的信息沟通、资源融合系统,逐渐完善整个供应链的建设。可分为3个阶段进行:

第一阶段,建立自己的网站,宣传企业形象和产品。

第二阶段,开发建设网站的同时,企业积极利用诸如ERP(企业资源计划系统)、CRM(客户管理系统)等软件,完善企业内部信息化建设。

第三阶段,利用成熟的外部电子商务技术和服务支持,配合自己的ERP系统,进一步完善企业与外部信息化通路。

7.4.4 电子供应链

电子商务改变了传统的经济运行模式,它使传统商务与网络相结合,造就了实时互动、直接的经济运行模式。在这种新的经济环境下,复杂而多样的客户个性化要求、更大规模的商业需求、更快的速度要求、更具柔性的实行方式、更多地吸引新客户并提供相应服务的能力,都对供应链提出了前所未有的要求。为了树立竞争优势,传统供应链必须利用电子商务技术将市场的空间形态、时间形态和虚拟形态结合起来,将物流、资金流、信息流汇集成开放的、良性循环的环路,建立敏捷的供应链。由于这种供应链是与电子商务相结合的建立在网络上的供应链,因此也被称为电子供应链或虚拟供应链,见图7.4。

图7.4 电子供应链结构

从图7.4中可以看出,电子供应链已不再是一个传统意义上的"链",而是一个"网"状结构。在电子供应链中,通过B2B交易方式,核心企业(生产商)与供应商的合作严密整合且相对稳定,而与分销商、零售商的合作整合得比较松散且富有动态性。通过B2C或C2B,核心企业可以实现与用户实时互动的信息交流、直接的物流与资金流。

电子供应链改变了传统供应链的运行方向。在传统供应链中,供应商是将货物沿着供应链向最终用户的方向推动,这样的系统需要在仓库里储备存货。而电子供应链的最大特点在于各节点之间的商务活动是通过网络进行的,即通过电子商务技术来实现信息流、物流和资金流的有效控制。它能有效地增强企业与分销商、零售商、用户之间的关系,提高信息交流的效率,实现物流和资金流在采购、生产、运输、销售在内的整个流程里更为高效的运转,从而其核心企业在市场上具有更大的灵活性和竞争优势。电子供应链主要具有以下特点:

(1)集成化。供应链的集成是指供应链的所有成员基于共同的目标而组成的一个虚拟组织,组织内的成员通过信息共享、资金与物资方面的协调与合作,优化组织目标(整体绩效)。

(2)动态性。在电子商务环境下,供应链必须成为一个动态的网链结构,以适应市场变化、柔性和速度的需要,不能适应供应链需求的企业将被淘汰。企业通过互联网商务软件集成在一起以满足用户的需求,一旦用户的需求消失它也将随之解体,而当另一个需求出现时,这样的一个组织结构又由新的企业动态地重新组成。

(3)信息的实时共享性。信息流是供应链的三个分流中最重要也是最难以管理的。在传统的产供销体系中,信息流由供应商—分销商—零售商—用户自下向上流动。随着网络技术的发展,WEB站点提供了一种商业伙伴聚集在一起的崭新运作方式。公司能借此改善商务运作,使信息的传递由原来的线形结构变为网状结构。同时,由于同一供应链中的商业伙伴之间是合作、互信、互利的关系,它们只有实现信息的实时共享才能紧密地合作,提高供应链的效率。供应链的集成化、动态化的实现都是建立在信息的实时共享基础之上。

(4)集优化。供应链的各个节点的选择应遵循强强联合的原则,达到实现资源外用的目的,每个企业只集中精力致力于各自和新的业务过程,就像一个独立的制造单元。这些所谓单元化企业具有自我组织、自我优化、面向目标、动态运行和充满活力的特点,能够实现供应链业务的快速重组。

（5）简洁性。电子供应链具有灵活快速响应市场的能力,供应链的每个节点都是精炼的,具有活力的,能实现业务流程的快速组合。企业拥有更少的有形资产和人员。

7.4.5 供应链企业电子商务标准

1. 电子商务标准的由来

在信息化的时代,企业依靠越来越多的管理信息系统实现运营管理。面对五花八门的交互系统,企业首先要解决数据交接问题。开发专用接口或统一数据格式成为人们常用的办法。但是在互联网上,这些办法似乎颇受束缚。因此,定制数据交换标准的需求应运而生。1998年,W3C(万维网联盟,World Wide Web Consortium)推出XML标准,解决了数据交换的标准问题。

然而,这远远不能满足企业的需求。企业要进行商务活动,就要在不同的商务平台之间进行对话,也就是进行B2B商务,要实现真正的B2B商务,不仅涉及企业间的数据交换,更涉及企业间业务流程的相互操作。

以一个简单的订单交易为例,其中包括了订单内容的传递和对订单的处理。前者属于数据交换,后者属于流程交易。当买方企业把订单用基于XML的格式传给了其供应商,那么他们之间就完成了订单的数据交换。接下来,买方企业和供应商之间对订单的应答过程构成了订单的流程交易。对于买方企业系统来说,它对于订单事件的处理流程是这样的:如果订单被承诺,它将采取某种措施;如果订单被拒绝,它将采取另外的措施。买方企业系统里,订单被承诺的情形,可以定义为供应商的确认回复,或者是供应商一定时间段内的不回复(这是表示默认承诺)。如果供应商对订单的处理流程跟买方企业的一样,那么流程对话完成,交易实现。然而,事实上大部分企业间的流程规定是不一样的。如果供应商系统在约定一段时间内的不回复表示拒绝,这笔交易肯定不能成功。在这种情况下,买方企业与供应商之间为了实现交易,就必须彼此沟通,通过利益均衡,定出一个折中的可行的标准接口流程。

在互联网时代,供应链上企业所面对的客户和供应商已经不再局限于本地有限的几个,而是散布在世界各地。如果说原来企业间交易可以通过专门开发的接口来实现,那么面对数量众多的异构商务平台,在实时性要求相当苛刻的今天,专用接口已经不能胜任,建立一个基于XML数据交换标准、描述企业间商务交易流程的标准框架体系已经成为当务之急。

在B2B的需求实践中产生了一些面向流程的标准。如RosettaNet、CommerceNet、Commerce One等,它们是在电子商务发展到一定阶段,出现了大量的平台互通、互联、互操作需求时,为了达到某种程度的统一而出现的对数据交换和流程交易的标准规范。

从当前的市场应用情况来看,标准基本上分为两层:底层的数据交换标准和高层的面向流程的标准。

XML是目前用来做数据交换比较有效的语言之一。XML是通过标签来描述数据,而标签的含义是可以在DTD或Schema中事先定义的(DTD或Schema是W3C推荐的、定义XML标签的标准)。因此,不同行业的人根据自己应用数据的习惯定义了不同的标签，形成了诸如 XCBL 等一系列具有行业特征的数据描述语言。基于这些标准规范的数据，交易双方都能通过 XML 解析器相互通信。

BizTalk 是微软公司倡导的标准，它利用了互联网标准协议和格式来促进企业内部和企业间的应用集成电子商务的 XML 框架，吸引了包括 XML Solutions 在内的全球许多组织的支持。BizTalk.org 是微软公司与其他公司一起合作的非营利性网站，供人们学习和了解 XML 和 BizTalk，同时还提供公用的 Schema 库。任何个人和组织都能向该网站提交他们的 Schema，一旦通过测试认证，就可以成为有效的 Schema 供他人免费下载使用。

在数据交换层上，只要应用基于 XML 的标准数据格式，基本上就可以实现无障碍通信。那些时间较早的、不是 XML 格式的数据要转换成 XML 格式，通过 Microsoft BizTalk Server 也能够实现。BizTalk Server 的功能之一，就是将企业既有的数据进行 XML 的转换和传送，从而将应用程序从不同的协议和数据格式中独立出来。

相对于数据交换的标准来说，流程交易标准的制定就困难许多。因为一涉及流程，就会联系到企业管理和企业文化等具有惯性的东西，因此只能在同类行业中，通过利益需求的驱动来加以规范。

目前，注重流程的标准大致分为两类，一类来源于多家企业自发组成的非营利性行业标准化组织，如 RosettaNet、CommerceNet 等；另一类来源于电子商务及解决方案供应商，如 CommerceOne、Ariba 等。由非营利组织提供的标准，是成员企业行业特性的提升，代表成员企业的公共利益。

2. EDI 与 RosettaNet

B2B 集成的技术目标是自动化业务流程，从而减少与手工流程相关的传统处理延迟和低效率。如果我们将电子商务视为业务社区和业务信息数字化的网络，则一般会把 EDI(electronic data interchange)视为电子商务的开端。EDI 的主要目的是通过制定标准数据传输协议，避免和防止在贸易合作伙伴之间读取和处理信息过程中出现其他人为干预。自 1960 年以来，大型组织一致致力于 EDI 开发，然而直到 20 世纪 80 年代它才为人们所接受，而且 EDI 还从未达到基于 Web 的电子商务的流行层次，原因如下：

① EDI 的高成本阻止了中小规模企业参与电子交易。
② 缓慢的标准开发过程阻碍了 EDI 的成长。
③ 开发 EDI 应用程序的复杂性将应用者限制在一个狭小的用户基数上。
④ EDI 解决方案带来了自身的维护和管理开销。

从 EDI 吸取的教训及其技术的先进性带来了解决 B2B 集成问题的新方法：在供应链管理领域，RosettaNet 已成为流行趋势。RosettaNet 于 1998 年 2 月成立于美国，是一个由 500 余家公司组成的独立的非营利性联盟。这些公司包括一些世界领先的电子组件、计算机和日用电子、半导体制造、电信及物流公司。

在电子商务交互的环境下，贸易伙伴间的商务信息通过互联网进行交换：HTML/XML 是字母表，电子商务应用程序是执行电子商务流程的工具。然而，构成电子商务流程所需要的词汇、语法和对话的缺乏，使人们产生了对标准的强烈要求。RosettaNet 就好像电子商务中使用的共同语言，在全球范围内，把位于供应链上各个合作的业务流程有机地整合起来。

RosettaNet业务和技术字典提供了电子商务词汇，RosettaNet实施架构（RNIG）提供了语法，而RosettaNet贸易伙伴接口流程（PIP）则描述了供应链中两个贸易伙伴之间的活动、决策及交互关系，专门规定了系统与系统之间基于XML的对话，即提供了对话的标准，以描述贸易伙伴间的商业流程。

简言之，RosettaNet的主要目标集中在供应链及其优化上，它通过增强的B2B集成和电子商务过程标准提高速度、效率、性能和可靠性，允许在贸易合作伙伴间进行更大规模的协作和交流。RosettaNet提供一个公共交流平台，也可以说是一种公共语言，它允许参与业务流程的不同贸易合作伙伴实现自动化流程运作并在互联网上执行。该公共平台解决了EDI的主要成本开销，业务流程中贸易合作伙伴的IT部门必须为与其交互的各贸易合作伙伴设计、实现和测试定制业务流程。与EDI和早期的B2B集成工作不同，RosettaNet已完全设计用于与安全性的结合和按需集成系统，这使得原本要花费数日的传统业务事物批处理可以在几分钟之内完成。

国内企业供应链之间的数据传递大多数使用EDI标准，而国外相当一部分大企业已转向更为先进的电子商务RosettaNet标准，后者基于互联网和100%的B2B业务流程，而不是像EDI那样基于专用网和部分B2B流程。EDI和RosettaNet之间的主要区别还在于，EDI在公司之间交换文档，而RosettaNet跨网络定义业务流程并对其进行集成，以确定最佳操作过程。大量的案例分析已显示，RosettaNet带来了胜过EDI的多种利益：

① 更轻松、更经济高效的交易实现，投资回报更大。
② 自动化增强了处理业务流程的能力。
③ 相对于批处理的实时事务处理。
④ 更高的可伸缩性。

RosettaNet标准为电子商务标准化提供一个有效和开放的解决方案，它是免费的，可以通过RosettaNet网站获得。这些标准是由全球领先的高科技公司通力协作而开发出来的。通过遵循这些标准，贸易合作伙伴、解决方案提供商及系统集成商可以利用这些专业技术和经验。此外，通过采用RosettaNet，贸易合作伙伴可以从可重复规范和准则的全局框架中受益，该框架允许调节和自动处理实时的、服务器到服务器的事务，这意味着获得了跨供应链的全局事务的可视性和一致性。使用这些标准化过程，还让贸易合作伙伴降低了成本，并能更快速地响应客户要求，而且它还可以提升效率、保证高度完整的数据处理。

然而，就世界范围来看，电子商务标准的应用仍然处于起步阶段。同时，标准最终还是为企业提高效率服务的，我们应在解决企业自身问题时，参考标准的思路，使自己不至于偏离主流标准设计流程规范，因此，企业首先应该优化自己的内部管理流程，只有把企业内部的所有运营，包括人事、财务、生产、进货、销售等管理全部优化后，才具备与别的企业达成标准化的条件。电子商务标准化的目的主要是促进供应链企业内部改革和优化供应链管理。企业不应盲从电子商务标准，应保持对标准的关注，借鉴成功经验，才能避免失误，并逐步与国际接轨。

7.5 智能技术与供应链管理

7.5.1 智慧供应链

1. 智慧供应链的概述

在学术界,"智慧供应链"这一概念由罗钢博士后第一次提出。罗钢认为"智慧供应链"是物联网技术与供应链管理的融合,智慧供应链能够实现供应链的智能化、网络化和自动化。

微观上,智慧供应链是新一代信息技术发展带来的供应链"智慧化"变革;宏观上,智慧供应链已经被提升到了国家战略层面,推进供应链创新发展的目的在于构建中国的智慧供应链体系。

产业界对智慧供应链有着更为具象化的认识,这一点可以总结为,智慧供应链是以市场和消费者需求为导向,以"人、货、场"为核心,依托大数据、人工智能等技术驱动,实现对选品、定价、库存、销售、物流、配送等环节的精准化管控,形成智能决策、智能运营和智能营销,最终达到成本、效益和用户体验优化的目的。

2. 智慧供应链的特点

智慧供应链架构于传统供应链,但又不同于传统供应链。其在传统供应链基础上与新一代信息技术融合发展,让企业对供应链有了可以感知、认知、预测、决策的功能。

表 7.1 智慧供应链与传统供应链对比

	传统供应链	智慧供应链
数字化程度	整体水平不高,数据采集、传输、存储、处理、分析、应用的能力弱,供应链各环节数据壁垒严重。	依托物联网、AI、5G、区块链、机器人等数字科技赋能供应链,有效解决数据不能开放和共享等问题,对客户需求全过程精准分析和有效管理,并快速主动响应市场变化。
协同程度	协同程度不高,数据开放和共享难,供应链各环节相对独立,跨层级、跨企业、跨部门、跨系统的资源整合能力弱。	数据开放共享,商流、物流、信息流、资金流实现"四流合一";注重各环节之间的顺畅对接、密切协作和主动配合,从而实现多方互惠互利。
运作模式	以推式供应链为主,被动接受市场需求,对市场信息反应不够及时;由于先生产后销售,库存周转率较高,容易产生滞销。	以拉式供应链为主,主动响应用户需求,及时应对市场变化;先有订单后生产,库存周转期天数大幅缩短。

智慧供应链在数字化程度、协同程度、运作模式上与传统供应链相比较具有明显优势,是对传统供应链的优化和升级、变革与创新,解决了传统供应链难以解决的问题,代表着供应链的发展方向。

7.5.2 区块链技术

1. 区块链技术的概述

区块链(blockchain)最早由 Nakamoto(2008)在比特币的白皮书中提出,本质上是通过去中心化与加密学的方式实现不可篡改、全程存证、可溯源、公开透明特性的链式数据库。比特币利用区块链的特点建立了去中心化的支付系统,并采用工作量证明(proof of work,POW)作为共识机制实现数据库的维护。比特币的成功以及其背后的区块链技术引起了各行各业的重视,例如纳斯达克在 2015 年推出了基于区块链的交易平台 Linq;金融领域成立了 R3 CEV 金融区块链组织并吸引 42 家银行机构参与;万向集团在 2015 年成立了万象区块链实验室;IBM 与芬兰企业 Kouvola Innovation 合作研究基于区块链的物联网解决方案。

目前全球区块链走向商业化,首先要解决交易效率问题。最早的比特币区块链和以太坊区块链,历经多年发展仍性能低下。由于通信、节点性能及共识机制等因素的制约,比特币每秒钟的交易是平均 7 笔,以太坊约 20 笔,这样的交易效率无法承载像"双 11"电商交易、节假日"12306"火车订票那些需要每秒几十万笔交易的实际需求。

最近几年许多号称区块链 3.0 的公链项目,都宣称克服了可扩展性(scalability)、非中心化(decentralization)和安全性(security)不可同时兼得这一不可能三角。但大体而言,至今尚未出现一个完全具有信服力,并广为接受的解决方案。其中,在解决区块链效率问题上(可扩展性),业界最主流的做法之一就是从主链入手,比如增加核心区块大小,即把核心区块从 1M 扩大到 2M 再到 8M,目前流行的"比特币分叉"方案(如比特币现金)就是依照这种思路;另一种做法则是改进共识机制算法,但这些方案无法从根本上解决问题。

综上,区块链综合了多种技术,可分类为核心、拓展与配套技术。核心技术指区块链底层所需的基本技术,如加密算法、P2P 技术、共识机制等;扩展技术与配套技术则是提升区块链服务与安全的相关技术。

区块链技术具有以下特点:①去中心化。其最典型的特征即是去中心化,区块链技术使用分布式的存储与点对点的通信,保证整个网络每个节点的义务与权利相同,全网节点共同维护系统中的数据,从而使区块链摆脱对中央处理节点的依赖,实现数据的分布式记录、存储与更新,且区块链运作遵循基于密码算法的规则而非信用证书。②数据不可篡改。数据经过验证被添加到区块链上则会被永久保存,只有系统中半数以上的节点同意才可修改。③可扩展性。任何用户都可对区块链进行开源扩展。④匿名性。区块链上数据的存储及交换等均由算法实现,不需要身份信息做信任背书。区块链按照应用场景、数据读写范围来分,可以分为三类。公有链,所有人都可以在其上进行交易、读取和共识,其公开程度最高,是完全分布的,但这种系统的运行非常依赖奖励机制,如比特币和以太坊。联盟链相对于全员均可参与的公有链来说,需要成员进行注册许可,又称许可链。联盟链只许可联盟成员在区块链上进行读写,参与记账,整个网络仅由联盟成员进行维护,只能通过成员的节点进行网络接入,且区块链的共识过程也是由预先确定的节点进行控制,因此,这种区块链是部分去中心化,如 IBM 的超级账本、R3 CEV 区块链计划、金链盟。私有链则是指区块链的所有权限仅由一人或一个组织拥有。随着应用场景需求的复杂,区块链技术也越来越复杂。开放程度和去中心化程度比较:公有链＞联盟链＞私有链。如果对安全和可信度要求较高,不要求交易速率则可选择公有链,若对隐私及交易速率有要求,则可以选择联盟链或私有链。

2. 区块链技术在供应链管理中的实际应用

Casey(2017)、Babich and Hilary(2020)以及 Blossey and Gerd(2019)讨论了区块链技术如何在采购、生产、数据整合、自动化环节帮助提升供应链效率。Chod et al.(2020)的研究表明区块链技术能够利用交易的可验证性促使中小规模的企业传递高质量的数据。他们设计了名为 b_verify 的协议使供应链达到必要的透明度,该协议运行在比特币网络中。Zaerens(2018)提出在军用供应采购环节使用区块链中的智能合约技术保障数据质量以及监督参与者之间的贸易平衡。Jiang et al.(2018)开发了全新的基于区块链的医用数据交换平台,该平台被用于整合医疗过程中的离线数据从而增加服务质量,在结合离线储存以及在线认证的同时满足了隐私保护与数据的权威性,并且将分布式共识机制用于保护医疗行业中的个人医疗数据。

Dunphy et al.(2018)提出了将区块链技术作为各行业记录存证的基础,通过时间戳以及散列算法对物品确认属权,证明一段文字、视频、音频以及学历等有价值的东西的存在性、真实性以及唯一性,提供不可篡改的数字化证明。一旦属权被确认,其交易记录或变更记录都会被记录在区块链上,配合诸如生物识别等技术,从根本上保障数据完整性及一致性,从而保护属权的唯一性。另外,运用区块链技术对现存方案的不足之处进行优化,能够有效地简化流程,提高效率,还能及时避免信息不透明和容易被篡改的问题。由于区块链技术的可追溯特性,一旦出现问题,可以及时追溯并解决问题。Hallikas(2017)、Kim(2018)等诸多学者专家都提出了基于区块链技术的权限管控、防伪、追溯以及相应的智能合约,且分别进行了流程化的建模叙述。

传统供应链研究通过设计非常复杂的合约以"软件"方式来减轻供应链数据造假与数据泄露。目前多数企业通过加密算法以及结构设计的方式,通过"硬件"防止数据泄露。与之相关的研究包括加密学中的隐私保护与可追责性,其中可追责性指的是一旦数据交易的过程中发生了任何问题,交易的参与方能够确认问题发生的源头,从而进行追责。Loshin(2013)和 Meijer(2016)综合性地回顾了数据加密的理论与实践。Hosseinzadeh et al.(2016)解释了如何通过混淆与去中心化来保护物联网(internet of things,IoT)中的数据与模型不被泄露,混淆通过将代码进行重构使得破解所花费的时间与算力大增,而去中心化的结构则使得单一攻击模式失效。为了保证数据交易的安全性,Felici et al.(2013)指出,无论是数据交易服务商还是云服务提供商,都有义务保证数据不被篡改、泄露以及被挪作他用。他们建立了一个可追责性的概念性模型来实现云服务中的数据治理。Jung et al.(2018)定义了数据交易过程中数据买家与数据卖家的义务,通过名为 Account Trade 的协议来对数据交易中的欺诈或者违规行为进行追踪与惩罚。在隐私保护领域,Dwork(2006)针对数据库查询的隐私泄露问题提出了差分隐私保护,该方法是以数据扰动技术为基础,但所加的数据扰动与数据集大小无关,因此能够在数据集较小失真的情况下保护数据隐私。Sasson et al.(2014)开发了零知识证明技术来隐去包括用户地址以及交易数量的信息。Feng et al.(2019)提出通过群体签名的技术将多笔交易合成为一笔人造(synthesize)的交易从而隐去交易者的身份。

本章着重介绍区块链技术在碳检测平台、产品溯源平台的实际应用。

(1) 区块链技术下碳检测平台

碳排放信息检测难、计量数据不准确、政府监督管理力度不足、管理效率低以及商业信息机密与环境信息公开间的矛盾等问题,导致我国碳交易市场不活跃,区域、国家、国际之间碳交易平台对接不顺畅。追根究底是碳监测过程中碳排放数据难采集、难追溯、难核查,缺少一体化的平台,区块链技术能完美解决以上问题,其上的数据公开透明、可追溯且不可篡改。我国正泰物联网园区基于区块链技术建设了碳监测分析与区域碳交易平台。该平台连接了政府、企业、核查机构、咨询机构等,对碳排放数据进行申报、检测、核查、汇总、分析并生成核查报告,实现碳排放的可视化监管,帮助政府掌握园区碳排放数据和碳排放结构,为区域实现低碳发展战略提供量化决策依据及管理措施,通过碳资产交易服务,盘活园区企业碳资产,助力实现园区碳中和。

碳排放数据采集时,基于对企业自身数据安全、数据隐私及获取难度等因素的考虑,采用以企业自行申报为主,政府及第三方核查的方式交叉验证未付的方式。企业在申报时,需提交碳排放数据及数据证明,证明包括但不限于采购发票、贸易合同等。随后将企业申报的数据与政府相关数据进行交叉验证,对企业申报数据进行核实,并根据碳排核算模型进行碳排放数据的核算,生成企业的碳排放报告。第三方核查机构对企业的碳排放报告进行核查,生成三方权威核查报告。申报的数据在链上进行加密存储,并加密推送给相关核查机构,信息申报时遵循"企业一套表"制度,实现"原始记录、统计台账、统计报表"的数据收集流程,将报送单位的数据自下而上地提供给监测平台,避免企业重复收集和填报统计资料,便于对数据进行统一管理。

(2) 区块链技术下产品溯源平台

由于传统模式下信息存储在中心化服务器中,数据容易被损坏、丢失或人为篡改,导致数据失去透明性和可信度,因此,产品的自证一直是企业的痛点。基于区块链技术的溯源平台,能够对产品生产、流通、消费全生命周期进行监控,其分布式存储、公开透明、防篡改等特性,能够实现产品的来源可查、去向可追、责任可究、风险可控、风险可检的全方位透明化管理,帮助企业建立良好的供应链生态体系。四川好彩头实业固粉有限公司已搭建了基于区块链技术的商品溯源服务平台,并投入试点应用。平台包括入库管理、物资管理、查验管理、后台管理、区块链村证管理、发货管理、收获管理、个人中心及产品溯源板块,提供留存、管理与溯源产品信息及联盟链成员关系等服务。

好彩头区块链商品溯源项基于对物流时效进行可预测、可分析、可管可控的管理,该项目在一定程度上降低商品假冒伪劣的风险,确保商品的安全可靠。区块链防伪溯源技术与同类技术相比有着以下优势:首先在防伪方面,区块链技术对原材料、组件、包装等一系列信息生成唯一标识,各标识之间相互对象,并自动通过合约生成带有时间戳的商品标识,做到时间戳与生产日期、保质期以及其他可扩展的商品属性组成最大程度的数据防伪,且数据公开但无法篡改;在追溯方面,基于区块链技术的溯源平台能够全程可视化追溯,基于时间戳和特定算法将生产、组装、包装、运输、分销等全流程环节生成流转信息,建立可视化的供应链系统,无法通过人为更改信息;最后在用户交互方面,供应商、制造商、零售商、消费者等各环节用户通过特定的平台进行信息查询,最终用户可直接对接厂家,中间环节的信息公开透明,消费者的反馈及使用信息可被所有中间环节获取,并作为提供客户服务和产品迭代的数据依托,为保护消费者的个人隐私,所有的身份信息被加密。

本章小结

现代信息技术是一个内容十分广泛的技术群,在最近几年里,技术创新成为企业改革的最主要形式,而信息技术的发展直接影响企业改革和管理的成败。不管是计算机集成制造(CIM)、电子数据交换(EDI)、计算机辅助设计(CAD),还是制造业执行信息系统(executive information system),信息技术革新都已经成为企业组织变化的主要途径。

信息技术在供应链管理中的应用可以从两方面理解:一是信息技术的功能对供应链管理的作用;二是信息技术本身所发挥的作用。信息技术特别是最新信息技术在供应链中的应用,可以大大减少供应链运行中的非增值行为。

在供应链管理的应用中,EDI是供应链企业信息集成的一种重要工具,特别是在全球进行合作贸易时,它是在供应链中连接节点企业的商业应用系统的媒介。互联网面对的是全球的用户,是企业走向全球市场的"桥梁",而内联网面向企业内部是企业内部凝聚各个部门、每个职工的"蜘蛛网"。通过互联网/内联网的集成,实现企业全球化的信息资源网络,提高企业网络的整体运行效率和管理效率,实现从传统管理信息系统向互联网/内联网集成模式的转变。电子商务是一种存在于企业与客户之间、企业与企业之间以及企业内部的联系网络,应用电子商务改变和提高了企业利用资源的方式和效率,从而使企业的价值创造方式发生改变。

近年来,随着供应链国家战略的提出,智慧供应链、区块链技术也随之成为广受学术界和产业界关注的热门话题之一。当前,对智慧供应链的内涵与外延尚未形成统一的认识,国内外学术界专家学者从各自不同角度出发给出了不同的定义,揭示智慧供应链创新的典型模式、创新路径和应用经验,为国内企业开展多层次的供应链创新与应用实践提供重要参考借鉴。

复习与思考

1. 信息技术在供应链管理中的应用现状如何?
2. 电子数据交换(EDI)的定义是什么?
3. 互联网/内联网集成基础上的管理信息系统的技术特点是什么?
4. 供应链企业充分利用互联网和内联网建立哪三个层次的管理信息系统?
5. 智慧供应链的本质是什么?
6. 区块链技术在供应链管理中的应用场景有哪些?

案例分析

基于大数据的钢铁企业智慧物流的价值探索
——以福建三钢"闽光云通"为例

近些年随着钢铁产能的持续扩张,钢铁行业物流规模成倍增长,传统物流的弊端逐渐暴露出来,功能单一、管理水平低下、信息化程度不高、资源整合力度不够、信息不对称、运力利用率低等都是传统钢铁物流行业普遍存在的问题。而且整个货物流向过程不透明,当客户将货物装车后,就失去了对货物的掌控。这些都极大地降低了客户的物流服务使用体验。传统的提升规模、扩大网点布局等做法已经难以满足客户对物流行业水平日益提升的需求,数字化转型成为解决物流行业发展道路阻碍的新思路。在此背景下,智慧物流概念由 IBM 在 2009 年首次提出,以信息化为依托并广泛应用物联网、人工智能、大数据、云计算等技术工具,提升物流系统分析决策和智能执行的能力,搭建一个面向未来的具有先进、互联和智能等特征的供应链。近年来,得益于物联网、人工智能等技术的发展,以及新零售、智能制造等领域对物流的更高要求,智慧物流迅猛发展。相关报告显示,近 10 年智慧物流平均增速高于 20%。另外,物流智能化再升级空间巨大,目前我国整体物流自动化平均水平在 20% 左右,对比发达国家的 80% 尚有巨大的可开发空间。近年来,我国政府也对智慧物流业发展高度重视,从政策上加强引导,加大扶持力度,出台了一系列鼓励政策,相继颁布《交通强国建设规划》《数字交通发展规划纲要》《推动交通运输领域新型基础设施建设的指导意见》等政策。交通运输部正式印发的《综合运输服务"十四五"发展规划》中提出,到 2025 年,中国物流行业初步建成一个"全球 123 快货物流圈"。政策的推出为加快我国物流产业转型升级提供有力支撑。截至 2021 年,我国社会物流总费用 16.7 万亿元,社会物流总费用与 GDP 的比率为 14.6%,这一比率与 2011 年的 18.4% 相比下降明显,进步空间巨大,但与美国 8% 的占比水平相比,仍有较大差距。

1. 智慧物流——"闽光云通"系统在三钢闽光的应用实践

闽光云商是三钢集团积极推进向钢铁制造服务型企业转型的重要工具。智慧物流——"闽光云通"项目是闽光云商平台的重要组成部分。该项目由上海宝信公司根据福建三钢集团目前物流系统的现状及存在的诸多痛点,对各生产基地铁矿、焦炭、废钢的采购,码头资源的装卸、运输、进厂,钢坯等半成品的调运和成品的销售,厂内和外部仓库的提货、终端配送,以及流向管控、开票结算等全流程从底层逻辑进行梳理,运用计算机技术、大数据技术、供应链金融技术打造的智慧物流平台。该平台具备实现线上物流交易、过程管控、运力共享、财务结算、车后消费、物流金融等业务功能。闽光云通物流平台运行系统见图 7.5。同时,该项目开发了移动终端 APP,能够准确把握供需,实现车货智能高效匹配;通过智能调度,实现双向智慧低碳物流和货物的流向管控可视。该平台上线 23 天就创造了 104 064t 的交易量。

智慧物流——"闽光云通"平台上线后,将三钢集团各生产基地独立的系统整合在同一个平台上,使得原本发散的无法协同的信息互联互通,对各部门运力资源分散、单一的物流需求开展双向物流,打通物流流通环节的数据闭环,合理规划流向数据。而且提高了厂内运输

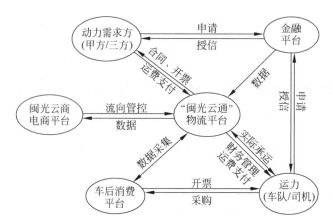

图 7.5 "闽光云通"物流平台运行系统

作业的效率,极大缓解了厂内交通的压力。对于代理商和供应商而言,在承受上游和终端双向资金压力的局面下,提高了现金流利用率,并且可以享受到通过市场化竞争带来的更低价格、更优质服务。该平台得到承运商(车队、司机)的极大认可,缩短了装卸的排队等待时间,提高了运输效率,扩展了货源渠道,减少了回程放空频次,增加了运价竞争优势。而且平台提供的"一键式"财务结算、车后消费,缩短了结算账期,降低了车辆维护成本。

2. 钢铁行业智慧物流未来发展方向

国家"十三五"规划重点建设物流枢纽、综合物流网络,"十四五"规划重点推进物流信息化发展,到2022年2月工业和信息化部、国家发展和改革委员会、生态环境部联合印发《关于促进钢铁工业高质量发展的指导意见》明确提出,钢铁工业要基本形成技术装备先进、智能化水平高、绿色低碳可持续的高质量发展格局,政策规划愈发具备前瞻性。各钢铁企业和第三方平台陆续推出了结合自身发展需要的智慧物流平台,如德龙智慧物流一体化系统、柳钢智慧物流云平台、用友软件等。在今后钢铁行业物流发展过程中,智慧物流系统将沿着实现关联企业信息共享与联动、优化物流链条、提升服务质量和物流效率、降低企业综合物流成本等方向发展。同时通过资源引流,逐步通过市场竞争向上延伸物流产业链,向智能化、柔性化、一体化、社会化运营平台升级,实现由传统物流向平台物流的转型升级,并最终打造成为具有区域影响力的龙头社会产业大平台,为客户提供更加高效、便捷的物流服务。

资料来源:杨亚辉.基于大数据的钢铁企业智慧物流的价值探索——以福建三钢"闽光云通"为例[J].冶金经济与管理,2022,No.219(06):21~22+26.

思考题:

1. 智慧物流—"闽光云通"系统的优势是什么?
2. 钢铁行业智慧物流未来发展方向是什么?

即 测 即 练

下 篇 供应链管理的发展

第8章 物 联 网

本章关键词

物联网(internet of things)　　　感知识别(perceptual recognition)
互联网(internet)　　　　　　　　通信技术(communications technology)
数据安全(data security)　　　　 智慧供应链(smart supply chain)

> 工业互联网也被称为"第四次工业革命"或者"工业4.0",其目标是通过工业生产、经营环境中人、机、物等各类生产要素的全面互联互通互操作实现生产效率的提高和生产成本的降低。工业是人类文明的结晶,汇聚了人类历史上所创造的最璀璨的智慧,因此实现工业领域的互联互通已经不仅仅是信息技术层面的问题,而是涉及光学、热学、数学等多种学科交叉的复杂系统问题,物联网既是这些问题的载体,也必然是解决这些问题的载体,这给物联网技术发展带来了更多、更大的挑战,也带来了更多机遇。

8.1 物联网概述

进入21世纪以来,随着感知识别技术的快速发展,信息从传统的人工生成的单通道模式转变为人工生成和自动生成的双通道模式。以传感器和智能识别终端为代表的信息自动生成设备可以实时、准确地开展对物理世界的感知、测量和监控。2010年世界上大约有50亿个具有通信能力的微处理器和微控制器。2015年全球无线射频识别(radio frequency identification,RFID)技术的市场规模达到101亿美元,全球共售出89亿个RFID标签。低成本芯片制造使得可联网终端数目激增,而网络技术使综合利用来自不同地方的信息变为可能。与此同时,互联网的触角(网络终端和接入技术)不断延伸深入人们生产、生活的各个方面。除了传统的个人计算机外,各类联网终端层出不穷,笔记本电脑、智能手机、智能家电、智能手表/手环等迅速普及。根据中国互联网络信息中心

2020年9月发布的《中国互联网络发展状况统计报告》，我国互联网普及率达到67.0%，手机占据了上网设备中的主导地位，手机网民占网民总体的99.2%。互联网已基本实现便携化、随身化。

物理世界的联网需求和信息世界的扩展需求催生出了一类新型网络——物联网（internet of things, IoT）。在物联网的最初构想中，物品通过射频识别等信息传感技术与互联网连接起来，从而实现智能化识别和管理。换言之，物联网通过对物理世界进行信息化、网络化，实现对传统上分离的物理世界和信息世界的互联和整合。物联网的核心在于物与物之间广泛而普遍的互联。这一概念已超越了传统互联网的应用范畴，呈现出设备多样、多网融合、传感融合的特征。

8.1.1 物联网的起源与发展

物联网是指通过信息传感设备，按约定的协议，将任何物体与网络相连接，物体通过信息传播媒介进行信息交换和通信，以实现智能化识别、定位、跟踪、监管等功能。

物联网理念最早出现在比尔·盖茨于1995年撰写的《未来之路》一书。在该书中比尔·盖茨提及了于物物互联，当时受限于无线网络、硬件及传感设备的发展，并未引起人们重视。1998年，美国麻省理工学院（MIT）提出了当时被称为电子产品编码（electroni product code, EPC）系统的物联网构想。1999年，建立在物品编码、RFID技术和互联网的基础上，美国Auto-ID中心首先提出"Internet of things"概念，旨在利用RFID技术实现对物体的识别，通过互联网等将被识别的物体连接起来构成网络。2005年11月17日，在信息社会世界峰会（WSIS）上，国际电信联盟发布了《ITU互联网报告2005：物联网》。报告指出，无所不在的"物联网"通信时代即将来临，世界上所有的物体从轮胎到牙刷、从房屋到纸巾都可以通过互联网主动进行信息交换。RFID技术、传感器技术、纳米技术、智能嵌入技术将得到更加广泛的应用。奥巴马就任美国总统后，于2009年1月28日与美国工商业领袖举行了一次"圆桌会议"。IBM首席执行官彭明盛（Samuel Palmisano）提出"智慧地球"（smart planet）的概念，建议政府投资新一代的智慧型基础设施。具体来说，就是把传感器嵌入和装备到电网、铁路、桥梁、隧道、公路、建筑、供水系统、大坝、油气管道等各种物体中，物品之间普遍连接，形成"物联网"；然后将"物联网"与现有的互联网整合起来，实现物理世界与信息世界的全面互融互通。在这个整合的网络中，存在算力强大的中心计算机群，能够对网络内的人员、机器、设备和基础设施进行实时的管理和控制。在此基础上，人们能够以更加精细和动态的方式管理生产和生活，提高资源利用率和生产力水平，改善人与自然间的关系。

2009年，欧盟执委会发表题为"Internet of Things—An action plan for Europe"（《物联网——欧洲行动计划》）的物联网行动方案，描绘了物联网技术的应用前景，并提出要加强对物联网的管理、完善隐私和个人数据保护、提高物联网的可信度、推广标准化、建立开放式的创新环境、推广物联网应用等行动建议。韩国通信委员会于2009年出台了《物联网基础设施构建基本规划》。该规划是在韩国政府之前的一系列RFID/USN（ubiquitous sensor network）相关计划的基础上提出的，目标是在已有的RFID/USN应用和实验网条件下构建世界最先进的物联网基础设施、发展物联网服务、研发物联网技术、营造物联网推广环境等。2009年,日本政府IT战略本部制定了日本新一代的信息化战略——《i-Japan战略2015》。该战略旨在让数字信息技术如同空气和水一般融入每一个角落,聚焦电子政务、医疗保健和教育人才三大核心领域,激活产业和地域的活性并培育新产业,以及整顿数字化基础设施。

我国政府高度重视物联网的研究和发展。2009年8月7日,时任国务院总理温家宝在无锡视察时发表重要讲话,提出"感知中国"的战略构想,表示中国要抓住机遇,大力发展物联网技术。2009年11月3日,温家宝向首都科技界发表了题为《让科技引领中国可持续发展》的讲话,再次强调科学选择新兴战略性产业非常重要,并指示要着力突破传感网、物联网等关键技术。2012年,工业和信息化部、科技部、住房和城乡建设部再次加大了支持物联网和智慧城市方面的力度。我国政府高层一系列的重要讲话、报告和相关政策措施表明,大力发展物联网产业将成为今后一项具有国家战略意义的重要决策。2020年,工业和信息化部发布深入推进移动物联网全面发展的通知,旨在全面推进物联网技术的发展。

回顾过去,立足于物联网出现之前的几十年,来探讨物联网的起源。自计算机问世以来,计算技术的发展大体经历了三个阶段。第一阶段人们解决的主要问题是"让人和计算机对话",即操作者输入指令,计算机按照人的意图执行指令完成任务。计算机大规模普及后,人们又开始考虑"让计算机和计算机对话",让处在不同地点的计算机可以协同工作。计算机网络应运而生,成为计算技术发展第二阶段的重要标志。互联网的飞速发展实现了世界范围内人与人、计算机与计算机的互联互通,构建了一个以人和计算为基础的虚拟数字世界。如果将联网终端从计算机扩展到"物"——物体、环境等,那么整个物理世界都可以在数字世界中得到反映。因此在第三阶段,"人们要通过网络化的计算能力与物理世界对话"。

8.1.2 物联网发展的技术背景

1. 从人类对技术需求的角度认识物联网发展的必然性

研究物联网技术的发展可以从两个角度入手,一是从人类对技术的需求的角度,另一个是从技术本身演变的角度。

俗话说"人往高处走",当第一个愿望实现之后,你一定希望实现目标更高的第二个愿望,这是人的思维一个非常自然的规律。当我们回头审视互联网发展的过程时,会发现互联网很自然地遵循着"$1/N \rightarrow N=1 \rightarrow N>1 \rightarrow N \sim \infty$"的规律在发展,这个发展过程与人类对技术的需求密不可分,我们可以用图8.1表示。

(1) $1/N$ 阶段

当早期的计算机还是只能安装在计算中心的庞然大物时,对计算机的设计者而言,最有效的办法是采用分时操作系统,将计算机的CPU时间分成多个时间片,再把每个时间片分配给每个局域网终端用户。当一台计算机同时为 N 个终端服务时,每个终端用户可以获得的平均计算时间是总的计算时间的 $1/N$。随着 N 数值增大,用户数增多,每个终端用户可能获得的平均计算时间就会减少。凡是使用过早期分时计算机系统的用户都会有一个深刻的体会,那就是同时使用的终端用户越多,每次键入命令的响应时间会明显加

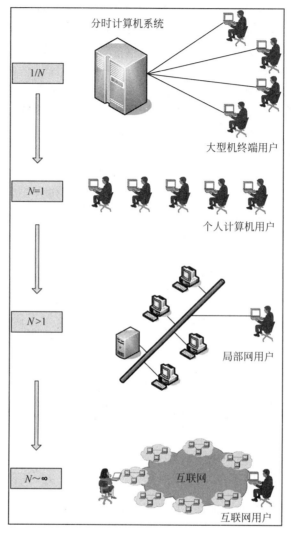

图 8.1 $1/N \rightarrow N=1 \rightarrow N>1 \rightarrow N\sim\infty$ 的发展规律

长,完成同样计算任务的时间就会增加。所以当响应时间开始考验人们耐心的时候,人们自然会萌发出一个需求,那就是:如果我一个人使用一台计算机该多好。

(2) $N=1$ 阶段

个人计算机(personal computer,PC)的出现满足了一个人使用一台计算机的愿望。个人计算机的应用使得计算机的普及程度大大提高。随着个人计算机应用的深入,人们发现个人计算机的计算能力、软件的配置、数据资源还是有限的。尤其是将个人计算机应用于办公自动化(OA)、计算机辅助设计(CAD)、计算机辅助教育(CAE)等领域时,更深层次的资源共享的愿望就会被提出,将个人计算机互联的需求推动了局域网技术的发展。

(3) $N>1$ 阶段

如果一个科研实验室有多台个人计算机,不同的计算机装有不同的数据处理与制图软件,存储不同的实验数据,还有一些计算机连接打印机,那么在这个实验室工作的研究人员的愿望就不仅仅是每个人使用一台计算机。他们希望能够将这些局部范围内的计算机联网,实现软件、硬件与数据的共享。这种需求直接推动着局域网技术的研究。当我们将一个实验室、一个教学楼、一个学校、一个办公大楼的计算机都互联起来时,人们就可以共享局域网中互联的 N 台计算机的资源,实现一个用户可以使用 N 台计算机资源的理想。但是,随着计算机网络应用的深入,人们自然会提出更大范围计算机资源共享的需求,这就导致了全球范围计算机网络互联的研究。

(4) $N \sim \infty$ 阶段

如果从技术角度来看,互联网(Internet)是一个覆盖全球,通过路由器实现多个广域网、城域网与局域网互联的大型国际网。如果从用户的角度来看,互联网是一个全球范围的信息资源网。接入互联网的所有计算机的资源都可以为其他用户所共享,网络用户可以通过一台接入到互联网的计算机访问网中其他的计算机资源。随着互联网规模的不断扩大,互联的网络数量与计算机数量的增多,没有一个人能够说清楚现在互联网中到底接入了多少台计算机。因此可以说,当你将自己的计算机接入到互联网时,你就能够享受到访问无穷多台计算机、共享无限的信息资源的能力,接入到互联网的计算机数量 $N \sim \infty$。

将人所使用的计算机、智能手机与各种智能终端设备接入互联网被我们认为是理所当然的事,那么未来必然还会有更多的具有感知、通信与计算能力的智能物体互联起来,将构成物联网。在互联网阶段,我们只做到了"everybody over IP",只有到了物联网阶段,我们才能够做到"everything over IP"。其实,从人类对技术需求的角度来理解物联网形成与发展,物联网中的智能物体是什么,采用什么样的编码与识别方式,以及用什么方法接入到互联网、移动通信网,或者是独立组成专用网络,这些并不重要,重要的是它们都必然要互联成网,构成协同工作的分布式系统,实现我们所需要的智能服务功能。

2. 从网络技术演变的角度认识物联网发展的必然性

(1) 互联网的形成

20 世纪 90 年代,世界经济进入了一个全新的发展阶段。世界经济的发展推动着信息产业的发展,信息技术与网络应用已成为衡量 21 世纪综合国力与企业竞争力的重要标准。1993 年 9 月,美国公布了国家信息基础设施(NII)建设计划,NII 被形象地称为"信息高速公路"。美国建设信息高速公路的计划触动了世界各国,各国开始认识到信息产业发展将对经济发展产生重要作用,因此很多国家开始制订各自的信息高速公路建设计划。1995 年 2 月,全球信息基础设施委员会(GIIC)成立,目的是推动与协调各国信息技术与信息服务的发展与应用。在这种情况下,全球信息化的发展趋势已经不可逆转。

当互联网用于商业用途和互联网管理的商业化时,导致互联网各种商业应用的出现,接入互联网的主机规模以指数形式增长。

(2) 互联网技术发展对物联网形成的影响

① TCP/IP 协议的研究与设计的成功,促进了互联网的快速发展。在互联网形成过程中,广域网、城域网、局域网与个人区域网技术逐步成熟。

② 互联网的大规模应用带来了大批用户接入的需求,促进了接入技术和宽带城域网

技术的发展。

③ 基于 Web 的电子商务、电子政务、远程医疗、远程教育，以及基于对等结构的 P2P 网络、移动通信技术与移动互联网的应用，使得互联网的应用以超常规的速度发展。

④ 无线局域网、无线城域网与无线自组网、无线传感器网络与无线个人区域网的研究与应用为物联网的发展奠定了基础。

如果说广域网的作用是扩大信息社会中资源共享的范围，局域网是进一步扩展了信息资源共享的深度，无线网络与无线个人区域网络增强了人类共享信息资源的灵活性，那么无线传感器网络将会改变人类与自然界的交互方式，它将极大地扩展现有网络的功能和人类认识世界的能力。无线传感器网络已经成为物联网重要的支撑技术之一。

8.1.3　物联网发展的主要特点

物联网是信息技术发展到特定阶段应"运"而生的产物。这里的"运"指的是更广泛的互联互通、更透彻的感知以及更深入的智能。如何深刻理解这三个"更"字呢？

首先，是不是没有物联网就没有互联互通呢？显然不是。100 多年前发明的电话早就把人们的通信和联系定义在世界范围内了。20 世纪 90 年代以来，移动电话的普及更是使人们可以随时随地和远在天边的朋友互动交流。1995 年之后的互联网革命进一步丰富了交流的手段——从单纯的语音发展到多媒体数据。但物联网要带来的是更广泛和更全面的互联互通，怎么广泛和全面是物联网要解决的重要问题。

其次，互联互通的对象从人延伸到物体，不仅人与人要交流，物和物也要互通。从技术角度来说，这意味着联网终端的多样性大大增加了。原有的网络设备通常都是智能化程度较高的，如移动电话、平板电脑甚至是一台计算机。而物联网中物体所附带的网络设备（或设备化的普通物理对象），其智能化程度可能比较低。比如，一个传感网节点，其计算能力和存储量远远不能和前述设备相比。未来更多的上网设备，其智能可能仅仅体现在具备一个能被识别的标记（identification, ID）上。千万不可小看这个"被识别"的能力，在物联网时代，能主动认知和控制除自己以外对象的设备，可以称为具有主动智能的设备；而有能力使自身被智能主体所认知和控制的设备，可以称为拥有被动智能的设备，被动智能也是智能。

再次，互联互通方式（即网络通信模式）的扩展，意味着更深层次的广泛与全面。物联网的互联互通，有可能是在一天内只有一分钟甚至一秒钟接入了网络；也可能只是逻辑上被接入了网中。例如，一个节点 A 和另一个移动节点 B 每小时都有一次固定数据交换，虽然 A 自身从未直接上网，但是由于移动节点 B 每天都移动到一个基站并上传全部数据，这种情况下 A 和 B 都算物联网上的节点。这些都体现了物联网在通信模式上的广泛。最后，互联互通的广泛性和全面性还体现在联网节点数量上。当今上网的用户几十亿肯定是有的。如果没有物联网，即使所有地球人都上网，平均每人几台上网设备，百亿或者千亿量级也就是极限了。而在物联网的时代，每一个物品都可以上网，每一个物品都可控制，其数量不是千亿甚至万亿可以衡量的。这样大的数量激增，对网络技术的冲击是天翻地覆的，但这还远远比不上对人们心灵上的冲击：试想，如果有一天你身边所有的物件都拥有或多或少的智能，你能够随时了解它们的全部状态信息，并对其进行控制，这和所谓的"魔法"又有什么两样呢？

正是有了更广泛、更全面的互联互通，物联网的感知才更透彻、更具洞察力。我们已经知道传感器是 100 多年前就有的设备，但是感知和通信的融合却是近二十年的事。通信功能对传感器产生的影响，几乎比得上文字和语言对人类产生的影响。当人类可以使用语言交流并使用文字记载的时候，文明时代就来临了，传感器也是这样。单独工作的传感器，倚仗人们的预先布设工作，既没有协同也做不到自适应。大家所熟悉的盲人摸象的故事，之所以每个人摸完了大象给出了截然不同的描述，就是因为他们没有（用通信的方式）相互协同。如果每个人在摸完大象一部分之后，和其他伙伴交流自己的位置以及触摸角度，显然可以更透彻地完成对大象的感知。有了更透彻的感知，自然就有了更综合、更深入的智能，如将温度传感器应用于森林防火，如何从传感器连续不断的、枯燥乏味的温度测量值中发现潜在的火灾危险呢？我们当然可以定义温度大于某个阈值是发生火灾的标志，这是最简单的事件检测算法。进一步地，可以利用多个传感器协同感知，避免单个传感器故障造成的误警或漏警，提高火灾检测的可靠性，这是"人多力量大"的智能。再进一步，可以利用湿度、风速、风向等多维度感知数据，判断森林火灾发生的条件，提供森林火灾预警信息供相关部门参考，将灾害消除在萌芽状态，这是"防患于未然"的智能。如果能从长期的温度数据中挖掘模式，从看似不相关的气象事件中挖掘联系，探索"厄尔尼诺现象"对全球气候带来的影响，这将是"审堂下之阴而知日月之行"的智能。从温度感知数据上升到火灾事件，再从短时间离散的事件上升到长期大规模的气候现象，体现了智能的不断深入。

8.2　物联网感知识别技术

8.2.1　全球定位系统

1. 全球定位系统的基本概念

全球定位系统（global positioning system，GPS）是一种全新的定位方法，它是将卫星定位和导航技术与现代通信技术相结合，具有全时空、全天候、高精度、连续实时地提供导航、定位和授时的特点，为空间定位技术带来了革命性的变化，已经在越来越多的领域替代常规的光学与电子定位设备。用 GPS 同时测定三维坐标的方法将测绘定位技术从陆地和近海扩展到整个地球空间和外层空间，从静态扩展到动态，从单点定位扩展到局部和广域范围，从事后处理扩展到定位、实时与导航。同时，GPS 系统将定位精度从米级逐渐提高到厘米级。

2. GPS 建设的基本情况

目前全球主要的 GPS 系统有四个：美国全星球导航定位系统（global navigation satellite system，GNSS）、欧盟的伽利略（Galileo）卫星定位系统、俄罗斯的格洛纳斯（GLONASS）卫星定位系统与中国的北斗卫星定位系统。

应用较普遍的是美国的全星球导航定位系统。它使用的是由波音公司与洛克西德·马丁公司制造的一种轨道航天器卫星。GNSS 由 28 颗轨道卫星组成，24 颗正常工作，4

颗备份；轨道高变为 20 200 千米。1978 年 2 月首次发射，1995 年底形成初步的定位能力。第一代系统能够向军队的飞机、舰船与车辆提供高精度的三维速度与时间服务。同时，该系统也为民间用户提供精度较低的服务。美国的全星球导航定位系统建设历经 20 年，耗资超过 500 亿美元，是继阿波罗登月计划和航天飞机计划之后的第三项庞大的空间计划。

正在加紧建设的欧洲伽利略卫星定位系统，规划有 50 颗卫星，我国也在参与伽利略卫星定位系统的国际合作。

3. 北斗卫星导航定位系统

我国从 2000 年开始，陆续发射了 4 颗"北斗一号"试验导航卫星，组成了我国第一个北斗卫星导航定位系统。2007 年 4 月，我国成功发射了第一颗"北斗二号"导航卫星，这标志着北斗系统由一代开始向二代过渡。2012 年 4 月 30 日，我国在西昌卫星发射中心成功发射"一箭双星"，用"长征三号乙"运载火箭将中国第十二、十三颗北斗导航系统组网卫星顺利送入太空预定转移轨道，这标志着我国北斗区域卫星导航系统建设又迈出了坚实一步。

目前北斗卫星导航定位系统已经用于测绘、船舶运输、公路交通、铁路运输、野外作业、水文测报、森林防火、渔业生产、勘察设计、环境监测、电力调度，以及军事等领域。在 2020 年前，由覆盖全球 30 多颗卫星组成的北斗卫星导航定位系统能够提供快速定位、实时导航、短信服务与精密授时四大功能。

4. GPS 的组成

GPS 由三个部分组成：空间部分、地面控制部分与用户终端。

(1) 空间部分

空间部分的 GPS 卫星星座是由均匀分布在 6 个轨道平面上的 24 颗卫星组成。卫星轨道与卫星围绕地球运行一周的时间经过精心计算和控制之后，保证地面的接收者任何时候最少可以见到 4 颗卫星，最多可以见到 11 颗卫星。

(2) 地面控制部分

GPS 地面控制部分承担着两项任务，一是控制卫星运行状态与轨道参数，二是保证星座上所有卫星的时间基准的一致性。地面控制部分由一个主控站、5 个全球监测站和 3 个地面控制站组成。

GPS 监测站都有精密的铯钟和能够连续测量到所有可见卫星的接收机。监测站将取得的卫星观测数据，包括电离层和气象数据，经过初步处理后，传送到主控站。主控站从各监测站收集跟踪数据，计算出卫星的轨道和时钟参数，然后将计算结果发送到 3 个地面控制站。地面控制站在每颗卫星运行至上空时，把这些导航数据及主控站指令发送到卫星。

(3) 用户终端

GPS 用户终端设备就是 GPS 接收机。为了准确地定位，GPS 接收机通过接收卫星发送的信号，从解调出的卫星轨道参数获取精确的时钟信息，通过判断卫星信号从发送到接收的传播时间来测算出观测点到卫星的距离，然后根据到不同卫星的距离来计算出自己的位置。

5. GPS 主要的应用领域

GPS 可以用于陆地、海洋、航空航天应用等领域，主要是为船舶、汽车、飞机、行人等运动物体进行定位导航。陆地应用主要包括：车辆导航、突发事件应急指挥、大气物理观测、地球物理资源勘探、工程测量、变形监测、地壳运动监测与市政规划控制。海洋应用主要包括：远洋船最佳航程航线测定、船只实时调度与导航、船舶远洋导航和进港引水、海洋救援、水文地质测量、海洋平台定位与海平面升降监测。航空航天应用主要包括：飞机导航、航空遥感姿态控制、低轨卫星定轨、导弹制导、航空救援和载人航天器防护探测等。

8.2.2 RFID

RFID（射频识别，radio frequency identification）是利用无线射频信号空间耦合的方式，实现无接触的标签信息自动传输与识别的技术。RFID 标签又称为"电子标签"（Tag）或"射频标签"。RFID 最早出现于 20 世纪 80 年代，首先由欧洲一些行业和公司将这项技术用于库存产品统计与跟踪、目标定位与身份认证。由于集成电路设计与制造技术的不断发展，使得 RFID 芯片向着小型化、高性能、低价格的方向发展，也逐步为产业界所认知。2011 年，日本日立公司展示了全世界最小的 RFID 芯片，仅有 0.0026 平方毫米，看上去就像微粒一样，可以嵌入在一张纸内。

目前，RFID 已广泛应用于制造、销售、物流、交通、医疗、安全与军事等领域，可以实行全球范围的各种产品、物资流动过程中的动态、快速、准确的识别与管理，因此已经引起了世界各国政府与产业界的广泛关注，并得到广泛应用。

随着我国国民经济的高速发展，现代物流产业更是以超常规的速度发展。以天津滨海新区保税区为例，如果我们仍然使用条形码技术，那么当从海运码头卸下来大批的集装箱，装载到火车、货车通过海关时，无论增加多少条通道、多少个海关工作人员，也不可能实现保税区的进出口货物快速通关，必然造成货物的堆积和延误。解决大批货物快速通关的关键是使用能够快速、自动地进行通关货物信息的采集、显示、处理的信息系统。有了这样的系统，当一辆装载着集装箱的货物通过关口的时候，海关人员面前的计算机上能够立即获得准确的进出口货物的名称、数量、放出地、目的地、货主、报关信息等，海关人员就能够根据这些信息来决定是否放行或检查，而支持快速、自动货物通关信息系统的数据采集技术是无线的 RFID 技术。因此，现代物流产业的发展过程中对物资流通过程快速、准确管理的需求是推动 RFID 技术发展的真正动力。

8.2.3 传感器

在人类历史发展的很长一段时间里，人类是通过视觉、听觉、嗅觉等方式感知周围环境的，这是人类认识世界的基本途径。但这种感性的感知方式，不能满足信息时代的发展要求，如人类不能感知上千度的温度，也不能辨别温度的微小变化。传感器和传感网的出现彻底改变了人类认识和感知世界的方式。

传感器作为连接物理世界与数字世界的重要媒介，在信息化的过程中发挥着关键作用。什么是传感器呢？国家标准《传感器通用术语》(GB/T7665—2005)对传感器的定义是："能感受被测量物理量并按照一定规律转换成可用输出信号的器件或装置。"传感器一般由敏感元件、转换元件和基本电路组成。敏感元件是指传感器中能直接感受被测(物理)量的部分，转换元件将敏感元件的输出转换成电路参量(如电压、电感等)，最后基本电路将电路参数转换成电量输出。简单地说，传感器可以理解为一种换能的设备，将物理世界的被检测量转换为可以用电路测量的物理量。

最早的现代意义上的传感器出现在1879年，以德国科学家霍尔在研究金属的导电机制时发现霍尔效应，并制作用于感知磁场的霍尔效应传感器为标志，距今已有上百年的历史了。传感器的种类有很多，根据基本感知功能可分为热敏元件、光敏元件、气敏元件、力敏元件、磁敏元件、湿敏元件、声敏元件、放射线敏感元件、色敏元件和味敏元件等很多类。传感器的出现使得感知出现了巨大的变革，之前物理世界的被检测量只能感性地处理，而现在可以精确、定量地测量出来。

随着应用的不断发展，越来越多的特殊应用环境对传感器提出了更高的要求，许多新型传感器应运而生。智能传感器交叉融合了材料工程、机械工程、电子工程、化学工程等领域的技术，设计制造出各种传感单元及微系统。智能传感器配备有微处理器，具有采集、处理、交换信息的功能，可用于生物工程及临床医学中的无创或微创健康监测以及人体生理信息和化学信息实时监测。另外，智能传感器在机器人、人体健康、运动定量检测方面也发挥着重要作用。智能传感器不仅具备传感数据采集的功能，还可以通过电路对采集到的数据进行传输，使用人工智能算法进行智能分析与处理，并能将处理结果传输到显示终端。相比于单一感知功能的传感器，阵列化、智能集成的传感器系统更能满足信息时代的需求，多种传感器集成在一起，可实现更多的功能和更强的智能。

随着人类环保意识的提升，使用瞬态电子器件制作的可降解传感器得到了越来越多的重视。瞬态电子器件能够在完成特定任务后在环境中自行降解，避免了电子垃圾对环境的毒害。该类传感器在医疗领域可用于植入人体实时监测软组织所受应力，有助于为患者制订个性化康复方案，并且在功能完成后可以完全溶解在人体内，不需要再次进行手术取出。为了在复杂恶劣的工作环境中保持高稳定性，可降解传感器需要具备抗环境干扰以及自适应、自补偿调节等能力。

8.2.4 智能设备

计算机与互联网的广泛应用，智能手机与移动互联网应用的快速发展，使得智能设备制造与应用成为信息产业与现代信息服务业发展的热点。物联网环境中的各种智能设备都需要采用嵌入式技术来进行设计与制造。嵌入式系统(embedded system)也称作嵌入式计算机系统(embedded computer system)，它是针对特定的应用，剪裁计算机的软件和硬件，以适应应用系统对功能、可靠性、成本、体积、功耗的严格要求的专用计算机系统。嵌入式系统已经广泛应用于工业、农业、军事、家电等领域。嵌入式系统的设计理论、方法与工具是物联网研究的理论基础，具有重要的借鉴与指导作用。因此，在研究物联网系统设计与研发技术时，需要对目前已经广泛应用的智能信息设备以及它们在物联网中的应用进行系统的讨论。

1. 个人计算机

计算机最重要的进展之一表现在个人计算机（personal computer，PC）及其应用上。PC 是互联网中重要的用户计算设备，也是物联网中一种重要的计算工具。

物联网已成为计算和技术世界中日益流行的话题。随着先进的传感器和嵌入式系统的出现，日常物品现在可以相互连接并共享数据。PC 在这项新技术中发挥着至关重要的作用，使设备能够进行通信和交换数据。

物联网中 PC 的主要用途之一是实现不同设备之间的通信。通过使用 PC 作为集线器，两个或多个设备可以彼此通信并交换信息。这通常用于创建可以控制和监视家庭或办公室中各种功能的系统。例如，PC 可以用于控制智能家居中的灯光、温度和其他电器。

PC 在物联网中的另一个主要应用是数据收集和分析。计算机可用于处理来自物联网设备的传感器数据和其他信息，从而创建更高效、更准确的模型。例如，PC 可用于分析传感器的数据，以预测作物产量或检测制造环境中的异常情况。

此外，PC 可用于创建用于控制连接到物联网的设备的用户界面。这可用于允许用户容易地访问和控制其设备的各个方面。它还允许他们远程监控和更改设置。这在管理互连设备的大型网络时尤其有用。

最后，PC 还可以用于提供云服务。通过将物联网设备连接到云，用户可以从世界任何地方访问其数据。这可用于存储和管理物联网设备收集的数据，以及监控其状态和性能。

总体而言，PC 在物联网中有广泛的应用。它们可以用于通信、数据收集和分析、用户界面和云服务。这使得它们成为任何希望利用物联网的企业或组织的宝贵工具。

2. 个人数字助理

个人数字助理（PDA）已集成到物联网中，作为增强用户体验的一种方式。PDA 是便携式设备，能够执行各种任务，包括跟踪日历事件和联系人、通过互联网访问信息以及存储数据。此外，PDA 还可用于远程监控和控制连接的物联网设备。例如，它们可以用于检查智能家庭中安全摄像头、恒温器、照明系统和其他设备的状态。PDA 还为用户提供了一种简单、方便的方式来与传感器、机器人和自动化系统等物联网设备进行交互。通过允许用户与这些设备远程通信，PDA 可以提高效率和经济性。目前，个人数字助理正与智能手机、GPS 结合在一起，向着融合计算、通信、网络、存储娱乐、电子商务、位置服务多种功能的方向发展，很多种物联网智能终端设备是在 PDA 基础上开发的。

3. GPS 接收机

GPS 接收机是物联网定位技术与位置服务中的重要设备之一，其硬件是由天线、主机和电源组成。GPS 接收机天线接收卫星发送的信号，主机通过卫星信号的传播时间来计算出自己的位置；根据每一秒钟位置的变化计算出物体的运动速度与方向；通过接收的信号，获取准确的时间；结合电子地图，准确地在电子地图中标注自身的位置；根据当前位置与准备到达的目的地位置信息，计算导航的路径。

随着 GPS 技术日益成熟与大规模集成电路技术的发展，GPS 接收机主机的定位、导航软件可以集成在专用的超大规模集成电路芯片中，使得 GPS 接收机尺寸越来越小，可以集成在汽车导航设备、智能手机和各种物联网移动终端设备中,甚至是手表中。我们可以用 GPS 导航仪、iPhone、智能手机与手表进行定位、导航与位置服务。iPad 与各种平板电脑也将 GPS 接收机与网络地图结合起来,提供定位、导航和丰富的位置服务功能。

4. 智能手机

智能手机将是物联网中一种重要的智能终端设备,很多物联网应用系统的用户终端设备是基于智能手机操作系统平台开发的。智能手机除了具备移动通信功能之外,还具有 PDA 的大部分功能,特别是具有个人信息管理的功能,能以无线方式浏览网页、收发电子邮件。随着 iPhone 和使用 Android 操作系统的智能手机问世,引发了人们对于手机更深层次的思考。

2007 年,人们对 iPhone 整机只有一个实体按键、足够大的屏幕与多种移动互联网应用功能产生了极大的兴趣。两年之后,手机市场产生了巨大的变化,在 iPhone 与 Android 智能手机的引领下,手机从硬件时代走向了软件时代。智能手机与个人计算机一样,具有独立的嵌入式操作系统,可以由用户自行安装软件、游戏等第三方服务提供商的程序。通过第三方程序扩展手机功能,实现移动互联网的各种服务。伴随着 iPhone 在全球的热卖,免费的推广策略加上收费广告展示的运作模式,iPhone 取得了巨大的商业成功,目前已经形成了"iPhone—App Store—开发者—运营商—用户—云计算"的一个智能手机产业链。

很多种智能手机已经嵌入了 RFID 标签芯片与传感器芯片,成为物联网中重要的移动通信、移动计算与位置服务的设备。目前已经有多种嵌入 RFID 标签的智能手机用作手机钱包、公交车与地铁电子车票支付、购物电子支付,也可以作为电子门禁卡、超市打折卡、家庭网络遥控器使用。

5. 数字标牌

数字标牌(digital signage)是一种新的专业多媒体视听系统,体现出一种全新的媒体概念,同时也是物联网应用系统与人通过视觉交互的工具。

数字标牌系统由控制端、管理端、网络平台、播放端和数字标牌五部分组成。数字标牌是一种显示终端设备,可分为两类:一类具有显示功能,一般作为大型广告类的标牌;另一类是多点触摸数字标牌,一般用于需要与用户交互查询的场合。

安装在比赛场馆、展览中心的大型数字标牌可以直播比赛或大型活动的实况;安装在大型商场、超市、酒店、银行、证券、影院、商业中心区、旅游景点等人流汇聚的公共场所的大型数字标牌,可以发布商业广告、财经、娱乐新闻等,起到导购、导游、广告与公共信息发布的作用。安装在机场、火车站、汽车站的大型数字标牌可以及时发布航班、车次等信息,方便旅客出行。列车车厢数字标牌可以显示车厢号、行车速度、安全提示,以及新闻、广告、娱乐节目,使旅客了解轨道交通状态,安全、便捷、舒适地乘车。

安装在医院的大型数字标牌,可以及时发布就诊信息,方便患者就医;可以播放风光片或其他有关健康常识的节目,可以起到调节患者情绪,营造良好就诊氛围,宣传健康知识的作用。安装在政府机关办公楼的数字标牌,可以发布政府便民服务信息,宣传政策,提高服务质量。竖立在高速公路旁的大型数字标牌、安装在公路边的中型数字标牌,以及安装在公路上方的数字标牌是高速公路交通安全保障体系的重要组成部分,是交通管理者及时向道路驾驶员发布指令或提供信息、确保行车安全的有效手段。一旦遇到恶劣天气或发生交通事故等特殊情况,交通管理者可以及时通过数字标牌发布信息、指令、限速标志,以疏导交通,减少交通事故的发生,提高高速公路的行车效率。城市交通的数字标牌能够实时地标出拥堵的路段,提示驾驶员及时调整行车路线。

学校的大型数字标牌可以宣传学校的历史风貌、院系发展历史,介绍重点学科、重点实验室、知名校友与知名教授,以及学校的新闻与学术活动,营造良好的校园文化。同时也可以发布教学信息、课程信息、教学管理信息,直接为学生与教师服务。

8.3 物联网网络构建

计算机网络是计算机技术与通信技术高度发展、密切结合的产物,而互联网是计算机网络技术的成功应用。互联网的应用已经对人类社会生活、政治、经济与科技的发展产生了重大影响,并且将继续发挥重要的作用。物联网是在互联网的基础上形成与发展的,它将使互联网从实验室、办公室与家庭扩展到更为广阔的应用领域。

8.3.1 计算机网络的发展

1. 计算机网络发展的四个阶段

计算机网络技术的发展速度与应用的广泛程度是惊人的。纵观计算机网络的形成与发展历史,大致可以将它划分为以下四个阶段。

第一阶段可以追溯到 20 世纪 50 年代。那时,人们将彼此独立发展的计算机技术与通信技术结合起来,完成数据通信技术与计算机通信网络的研究,为计算机网络的产生做好技术准备,并且奠定了理论基础。

第二阶段应该从 20 世纪 60 年代美国的阿尔帕网(ARPANET)与分组交换技术开始。ARPANET 是计算机网络技术发展中的一个里程碑,它的研究成果对促进网络技术发展和理论体系的研究产生了重要作用,并为互联网的形成奠定了基础。

第三阶段可以从 20 世纪 70 年代中期计起。20 世纪 70 年代中期,国际上各种广域网、局域网与公用分组交换网发展十分迅速,各个计算机生产商纷纷发展各自的计算机网络系统,随之而来的是网络体系结构与网络协议的标准化问题。国际标准化组织(International Organization for Standardization,ISO)在推动开放系统参考模型与网络协议的研究方面做了大量的工作,对网络理论体系的形成与网络技术的发展起到了重要的作用,但它同时也面临着 TCP/IP 的严峻挑战。

第四阶段是从 20 世纪 90 年代开始。这个阶段最富有挑战性的话题是互联网应用技术、无线网络技术、对等网络技术与网络安全技术。这个阶段的特点主要表现在:

① 互联网作为全球性的网际网与大型信息系统,在当今政治、经济、文化、科研、教育与社会生活等方面发挥着越来越重要的作用。

② 互联网大规模接入推动了接入技术的发展,促进了计算机网络、电信通信网与有线电视网的"三网融合"。

③ 对等(P2P)网络技术的研究,使得即时通信、网络视频、网络音乐、网络游戏等新的网络应用不断涌现,进一步丰富了人与人之间信息交互与共享的方式。

④ 无线局域网与无线城域网技术日益成熟,并已进入应用阶段。无线自组网、无线传感器网络的研究与应用受到了高度重视。

⑤ 互联网应用中数据采集与录入从人工方式逐步扩展到自动方式,通过 RFID、各种类型的传感器与传感器网络(sense network),以及光学视频感知与摄录设备,能够方便、自动地采集各种物品、环境信息,拓宽了人与人、人与物、物与物之间更为广泛的信息交互,促进了物联网技术的形成与发展。

⑥ 随着网络应用的快速增长,社会对网络安全问题的重视程度也越来越高。强烈的社会需求推动了网络安全技术的快速发展。

2. 计算机网络发展的三条主线

纵观计算机网络的历史,我们会发现计算机网络技术是沿着三条主线发展的。

第一条主线:从 ARPANET 到 Internet。

在讨论第一条主线 ARPANET-TCP/IP-Internet 时,需要注意以下几个问题:

① ARPANET 的研究奠定了 Internet 发展的基础,而联系两者的是 TCP/IP 协议体系。在互联网形成过程中,广域网、城域网、局域网与个人区域网技术逐步成熟。

② TCP/IP 协议的研究与设计的成功,促进了互联网的快速发展。今后除了计算机之外,各种 PDA、智能手机、传感器、射频标签系统等移动数字终端设备都能连接到互联网之中。

③ 与传统的以服务器为中心的客户/服务器(client/sever,C/S)工作模式不同,P2P 工作模式淡化了信息提供者与信息使用者的界限,进一步扩大了网络资源共享范围和深度,提高了网络资源利用率。P2P 技术受到学术界与产业界的高度重视,被评价为"改变互联网的新一代网络技术"。新的基于 P2P 网络应用不断出现,成为 21 世纪网络应用重要的研究方向之一。

第二条主线:从无线分组网到无线自组网、无线传感器网络。

在讨论第二条主线——无线网络技术发展时,需要注意以下几个问题:

① 从是否需要基站等基础设施的角度来看,无线网络可以分为基于基础设施的无线网络和无基础设施的无线网络。组建无线局域网(wireless LAN,WLAN)与无线城域网(wireless MAN,WMAN)需要架设基站,因此无线局域网与无线城域网属于基于基础设施的无线网络而无线自组网(Ad hoc)、无线传感器网络(WSN)则不需要设置基站,是更为灵活的一类无线网络,因此属于无基础设施的无线网络。

② 在无线分组网基础上发展起来的无线自组网是一种特殊的无线、自组织、对等、多跳移动的网络,它在军事和特殊应用领域有着重要的应用前景。

③ 当无线自组网技术、微电子、传感器技术日趋成熟的时候,人们提出将无线自组网与传感器技术相结合的无线传感器网络的研究课题。无线传感器网络用于对兵力和装备的监控、战场的实时监视与目标的定位、战场评估、对核攻击和生物化学攻击的监测,并且在安全保卫、突发事件应急处理、医疗与环境保护等特殊领域都有着重要的应用前景,成为物联网重要的感知网络手段。这项研究一出现立即引起政府、军队和研究部门的高度

关注,被评价为"21世纪最有影响的21项技术之一"和"改变世界的十大技术之首"。

④ 由于无线个人区域网络是解决用户身边近距离计算机、键盘、鼠标、智能手机、PDA,以及以 iPad 为代表的移动数字终端设备的联网的主要技术,无线个人区域网络在家庭网络中的应用具有很好的应用前景,因此受到产业界的高度重视,无线个人区域网的 802.15.4 标准、蓝牙协议、ZigBee 协议已经成为当前研究与应用的热点。

⑤ 如果说广域网的作用是扩大信息社会中资源共享的范围,局域网进一步扩展了信息资源共享的深度,无线网络与无线个人区域网络增强了人类共享信息资源的灵活性,那么无线传感器网络将会改变人类与自然界的交互方式,它将极大地扩展现有网络的功能和人类认识世界的能力。无线传感器网络已经成为物联网重要的支撑技术之一。

第三条主线:网络安全技术。

在讨论第三条主线"网络安全技术"时,需要注意以下几个问题:

① 现实社会对网络技术依赖的程度越高,网络安全技术就越显得重要。随着网络应用的深入,网络安全技术的重要性日益突出。网络安全技术将伴随着前两条主线的发展而发展,永远不会停止。

② 目前网络攻击的动机已从最初的显示才能、玩世不恭,逐步发展到现在受利益驱动的有组织经济犯罪,"趋利性"已经成为网络攻击的主要动机。同时,网络攻击也已经成为某些国家或利益集团的政治、军事活动,甚至是恐怖活动的形式之一。

③ 网络安全是一个系统的社会工程。网络安全研究涉及技术、管理、道德与法制环境等多个方面。网络的安全性是一个链条,它的可靠程度取决于链条中最薄弱的环节。实现网络安全是一个过程,而不是任何一个产品可以替代的。人们在加强网络管理与网络安全技术研究的同时,必须加快网络法制建设,加强人们的网络法制观念与道德的教育。

④ 以人与人之间信息共享为特征的互联网面临着严峻的网络安全威胁,以物理世界信息的自动获取、感知终端无处不在、无线传输与海量信息智能处理为特征的物联网将面临更为严峻的网络安全问题。

8.3.2 互联网的形成

1983 年 1 月,TCP/IP 协议正式成为 ARPANET 的网络协议。此后,大量的网络、主机接入 ARPANET,使得 ARPANET 迅速发展。20 世纪 80 年代中期,人们开始认识到互联网的作用。20 世纪 90 年代是互联网发展的黄金时期,其用户数量以平均每年翻一番的速度增长。20 世纪 90 年代初期,互联网上的商业活动开始发展。1991 年美国成立商业网络信息交换协会,允许在互联网上开展商务活动,各个公司逐渐意识到互联网在宣传产品、开展商业贸易活动上的价值,互联网上的商业应用开始迅速发展,其用户数量已超出学术研究用户一倍以上。商业应用的推动使互联网的发展更加迅猛,规模不断扩大,用户不断增加,应用不断拓展,技术不断更新,使互联网几乎深入社会生活的每个角落,对工作、学习与生活方式带来了新的影响。ANS 公司建设的 ANSNET 是互联网主干网,其他国家或地区的主干网通过 ANSNET 接入互联网。家庭与办公室用户通过电话线接入互联网服务提供者(Internet service provider,ISP)。实验室的计算机通过局域网接入校园网或企业网。局域网分布在各个建筑物内,连接各个系所与研究室的计算机。校园网、企业网接入宽带城域网,宽带城域网接入国家级主干网;国家级主干网最终要接入互联网。

从用户的角度来看,互联网是一个全球范围的信息资源网,接入互联网的主机可以是信息服务的提供者,也可以是信息服务的使用者。互联网代表着全球范围内无限增长的信息资源,是人类拥有的最大的知识宝库之一。互联网中的网络与主机数量越多,它能提供的信息资源与服务也越丰富。传统的互联网应用主要有 E-Mail、TELNET、FTP、BBS 与 Web 等。随着互联网规模和用户的不断增加,互联网的各种应用进一步得到开拓。人们不仅能通过互联网实现资源共享、通信和信息检索,还能通过互联网了解世界,从事学术研究、教育,乃至人际交流、休闲购物、娱乐游戏,甚至是政治、军事活动。互联网的全球性与开放性,使人们愿意在互联网上发布和获取信息。浏览器、搜索引擎、P2P 技术的产生,对互联网的发展产生重要的作用,使互联网中的信息更丰富、使用更方便。

20 世纪 90 年代,世界经济进入一个新的发展阶段。世界经济的发展带动了信息产业的发展,信息技术与网络应用已成为衡量 21 世纪综合国力与企业竞争力的重要标准。1993 年 9 月,美国公布了国家信息基础设施(national information infrastructure,NII)建设计划,NII 被形象地称为"信息高速公路"。美国建设信息高速公路计划触动世界各国,各国政府也认识到信息产业发展对经济发展的重要作用,很多国家开始制订自己的信息高速公路建设计划。1995 年 2 月全球信息基础设施委员会成立,目的是推动与协调各国信息技术与信息服务的发展与应用。在这种情况下,全球信息化的发展趋势已经不可逆转。

8.3.3 移动通信技术

移动互联网的发展壮大,离不开能够直接将移动设备接入运营商网络的移动通信技术。移动通信技术经历了从第一代移动通信到第五代移动通信的发展,每一次更新换代都伴随着通信速率等性能的大幅提高,不断地适应移动互联网应用所提出的更高需求。

第一代移动通信(first generation,1G)起源于 20 世纪 80 年代,主要用于提供模拟语音服务。从 1987 年底中国电信开始运营模拟移动电话业务,到 2001 年底中国移动关闭此业务,1G 系统在中国应用长达 14 年,用户数最高曾达到 660 万。

第二代移动通信(second generation,2G)目前仍在使用,相比于第一代的模拟信号,第二代移动通信使用数字化传输方式。代表性的 2G 网络有全球移动通信系统 GSM 和码分多址访问系统(code division multiple access,CDMA)。不仅能够进行传统的语音通信,收发文字短信和各种多媒体短信,还可以支持电子邮件、传真等应用。

第三代移动通信(third generation,3G)是在数字信息多元化的背景下诞生的。3G 系统能够提供覆盖全球的宽带多媒体服务,包括分享图像、音乐、视频等多媒体信息,以及流媒体、移动办公、电话会议、电子商务、移动定位等信息服务。2000 年 5 月,国际电信联盟正式公布了第三代移动通信标准。

第四代移动通信(fourth generation,4G)即熟知的 4G 系统。为了适应不断提升的互联网数据传输需求,支持高清视频、高清图片的传输等应用,需要更高的网络吞吐量和更低的时延。根据全球移动供应商联盟组织的数据报告,截至 2014 年,有 611 家电信运营商在全球 174 个国家和地区投资 4G 网络,部署投入商用的 4G 网络有 360 个。大规模部署的 4G 网络能够支持视频、图片在笔记本电脑、手机等智能移动终端之间快速传输,但移动互联网的发展不断对移动通信技术提出新的要求,如接入网络的设备从智能终端泛化到一般物品;以前独立工作的各类传感器需要进行联网,同时保证较低的能耗以实现长达 10 年的寿命;不同"智慧场景"的出现,如智慧工业、智慧农业、智慧电网、智慧家居、智慧城市、智慧医疗等均对移动互联网提出了更高的要求。

为了实现巨量终端接入、超低时延、高效连接、低成本、低功耗、超可靠、全地域覆盖等各项技术指标,第五代移动通信技术(fifth generation,5G)由此诞生。2021 年中央广播电视总台首次通过"8K+5G"的方式,即通过 5G 网络在 8K 超高清电视频道播出春节联欢晚会,证明了 5G 技术在商用阶段上升到一个新的高度。5G 达到以下几个技术指标峰值速率为 20Gb/s;用户体验数据率为 100Mb/s;移动性为 500km/h;时延为 1ms;连接密度为每平方千米百万个;流量密度达到 10Mb/s/m^2;和 4G 对比,频谱效率提升 3 倍、能效提升 100 倍,全方位提升了移动性管理、连接密度、区域业务容量等性能。主要的通信应用场景有 3 个,即增强型移动宽带(enhanced mobile broadband,eMBB)、大规模机器通信(massive machine type communications,mMTC)和超可靠超低时延通信(ultra-reliable and low-latency communications,uRLLC)。

我国高度重视 6G 技术的研究和发展。2019 年 11 月 3 日,6G 技术研发工作启动会在北京召开,会议期间国家 6G 技术研发总体专家组、国家 6G 技术研发推进工作组分别成立。在 2019 年的世界 5G 大会上,中国联通和中国电信分别宣布展开 6G 相关技术研究。芬兰卢奥大学的 6G 白皮书中列出了 6G 的主要性能指标:峰值速率为 100Gb/s~1Tb/s;时延为 50~100ns;连接密度为每立方米大于 100 个;采用太赫兹频段,大幅提高网络容量。《2020 高技术发展报告》中提到,在未来的 6G 中,网络与用户将被作为一个整体,进一步挖掘和实现用户的智能需求。在早期阶段 6G 将作为 5G 的扩展和深入,借助人工智能、边缘计算、物联网等实现智能应用与网络的深度融合。在人工智能理论、新兴材料和集成天线等技术的驱动下,6G 的长期演进将产生新的突破,网络不断发展满足低延迟、高速率、抗干扰、高安全性等多种需求,可以适应城市、山区、海域、航空等多种环境,承载文字、声音、图像、视频等不同复杂内容,未来移动互联网的发展或许也不会是单一的框架,会产生面向不同需求的适应性框架。我国学者也指出,发展 6G 要坚持需求导向、战略谋划不可或缺,要不失时机地布局 6G 面临的广域通信、天地融合、新型信息服务等研究,谋求长远发展优势,坚持守正创新。

8.3.4 新兴通信技术

1. 低功耗广域网

物联网的发展催生了各行各业中不同类型的应用需求。面对物联网丰富的应用模式,目前尚未有一个"放之四海而皆准,用之各处皆可行"的大一统通信协议,这和互联网 TCP/IP 协议的格局很不同。针对不同的应用场景,可以从带宽需求、距离需求和能耗需求 3 个维度对物联网的应用进行分析。

为了满足远距离、低功耗、低带宽的物联网连接需求,低功耗广域网(low power wide area network,LPWAN)技术应运而生。根据发展路线不同,现有的低功耗广域网技术可以大致分为两类:

第一类是以 LoRa(long range)为代表的私有化组网技术,这类技术依靠全新设计的高灵敏物理层调制技术和低占空比通信模式,实现低功耗、远距离通信,这类技术工作在免费频段 ISM(industrial scientific medical band),是由国际通信联盟无线电通信局 ITU-R 的《无线电规则》指定的频段,各国挪出某一段频段主要开放给工业科学和医学机构使用。应用这些频段无需许可证或费用,只需要遵守一定的发射功率(一般低于 1W,并且不要对其他频段造成干扰即可),允许用户通过自行部署网关构建私有化网络系统。

第二类是以 NB-IoT(narrow band internet of things)为代表的基于蜂窝的低功耗物联网连接技术,这类技术由电信运营商和设备商主导,在既有的 3G、4G 长距离通信系统的基础上,通过简化协议架构、降低占空比等方式压缩终端能耗,实现低功耗、远距离连接。

2. 毫米波通信

随着万物互联时代的到来,有限的频谱资源被众多应运而生的无线接入技术争夺,它们大都运行在 2.4GHz 和 5GHz 这两个免费的 ISM 频段。紧张的频谱资源造成频段的拥挤,相同频段之间的通信干扰现象时有发生,导致通信质量严重下降。在这种情况下,人们将目光投向了更高频率的频段,即毫米波频段。

毫米波频段指的是频率在 30～300GHz 频段内的无线信号,这个频段内的信号相应的波长为 1～10mm,因此被称为毫米波信号。近年来,各国政府都在 60GHz 频率附近划分了 ISM 频段。例如,中国将 59～64GHz 划分为 ISM 频段,美国、日本分别将 57～64GHz、59.4～62.9GHz 划分为 ISM 频段,而欧洲更是将 57～66GHz 之间的 9GHz 带宽的频段划分为 ISM 频段。丰富的带宽资源使毫米波通信的数据传输速率得到大幅提升。例如,工作在毫米波频段的 IEEE802.11ad 协议就可以支持高达 8Gb/s 的数据传输速率。另外,由于毫米波信号的波长仅为毫米级别,可以大大缩小天线等通信元器件的尺寸,使其便于集成化。天线的集成使毫米波通信设备更容易实现波束成形(beamforming)技术,将 99.9%的波束集中在 4.7°的空间范围内,从而令毫米波通信具有更高的方向性,减少空间中不同信号之间的干扰。此外,与低频信号相比,毫米波在传播过程中的能量衰减大大加快,这使得毫米波无线通信在短距离通信的安全性能和抗干扰性能上存在得天独厚的优势,有利于将信号限制在有限区域内,物理隔离信号传播,可以保障安全性。基于以上优势,毫米波技术受到通信领域的青睐,成为新一代通信技术的重要组成部分。

基于上述优势,毫米波通信的前景十分广阔。其中最典型的就是毫米波通信在 5G 中的应用。国际电信联盟为 5G 定义的 3 种应用场景之一是增强型移动宽带,提供无线信号的无缝覆盖以及极高的通信速率,适用于高移动性和高用户密度的热点场景,如多人云办公、虚拟现实/增强现实应用和游戏、3D 和超高清视频等,毫米波通信的特点非常适合于这一场景。

3. 声音通信

声音是传递信息的重要媒介,人类可以通过声音交流,很多动物也有利用声音来传递信息的能力。加州大学伯克利分校的约翰娜·尼科尔斯(Johanna Nichols)通过统计学方法推测出,有声语言至少出现在10万年前。人类也很早就能够利用乐器重新创造声音。目前发现最早的乐器是1995年在斯洛文尼亚发现的骨笛,它是4.3万年前的遗物;我国发现最早的乐器是公元前7000年的贾湖骨笛。乐器是人类利用工具对声音的再创造。留声机和录音机的发明是在1877年,从此声音可以记录下来,不再失传。1914年,第一个无线电台成功完成了通信,声音第一次可以"跨过重洋"传递到大洋彼岸。实现声音的创作、记录和传输,人类花了几万年。如今,声音传递信息的能力进一步被人类发掘,实现了基于声音信号的通信,即,将要发送的信息调制到声音信号上并借助声音实现信息的传输。在物联网场景下,有不少设备具有用于发出声音的扬声器和用于接收声音的麦克风,如智能手机、智能电视、智能音箱等,为基于声音的通信提供了基础条件。与其他无线通信技术类似,声音通信中发送端通过扬声器将携带了信息的声音信号发送出去,接收端通过麦克风接收声音并解码其中的信息。声音通信可以通过改变信号振幅、频率等特征来编码"0"和"1",接收端解码时通过分析对应的信号特征来进行解码。由于人耳也能够接收声音信号,大多数声音通信系统选择人耳较为不敏感的近超声频段进行通信。

4. 可见光通信

可见光通信(visible light communication,VLC)指的是利用可见光频段(波长为400～700nm)来编码通信内容的光学无线通信系统。可见光通信系统利用LED光源或者显示屏等发光设备作为信号的发送端,利用光电二极管或相机等光信号接收设备作为信号接收端。发光设备LED灯和显示屏都具备高速电调制性能,可以通过开关键控(on-off keying,OOK)来编码信息,即发光设备的"亮"和"暗"各代表一种数据状态,借助高速明暗闪烁的信号传输信息。相机中互补式金属氧化物半导体(complementary metal-oxide-semiconductor,CMOS)传感器或电荷耦合器件(charge-coupled device,CCD)传感器可以接收并采集可见光信号,相机也可以作为可见光通信中的接收设备。由于人眼的视觉暂留效应和积分效果,高速闪烁的光信号可以被可见光接收设备成功接收而不会对人眼造成干扰。在可见光通信环境下,用于发送信息的LED灯或显示屏仍然可以作为正常的光源或显示设备。

5. 跨协议通信

传统的无线共存问题的解决方法包括干扰避让、容忍和并发机制。但是,被动调整传输策略不能解决根本问题,不同的无线技术之间主动进行数据传输和融合协调才是解决共存问题的突破口。在这种背景下,跨协议通信(inter-protocol communication)技术应运而生。

跨协议通信是指两个采用不同通信协议的无线设备(如WiFi和ZigBee)之间实现直接的数据传输和信息交换。跨协议通信技术能够应用在家居、工业、医疗等方方面面,实现更好的网络控制、干扰管理、交互操作和异构融合,比如帮助低功耗设备进行信道的选择来避免干扰,对人体健康数据实现更快速的交互和更广泛的监控等。实现跨协议通信面临很多挑战,包括信息屏障、媒介缺失和管理失衡。首先,不同的无线设备有着共存的"信息屏障",不同无线技术的物理层采用不同的通信协议标准,而这些标准是不兼容的。

其次，这些异构网络协同面临"媒介缺失"的问题，不同无线技术的编码调制方式不同，接收端并不具有发送信号对应的解调解码机制。最后，因为不同无线技术的带宽、速率、发送功率、接收灵敏度等性能是非对称的，比如 WiFi 的发送功率是 30dBm，远远大于 ZigBee 的发送功率 0dBm，因此 WiFi 更容易抢占信道，那么不同无线技术共享信道资源就容易出现"管理失衡"的问题。为了解决这些挑战，近些年来涌现出了很多实现跨协议通信的研究工作，主要包括数据包级别的跨协议通信技术和物理层级别的跨协议通信技术。

8.4 物联网数据与安全

8.4.1 物联网数据处理技术

1. 物联网数据的特点

要研究物联网数据处理技术，首先要了解物联网数据的特点。

（1）海量

如果无线传感器网络中有 1000 个节点，每个传感器每一分钟传输的数据是 1KB，那么每一天产生的数据量是 1.4GB。对于实时性要求高的智能电网、桥梁安全监控、水库安全监控、机场安全监控、智能交通等系统，每天产生的数据量可以达到 TB 量级（1TB=1024GB）。医疗护理应用中需要对患者的体温、心率、血压等生理指标进行 24 小时不间断的实时采集，这也将产生大量的数据。当越来越多的物联网应用系统建立起来之后，物联网节点的数量将是非常多的，它们所产生的数据量也一定是海量的。因此，物联网数据的一个重要特征是海量。

（2）多态

物联网数据的另一个重要特点是多态性。当一个物体通过一个传感器节点周边时，传感器节点可以通过感知物体所产生的压力、振动、声音、音频、方位来区分出目标是人还是坦克或直升机。零售连锁店中的 RFID 要标识出不同品种的商品、同一品种不同规格的商品，以及同一规格商品的不同产地、价格等。精准农业生态环境监控系统感知的数据有温度、湿度、光照、二氧化碳浓度、土壤成分等环境数据。我们需要使用多种传感器去观测不同的数据。而不同类型的数据有不同的数值范围、不同的表示格式、不同的单位、不同的精度。

（3）动态

物联网数据的第三个特点是动态性。不同的时间、不同的传感器测量的数值都可能有变化。比如每一天的晚上和白天、上下班的高峰时段、晴天与雨雪天气，通过同一个交通路口的汽车与行人流量差异很大。不同类型的数据有不同的数值范围、不同的表示格式、不同的单位、不同的精度。

（4）关联

物联网中的数据之间不可能是相互独立的，一定存在着关联性。例如，对于森林环境监测系统，如果同一个时间、不同节点传感器传送的温度值为 15℃～18℃，那么我们可以判断这片森林情况是正常的。如果某个传感器节点传出的温度值为 80℃，那么我们就要结合周边传感器传送的温度和空气湿度值,来判断是出现了火情,还是这个传感器节点发生故障。如果周边传感器传送出的温度和空气湿度值都正常,只有这个传感器报告的温度偏离太大,那么可以判断是这个传感器节点发生故障。如果周边的传感器传送的温度都在升高、湿度都在降低,那么就可以判断这片森林在这个时间、这个地点可能出现了火情。因此,物联网中的数据之间在空间、时间维度上存在着紧密的关联性。

无线传感器网络节点需要完成环境感知、数据传输、协同工作的任务,所以在一段时间内就会产生大量的数据。但是采集数据不是组建物联网的根本目的,如果我们不能从大量数据中提取出有用的信息,那么采集的数据量越大,信息"垃圾"就越多。我们需要根据不同的物联网应用需求,深入研究物联网数据处理技术。

2. 物联网数据处理的关键技术

面对物联网数据海量、多态、动态与关联的特征,物联网的数据处理需要重点解决以下几个关键技术。

(1) 海量数据存储

① 物联网数据存储的重要性。物联网海量数据的产生主要表现在两个方面:一是每一个传感器、RFID读写器在连续、实时地产生着大量的数据;二是物联网中有数以亿计的物品,如现代物流中贴有 RFID 标签的商品在世界范围内流通,它们每时每刻都在产生着大量的数据。医疗监护系统中保存着与人生命安危相关的重要数据,智能电网系统中保存着影响一个国家与地区供电效率与安全性的数据,现代物流系统中保存着正在不同地区销售和运输物资的数据,而机场安防系统保存着机场敏感区域人员活动的数据,物联网数据的重要性远高于互联网中 Web、聊天与游戏应用中的数据。因此,如何利用数据中心与云计算平台存储物联网的海量数据,如何充分地利用好物联网信息,同时又要实现对隐私的保护,这是物联网数据处理技术首先要面对的一个重要问题。

② 物联网数据存储的模式。在物联网中,无线传感器网络的数据存储具有代表性。无线传感器网络存储监测数据的模式主要有两种:分布式存储与集中式存储。

在分布式存储方式中,网络传感器节点分为三类:中继节点、存储节点与汇聚节点。其中,中继节点只能感知和传递数据,不能存储数据。存储节点除了能够感知和传递数据之外,还能够存储数据。中继节点采集到数据,它就向汇聚节点方向传送,如果下一个节点也是中继节点,那么中继节点继续转发数据,如果下一个节点是存储节点,那么数据就存储在存储节点之中。当汇聚节点接到一个查询命令时,该查询命令会分发到网络之中,存储节点负责回复查询结果,中继节点不参加查询回复过程。分布式存储结构的优点是:通常用户只会对某一部分数据感兴趣,因此数据查询过程限制在汇聚节点与存储节点范围内,可以减少不必要的大范围查询的通信量,以节约能量。不足之处是:一旦存储的数据量超过存储节点的能力,就会造成数据丢失;同时,存储节点本身能量消耗较大,一旦存储节点能量耗尽,就会导致网络不能正常工作。

在集中式存储结构中不设存储节点,网络中所有感知的数据都发送到汇聚节点,查询也限制在汇聚节点。集中式存储结构的优点是:所有采集的数据都存储在计算和存储资源配置较高的汇聚节点,计算工作量较大的查询任务由汇聚节点承担,不需要分散到整个网络中的中继节点。不足之处是:由于所有数据都必须通过多跳的传感器节点多次转发,因此中继节点不能够保证转发数据不被丢失,不能够解决数据重复与冗余,以及数据转发过程的能量优化问题。海量数据的存储结构影响着物联网系统的可靠性与效率,因此在讨论物联网数据处理技术时必须研究海量数据的存储结构问题。

(2) 数据融合

针对物联网数据的多态性,我们需要研究基于多种传感器的数据融合技术,综合分析各种传感器的数据,从中提取有用的信息。

关于数据融合技术的研究已经有很长的一段时间了。在第二次世界大战期间,多传感器数据融合技术就已经达到实用阶段。当时研究人员在高炮火控雷达上加装了光学测距系统,这种综合利用雷达与光学传感器等多种感知信息的方法,不仅提高了系统的测距精度,同时也大大提高了系统的抗干扰能力。由于当时没有先进的计算机技术的支持,数据的综合、比较与判断工作是由人工方式实现的。

20世纪70年代,数据融合(data fusion)这个术语才正式出现。20世纪80年代初,有关多传感器数据融合方面的文献还很少见到,但是到了80年代末,美国每一年要举行两个关于数据融合领域的会议。到了20世纪90年代初,美国和世界各国纷纷研制出多种军用的数据融合系统,同时出现了很多种关于数据关联、多目标跟踪、身份估计、状态估计的数据融合算法。数据融合已经成为数据处理的一个新的重要的分支。

在智能交通、工业控制、环境监控、精准农业、突发事件处置、智慧城市、智能电网等物联网应用系统中,必然要应用多种传感器去综合感知多种物理世界的信息,从中提取对于我们智慧处理物理世界问题有用的信息和知识,因此数据融合技术是物联网数据处理研究的重要内容之一。

(3) 数据查询、搜索与数据挖掘

物联网环境中的感知数据具有实时性、周期性与不确定性等特点。从感知数据的查询方法角度来看,目前的处理方法主要有:快照查询、连续查询、基于事件的查询、基于生命周期的查询与基于准确度的查询。在互联网环境中,Web搜索引擎已经成为网民查询各类信息的主要手段。传统的搜索引擎是通过搜索算法,在服务器、计算机上抓取人工生成的信息。然而在物联网环境中,由于各种感知手段获取的信息与传统的互联网信息共存,搜索引擎需要与各种智能的和非智能的物理对象密切结合,主动识别物理对象,获取有用的信息,这对于传统的搜索引擎技术是一个挑战。

很多银行、企业、政府部门已经在数据库中存储了大量的数据。很多用户不再满足于查询、搜索与报表统计等简单的数据处理方式,而是希望从数据库中发现更有价值的信息,这就需要使用数据挖掘技术。数据挖掘是在大型数据库中发现、抽取隐藏的预言性信息的方法。它使用统计方法和人工智能方法找出普通数据查询中所忽视的数据隐含的趋势性的信息,用户可以利用数据挖掘技术从大量数据中提取有价值的信息。

(4) 智能决策

发展物联网的最终目标不是简单地将物与物互联,而是要催生很多具有"计算、通信、控制、协同和自治"特征的智能设备与系统,实现实时感知、动态控制和智能服务。在人类整个活动中,感知、通信、计算、智能、控制构成了一个完整的行为过程。"智能"是运用信息、提炼知识、生成策略、认识问题和解决问题的能力,同时"智能"又是生命体的能力标志,是人类生存发展能力的最高体现。人类通过眼、耳、鼻、舌、皮肤去感知外部世界获取信息;通过神经系统将感知的信号传递到大脑;大脑通过分析、比对,从表象的信息中提炼出相应的知识,升华为处理问题的智能策略;最终大脑将智能策略变化为智能行为,形成"智慧"地处理问题的能力。从感知、通信、计算到提炼出知识,再到形成智能策略的过程叫作智能决策。智能决策是物联网信息处理技术中追求的最重要的目标。

8.4.2 物联网数据存储技术

1. 物联网对海量数据存储的需求

物联网的海量数据除了来自传感器节点、RFID 节点以及其他各种智能终端设备每时每刻所产生的数据之外,各种物理对象在参与物联网事务处理的过程中也会产生大量的数据。例如,车载网在运行过程中,所有高速公路上行驶的汽车会随时接收不同路段的路况信息、天气信息,来决定自身车辆不同时刻的行驶速度、路线等。同时,每一辆车所做出的任何决定又会影响其他车辆的判断与决策。虽然每辆车自身有一定的数据存储与处理能力,但是大量的数据必须传送到智能交通控制中心,使用数据挖掘与分析工具,调用相关的模型与算法,利用计算能力很强的超级并行计算机,来对获取的数据进行分析、汇总与计算,根据数据地域、时间、对象的不同,提供决策支持与服务。因此,物联网的海量数据的存储需要数据库、数据仓库、网络存储、数据中心与云存储技术的支持。

2. 数据库技术

(1) 数据库的基本概念

数据库技术是计算机技术中发展速度快、应用范围广的领域之一。数据库技术经过几十年的发展,其应用已遍及各个领域,成为支撑 21 世纪信息化社会的核心技术之一。同时,物联网的数据存储与管理需要使用数据库技术,物联网的海量数据存储与管理需求也会进一步促进数据库技术的发展。

早期的数据管理是采用文件系统来实现的,用户可以通过操作系统按文件名对文件进行检索、读取、写入和处理等操作。用这种方式编写应用程序很不方便,而且不能使数据独立于程序,文件结构的变更将导致应用程序也进行相应的修改。针对文件系统的不足,人们提出了以统一管理和共享数据为主要特征的数据库(data base,DB)与数据库管理系统(data base management system,DBMS)的概念。在数据库系统中,大量的、互相关联的数据存储在数据库中,这些数据由数据库管理系统来进行统一的管理,并可以被多个应用程序所共享。

数据库系统由数据库、数据库管理系统、数据库管理员、数据库应用程序以及用户五个部分组成。这五个组成部分的功能可概述如下:

① 数据库是统一管理的相关数据的集合。这些数据以一定的结构存放在存储介质中(一般是存储在磁盘中),数据能够为各种用户共享、具有最小冗余度,数据相对程序具有独立性,由数据库管理系统统一管理和控制。

② 数据库管理系统是对数据库进行管理的软件,是数据库系统的核心。数据库管理系统位于用户与操作系统之间,为用户或应用程序提供访问数据库的方法,包括数据库的

建立、更新、查询、统计、显示、打印及各种数据控制。

③ 数据库管理员是对数据库进行规划、设计、协调、维护和管理的工作人员,其主要职责是决定数据库的结构和信息内容,决定数据库的存储结构和存取策略,定义数据库的安全性要求和完整性约束条件以及监控数据库的使用与运行。

④ 数据库应用程序是使用数据库语言开发的、能够满足数据处理需求的应用程序。

⑤ 用户可以通过数据库管理系统直接操纵数据库,或者通过数据库应用程序来操纵数据库。

(2) 数据库管理系统的类型

由于所采用的数据模型不同,数据库管理系统可分成多种类型,包括层次数据库、网状数据库、关系数据库以及面向对象数据库等。

① 层次数据库。层次数据库采用层次数据模型,即使用树形结构来表示数据库中的记录及其联系。典型的层次数据库系统有 IBM 公司的 IMS 和 SAS 公司的 System2000 等。

② 网状数据库。网状数据库是导航式数据库,用户在操作数据库时不但要说明做什么,还要说明怎么做。例如,在查找语句中不但要说明查找的对象,而且要规定存取路径。世界上第一个网状数据库管理系统是 IDS(integrated data store)系统,它是在 1964 年开发的。20 世纪 70 年代,曾经出现过大量的网状数据库产品。在关系数据库出现之前,网状数据库应用得比层次数据库更普遍。在数据库发展史上,网状数据库占有重要地位。

③ 关系数据库。1970 年,IBM 研究员 E. F. Codd 与他的研究团队发表了一系列关于关系数据库(relational database)的论文,提出了数据库逻辑结构与物理存储结构分离的共享关系模型,以及数据库结构化查询语言(structured query language,SQL)的概念、方法,奠定了关系数据库的理论基础。在关系数据库中,文件之间是相互关联的,如果一个文件中的数据发生变化,那么这种变化会自动地反映到其他文件中。关系数据库概念一经推出就受到学术界和产业界的高度重视,也迅速体现到数据库产品上。

20 世纪 80 年代以来,计算机厂商推出的数据库管理系统几乎都支持关系模型。典型的关系数据库系统有 Oracle、Sybase、Informix,以及 IBM 公司的 DB2。在个人计算机中广泛使用的关系数据库有 SQLServer、Access、Delphi 等。

随着数据库技术的发展,数据库用户界面变得更加简单,功能更加强大和智能。未来的数据库技术必然会与人工智能技术相互交叉融合。

8.4.3 物联网安全现状与特点

对物联网的常见攻击方式包括拒绝服务攻击、物理攻击和对隐私的攻击等 3 类。近年来,物联网的安全事件层出不穷。例如,网络摄像头等物联网设备直接暴露在互联网上,容易被恶意程序攻击,成为僵尸网络(botnet)中的僵尸节点(bot)。所谓的僵尸网络是指被黑客攻击的一组机器组成的网络,以发送非法数据包的方式攻击指定目标。这些节点组成的僵尸网络接受攻击者的控制指令,可以发动大规模的分布式拒绝服务(distributed denial-of-service,DDoS)攻击,对整个互联网都将造成严重破坏。2016 年 10 月,包括 Amazon、GitHub、Twitter 和 Reddit 在内的多家大型网站都因为他们的 DNS 提供商 Dyn 遭受了 DDoS 攻击而访问中断长达数小时,这次攻击是由超过 120 万台物联网设备在恶意程序 Mirai 的控制下发起的。Mirai 带来的最大攻击流量一度超过 600Gb/s，成为当时规模最大的 DDoS 攻击。而知名的震网（Stuxnet）蠕虫，虽然是在 Windows 上传播，但却是第一个破坏基础设备的蠕虫。

物联网设备连接以互联网为基础，因此，一方面，物联网安全以互联网安全为基础并建立在互联网安全之上；另一方面，物联网安全问题与互联网相比也有很多新的特点。在物联网中难以采用统一的安全措施。而相比于传统的信息安全，物联网连接万物的过程中，其安全更有可能关系到人身安全，如联网的汽车一旦遭到攻击则后果不堪设想。2016 年和 2017 年，来自腾讯科恩实验室的研究人员分别实现了对 Tesla（特斯拉）汽车的远程操控，攻击者可以通过汽车的 ECU（electronic control unit，电子控制单元）控制汽车的刹车和灯光。

拒绝服务（denial-of-service，DoS）攻击的主要目标是让被攻击的机器或网络资源无法向目标用户提供服务。由于大多数物联网设备的内存较少，计算能力有限，因此物联网设备更难以抵抗此类攻击。更为重要的是，多数防御 DoS 攻击的机制开销都很大，并不适合应用在物联网设备上。针对物联网设备的 DoS 攻击手段有很多，常见的手段包括占用通信信道、消耗计算资源（如带宽、内存、处理时间、磁盘空间等）和扰乱配置信息等。物理攻击的目的是破坏硬件设备。由于很多物联网设备都放在户外且无人看守，因此物联网设备更容易遭到物理攻击。

由于物联网设备往往都呈规模部署，产生大量数据，隐私保护显得格外困难。窃听和被动监测是最常见和最容易实施的攻击，因为受性能限制，物联网中的通信很多以明文传输数据。为了获取隐私数据，攻击者往往还会在窃听的基础上使用流量分析。通过流量分析技术，攻击者可以根据窃听到的数据，了解物联网设备的角色（如谁负责采集数据、谁负责路由数据或者转发数据）。

除了这些常见的攻击手段外，物联网也面临新的安全需求与挑战。身份验证和管理的目标是安全地管理用户和设备对信息的访问权限。身份管理不仅要识别出物体，并认证其授权信息的合法性，还要创建安全的通信信道。由于设备和用户数量都很多，因此有效认证这些设备和用户的身份并不容易。与身份验证不同，访问控制关注的是人或者物在通过身份验证后，有没有访问特定资源的权限。访问控制系统还负责给人或物增加或移除权限。当大量设备在物联网环境中通信时，对安全通信来说，信任机制显得尤为重要。物联网中，有两类信任机制需要考虑，分别是参与通信的实体之间的信任和用户对物联网系统的信任。对物联网信任体系的主要研究目标包括去中心化的信任模型、云计算下的信任机制以及物联网节点的可信程序开发。近年来，数据窃取和网络劫持事件频发，因此传输层安全（transport layer security，TLS）也日益普及，主流浏览器都陆续将不加密的网页标记为"不安全"。物联网设备的通信安全虽然也同样重要，但使用联网上同样的密码学技术（如 RSA）难以适应物联网设备有限的计算资源。为此，研究人员提出一些新的密码学算法（如 Ed25519），以尝试解决这些问题。

8.4.4 物联网隐私安全防护

为了应对与日俱增的针对位置隐私的威胁，人们想出了种种手段来保护隐私，常见保护手段可以分为身份匿名和数据混淆两类。

身份匿名通过将数据中的真实身份信息替换为一个匿名的代号来避免攻击者将数据与用户的真实身份挂钩。匿名的隐私对策是针对"人物"这一点做文章——将发布出去的信息中的身份信息替换为一个匿名的代号。即使攻击者通过信息推测出一些隐私情报，在无从得知用户真实身份的情况下，自然也无法对用户造成任何危害。这样我们既可以享受服务，又不用担心隐私泄露的危害，可谓两全其美。

实际的情况则要复杂得多。即使使用了匿名代号，攻击者仍然有机会将这个代号和用户的真实身份对上号，让匿名变得毫无意义。正如攻击者可以根据时间、地点和代号推断出个人信息；反过来，根据时间、地点和已知的个人信息，同样可以推断出对应代号。例如，假设 A 先生使用了一个 B 的代号，在自己的私人办公室里发布了一条精确的位置信息。当攻击者截获了这条信息之后，尽管信息中的身份信息只是一个匿名代号 B，但是如果攻击者知道这个地点对应的是 A 先生的办公室，那么他很自然地能得出一个结论：匿名代号 B 的真实身份就是 A 先生。更糟糕的是，如果 A 先生一直使用同一个代号 B，那么他的一举一动实际上都会被攻击者看在眼里，而 A 先生自己还蒙在鼓里。由此可见，简单的匿名并不能解除隐私泄露的危险。要保护用户隐私，不但要从发布的数据中隐去用户的真实身份，还要防止攻击者借助发布的信息来推测出用户的真实身份。针对这个问题，人们想出了各种各样巧妙的办法，这里介绍一种简单的对策——k 匿名。

k 匿名的思想是让用户发布的信息和另外 $k-1$ 个用户的信息变得不可分辨。即使攻击者通过某些途径得知了这 k 个用户的真实身份，他也很难将 k 个匿名代号和 k 个真实身份一一对应起来。为了达到这个效果，需要对信息进行一些处理，为此需要引入一个可信的中介。当用户需要和服务提供商进行通信时，用户将真实、精确的信息发送给中介，而中介对信息进行处理之后，再将处理后的信息发送给服务提供商，并将服务提供商返回的数据传递给用户。

数据混淆方法是通过对数据进行混淆，避免攻击者得知用户的精确信息。需要注意的是，天下没有免费的午餐。为了保护隐私，往往需要牺牲服务质量。如果需要得到完全彻底的隐私保护，只有彻底切断与外界的通信。换言之，只要设备还连接在网络中，还在享受着各种服务的便利，就不可能达到完全的隐私。隐私的保护往往是在隐私的安全程度和服务质量之间寻找一个均衡点。

下面以位置隐私为例，介绍数据混淆的 3 种主要方法，即"模糊范围""声东击西""含糊其辞"。假设用户此时正在某景点游览，模糊范围是指降低位置信息的精度，不采用精确的坐标，而是用"我在某景点"作为发布的位置信息；声东击西是指用附近的一个随机地点来代替真实的位置，如用景点旁边的另一个位置作为发布的位置；含糊其辞则是在发布的位置中引入一些模糊的语义词汇，如"我在某景点附近"。除了在信息层面保护隐私外，近年来学者们也纷纷尝试从感知数据的特点出发，通过主动检测手段找出或干扰攻击者预先放置的物理嗅探设备或软件。例如，针对摄像头带来的隐患，通过频闪灯光可以制止偷拍者，让他们的摄像头无法拍到清晰的图像；通过分析网络流量可以检测到偷窥者在房间中设置的偷拍网络摄像头；针对无线信号嗅探，如 WiFi 等，由于嗅探器都是需要将捕捉到的数据存入内存再进行解包的，相较于正常的网卡接收，会涉及更多内存操作，因此可以主动发射一些数据，并探测环境中有没有设备因为激增的内存读写，在总线上释放电磁信号，从而检测无线嗅探装置。

8.5 物联网与智慧供应链

自改革开放以来，中国逐步融入全球经济体系，成为全球供应链的重要一环。早期，中国由于制造技术水平不高、附加值较低，因此处于全球供应链的底层。2001年加入世界贸易组织(WTO)后，中国逐渐转变为全球化的生产加工制造中心，与伙伴国家和地区之间的合作共赢关系不断巩固，逐步形成全球利益共同体和命运共同体。2019年末，新型冠状病毒感染疫情席卷全球，在一定程度上加速了全球供应链的重构，让供应链上的薄弱环节无处遁形，并推动着全球制造格局的调整。2020年底，中国与澳大利亚、日本等14国签署了区域全面经济伙伴关系协定(RCEP)，这一全球最大的自贸协议犹如一针强心剂，让略显疲态的全球经济重焕光彩。RCEP将把成员国的域外贸易转换为域内贸易，从而促进区域产业链、供应链和价值链的融合，进而提升了世界各国对于多边贸易体系的信心，为世界经济的复苏提供强大的推动力。

中国实体经济的发展正推动着世界工厂式的"中国制造"不断成长为"中国智造"。在智能制造升级转型的过程中，智慧供应链必将成为不可或缺的有力保障。

8.5.1 智慧供应链概述

在物联网技术还不成熟、没有得到广泛应用的年代，供应链就像狭窄拥堵的"低速"公路，不仅车流量小，而且容易出现交通事故。在生产加工环节需要人工定时检测设备和货品状态，手工录入数据；在仓储管理环节需要挨个拆箱检查，防止错漏；在物流运输环节无法实时监控货品状态和运输信息；在销售管理环节无法捕捉商品数据，提供更好的用户体验。

随着信息技术的高速发展，物联网应用成本的下降和可靠性的提高，物联网设备实现了对货品、机器、环境等进行动态实时监控，准确且全方位地上传相关数据，使得供应链中的各个节点都能够直接进行高效且智能的通信和协作，而无须人为干预。供应链不仅在内部或者与其他供应链之间存在信息交互，新时代的供应链甚至与运输系统、电网、金融市场乃至生态系统都建立了紧密的连接。世界范围内的物理网络和数字网络逐步呈现出汇聚的态势，供应链已发展到与互联网、物联网深度融合的智慧供应链新阶段。

智慧供应链具有协同化、智能化和可追溯3个重要特性。智慧供应链不仅实现了客户、供应商和信息系统之间的连接，支撑供应链中流动对象的动态交互，从而形成更全面的供应链体系，实现大规模协作。同时，智慧供应链能够根据物联网设备采集到的大数据进行智能化分析，帮助决策者进行实时分析和预测。在生产运输环节中，信息流不再局限于相邻上下游的线性传动，而是逐步迈向全方位相互平行的立体传动，更全面智能的物联网技术有利于实现设备的实时监控和故障排查，一体化的信息系统和全方位的物流资源布局促使库存系统智能化。在销售和消费环节，智慧供应链能提供更准确的市场需求研究，更精准的消费需求定位。另外，智慧供应链可以实现对货品的全生命周期跟踪和追溯。货品的信息采集由传统的人工方式转化为采用物联网技术实现的自动标识、感知、定位等，不仅保障了数据的实时性,也提升了数据的可信性。此外,货品的信息存储还可以结合区块链技术实现数据的不可篡改,从而进一步保证货品全生命周期数据的真实性和可追溯性。

8.5.2 智慧供应链中的物联网技术

计算机技术的成熟与软件的大规模应用将传统供应链行业带到了信息化供应链时代,依靠信息化系统的数据录入和展示以及互联网的高效传输,供应链真正流动起来,设备的监控和货品的管理等不再依赖单纯的人工处理。物联网设备不仅能够更快、更准、更智能地做好这些工作,而且可以直接通过终端实现数据的预处理和信息交换,这将现代供应链提升到了智慧供应链的新阶段。如图 8.2 所示,物联网技术在供应链中的生产加工、仓储管理、物流运输、销售管理等环节都发挥着举足轻重的作用。

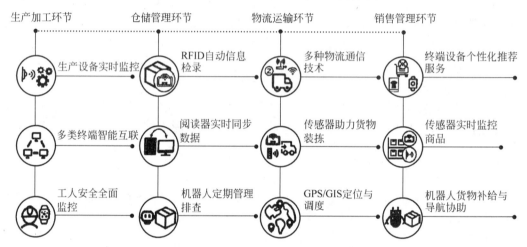

图 8.2 智慧供应链中的物联网技术

1. 生产加工环节

在生产加工环节,物联网技术能实现设备的预测性维护,提高生产效率,把控生产质量,并保障工人的人身安全。通过设备状态感知数据的实时采集和周期性反馈,生产加工设备的一些关键指标(如温度、振动、磨损)可以得到及时跟踪,并能够在网络边缘进行实时的数据分析与预测,从而提前获知设备运行状况,预知维护时间,降低停机时间和成本,有效避免意外停机给生产效率带来的影响;通过物联网技术也能实现设备的智能互联,自动获取相关的设备数据、员工数据、决策数据等,从而为工人提供更全面、精准的信息,全面提升生产线效率、降低错误率;物联网技术也能够完成更加严格的质量把控,通过温度、湿度、气体、声光、视觉等传感器的协作与融合,货品时时刻刻都在进行着"全身体检",再细微的缺陷也无处遁形;结合物联网技术的智慧可穿戴设备还能够实时监测环境变化和工人的身体状况,从而可以在危险发生的第一时间提醒工人,保障人身安全。

2. 仓储管理环节

在仓储管理环节,物联网技术可以实现实时而准确的入库、盘库和出库,在提升库管效率、降低管理成本的同时,还可以有效地保障货品的安全。例如,在货品入库时自动从

RFID标签中读取货品信息并存入仓储管理系统中,实现实时的自动核实、校验与登记。货品存放时,管理员甚至是机器人都能够借助RFID阅读器对库存进行定期盘查与管理,并通过各种传感器实时监控货品和环境的细微变化,掌握和更新库存情况,降低库存管理成本,保证货品质量。货品出库时,同样可以被RFID阅读器实时读取,进行核实、校验和数据更新,未经许可认定的货品出库会被仓库管理系统快速检测出来并报警,以降低损失。

3. 物流运输环节

在物流运输环节,物联网感知层技术可以对货品标识及相关信息进行高效、准确的采集,网络层技术如ZigBee、WiFi、4G、5G等则可以保障信息的有效互联互通。例如,物流车载终端可以完成物流运输过程中温湿度、车辆倾斜度、光照强度等数据采集;RFID、红外技术等可以帮助进行货品的分类、拣选和计数;视频识别技术可以实时、准确地对货品进行监控。区域范围内的物流管理与运输常采用企业内部局域网,大范围物流运输的管理调度信息系统常常采用互联网技术、GPS技术、地理信息系统(geographic information system,GIS)技术相互配合的方式进行通信,实现车辆配货、调度管理和物流运输的全流程可视化、自动化和智能化,进而实现物流数据随时更新、秒级共享。智慧供应链能够满足物流运输全链条的精确管理,极大程度降低成本,并使物流企业能够优化资源配置和业务流程,拓宽业务范围,最终实现利润最大化。

4. 销售管理环节

在销售管理环节,物联网技术可以提高货品的销售效率。例如,顾客在商场推智能购物车时,购物车可以根据顾客的购物清单帮其导航到相应的商品区;顾客在选购商品时可以使用带有摄像头、NFC等功能的智能手机和其他可穿戴设备快速扫描并获取商品介绍及评价信息;顾客在选购服装、衣帽等商品时,智能试衣镜可以满足其"试穿"需求;顾客取走贴有RFID标签的商品时,智能货架系统会自动识别并反馈,从而可以根据商品情况及时进行补货;顾客离开商店时,通过物联网标识技术还可以实现自助甚至自动结账,从而提升结算速度;全程自助工作的智能机器人能够实现实时的货物补给和智能的导航协助;企业也可以通过物联网系统提供的商品销售数据,进行商品销售的统计和分析,改进商品的摆放机制,优化商品的进销策略,进而正向反馈到整个供应链上。

8.5.3 智慧供应链应用

1. 新零售

供应链管理专家马丁·克里斯托弗(Martin Christopher)曾说过:"未来的竞争不是企业和企业之间的竞争,而是供应链之间的竞争。"零售行业的企业们以互联网、大数据、人工智能等技术为依托,对供应链进行升级改造,并对线上服务、线下体验以及运输物流进行深度融合,形成了新的泛零售形态,即"新零售"。伴随着新型互联网产业的高速发展和零售信息技术的广泛应用,智慧供应链技术正推动着零售业迈向数字化、智能化的全新时代,帮助企业更快速、更准确地感知消费群体的需求,或优化企业的生产方式,或改造、整合其流通渠道,让企业在竞争中脱颖而出。

当下的新零售业态包括传统零售的新式改造和新兴零售业态。传统零售的新式改造主要是面向传统超市、便利店的改造，目前已有相当一部分传统商店启动了自动售货、自助付款等服务，顾客无需收银员协助也可以完成购物。此外，很多知名超市通过数字化服务将原有的线下业务扩展为线上线下结合的新模式，将部分消费者引流到线上，完成自身的数字化改造。新兴零售业态主要包括共享设备、无人零售、个性化定制和"新物种"。共享设备如共享充电宝、共享KTV、共享雨伞、共享自行车等，它采用了共享经济模式，提供分时租赁服务。无人零售包括无人商店、自动贩卖机等，它利用物联网、视频监控、人脸识别等技术自动识别顾客身份及其选购的商品，从而实现快捷购物。个性化定制的需求近年来在各个领域全面爆发，刻有姓名的球鞋、独一无二的珠宝、完美匹配身材的衣物等都引领着新零售的潮流。"新物种"以永辉的超级物种、阿里的盒马鲜生为代表，融合了超市和餐饮，同时提供商品和服务，实现线上销售、线下仓储和快速配送。

2. 食品安全溯源

随着生活水平的日益提高，人们对食品安全的重视程度越来越高，国家也制定了系列政策法规来保障食品安全。尽管我们有着非常严格的食品安全制度，食品安全问题仍然时有发生，其根本原因在于食品供应链上出现了漏洞。要保障食品安全，必须要确保供应链上生产加工、仓储管理、物流运输、销售管理等所有环节安全可控。针对这一问题，物联网技术在提升生产运输效率的同时，还可以用于实现食品信息的实时监控，通过标识、感知、定位等物联网技术，食品整个生命周期的全部信息都可以被完整记录下来，从而实现可追溯。与此同时，物联网设备的使用也降低了人工操作的错误率，从一定程度上保障了数据的可信性。

为了进一步提升溯源数据的可信性，支持数据共享与监管，最新的食品安全溯源方案还结合了区块链（blockchain）技术。区块链是一种由多方共同维护，使用密码学保证传输和访问安全，能够实现数据一致存储、难以篡改、防止抵赖的记账技术，也称为分布式账本技术（distributed ledger technology）。区块链按照准入机制或应用场景可分为三类，即公有链、联盟链和私有链。公有链是所有人都能进行交易、读写、共识的区块链，公有链参与方多，写入效率低，依赖奖励机制；联盟链是需要许可认证才能加入的区块链，整个网络由联盟成员共同维护，联盟链参与方较少，读写效率高；私有链是某个机构或组织独自使用的区块链，一般用于内部的信息共享和审计。食品安全溯源领域涉及参与方的权限问题，对读写效率有一定的要求，因此通常使用联盟链，利用区块链多中心、公开透明、数据不可篡改等技术特点，让种植/养殖商、生产/加工商、物流仓储、经销商等企业加入联盟链，从而形成一个信息和价值的共享链条，实现来源可查、去向可追、责任可究，从技术上解决了传统平台的"信任"问题。

3. 电池全生命周期监管

随着信息技术的发展，供应链已发展到与互联网、物联网深度融合的智慧供应链新阶段，涉及的范围也在不断扩大，从正向的供应链系统已经逐步扩展到逆向供应链系统。《国务院办公厅关于积极推进供应链创新与应用的指导意见》中指出，鼓励建立基于供应链的废旧资源回收利用平台，建设线上废弃物和再生资源交易市场。落实生产者责任延伸制度,重点针对电器电子、汽车产品、轮胎、蓄电池和包装物等产品,优化供应链逆向物流网点布局,促进产品回收和再制造发展。

从工业生产的角度来看,世界各国都把生产者责任延伸制度作为工业发展的一个重要要求,生产者责任延伸制度是指将生产者对其产品承担的资源环境责任从生产环节延伸到产品设计、流通消费、回收利用、废物处置等全生命周期的制度。实施生产者责任延伸制度,是加快生态文明建设和绿色循环低碳发展的内在要求,对推进供给侧结构性改革和制造业转型升级具有积极意义。

清华大学与超威电池在铅酸蓄电池领域对基于物联网的全生命周期管理系统进行了探索,第一步重点建立铅酸蓄电池回收物联网监管系统。超威集团致力于动力与储能电池的研发、生产、销售,是铅酸蓄电池行业的龙头企业。在铅酸蓄电池领域开展物联网全生命周期监控,有着重要意义。铅酸蓄电池在我国使用量非常大,广泛使用在电动自行车、汽车启动电池、通信基站、储能电池等场景中。废铅酸蓄电池年产生量达350万吨,铅酸蓄电池中铅等材料回收价值大。同时铅酸蓄电池回收要求也非常高,铅酸蓄电池中的废液一旦处理不好,对环境将会造成很大的污染和影响。建立好铅酸蓄电池回收物联网监管系统,对回收全过程进行管控,减少对土壤和水的腐蚀和污染,规范废旧电池回收渠道,有效促进废旧电池再生利用,逐步提高废旧铅酸电池的回收比例,最终实现100%安全回收、绿色循环。平台的建立也可以提高消费者环保意识,促进建立资源节约和环境友好型社会,引导企业重视产品生态设计,重视绿色发展。

铅酸蓄电池回收物联网监管系统覆盖范围大,以超威为例,其在全国拥有3000余家代理商、几十万销售网点,覆盖全国省、市、县以及绝大部分乡镇。采用传统手段,很难做到全面的回收全过程管理。借助物联网的感知识别技术和传输技术,对电池收取、运输、处理过程中的数据进行采集,对回收全过程中的环境信息、电池信息等进行监管;实时分析采集到的数据,进行精细化和标准化的电池回收过程管理,实施危险事件的预警报警机制;对固体废物和危险废物存储及转移进行调配和管理,实现监管、处置、交换、回收和利用的全流程智能服务,为厂商、管理部门提供技术支持。

8.5.4 智慧供应链发展与展望

随着社会生产水平的进步和人民生活水平的提高,产品的复杂性也在不断攀升,给供应链带来了新的挑战。未来的供应链必将涉及更多的参与方、更复杂的产品流水线、更严格的质量把控和更苛刻的溯源需求。因此,未来的智慧供应链必将全面利用物联网、区块链、大数据、人工智能等新技术。我们需要更多的物联网节点、更庞大的网络、更准确的信息采集、更多维度的数据,以及更高效的信息交换。区块链技术作为信任的基础,在智慧供应链上也是必不可少的,各个参与方共享账本,对上链数据进行共识,保证产品溯源真实可查。同时大数据与人工智能技术能够对数据进行准确识别、精准预测,优化全供应链的资源配置,提高生产效率。新技术的发展不断刷新我们的想象力,未来的智慧供应链也将逐步走进我们的生活,为我们提供更加便捷、高效、实惠、放心的服务。

本章小结

物联网打通了信息空间与物理空间的壁垒,是智慧城市、智慧工业等领域的核心技术。未来5～10年,物联网中联网设备数量将大规模扩张,据 IoT Analytics 于 2022 年 5 月发布的研究报告预计,到 2025 年底全球物联网设备数量将达到 270 亿。物联网技术的应用将从特定领域、特定场景和消费类民用,逐步推广到更通用、更广泛的商用和工业应用场景。个人和家居领域的物联网应用将进一步扩张和全面普及,而能源、交通、医疗等工业领域将涌现出一系列物联网关键应用。为满足感知和联网的双重需求,联合通信与感知的协同设计将成为下一代物联网通信技术的重要发展方向。在过去十多年,物联网产生了规模庞大的数据,将大数据推上新高度;今后 10 年,物联网将成为推动和产生新一代人工智能架构的动力,使人工智能从目前以机器学习为核心向更多地与因果推理和人脑思维体系结合的方向发展。开放的、通用的技术将在越来越多的应用中替代封闭的、专用的系统。开放、开源以及软件定义,将成为我国乃至全球物联网发展的新关键词。随着网络攻击向物理世界的不断渗透,物联网安全隐私问题尤为突出。设备安全、系统安全及法律保障等多层次物联网安全,将是全方位构建更安全可信的物联网的关键手段。更安全的物联网将成为我国"新基建"中不可或缺的一环。

复习与思考

1. 物联网是什么?它有哪些特点?
2. 移动通信技术经历了哪些阶段?
3. 如何保护物联网隐私安全?
4. 智慧供应链中的物联网技术有哪些?

案例分析

以京东和菜鸟为代表的智慧物流模式

当前,物流行业正处于竞争加剧、价格战导致盈利空间压缩的大环境,智慧物流的新型物流模式将会是物流供应链协同平台建设的基础设施,也将会是下一个互联网的蓝海。

以菜鸟和京东网络的数字化和智能化为例。菜鸟首先使用了电子面单统一各种数据标准,在订单生成时即规划快递路径,大大提高了分拣与配送时效。其次是采用了 LOT 物联网建立的物流网络,通过 LOT 技术链、人工智能等技术帮助管理者将园内的各项状况进行数据化,采集包括温度、湿度、堆高等信息,将物联网数据进行低功耗、长距离的传输。通过摄像头内的模型和人工智能进行园内异常事件的计算和判断:是否有安全隐患行为,是否存在暴力分拣或偷窃等。京东物流通过技术加持不断优化仓储和配送系统,智能仓储系统(WMS)和青龙系统不断升级,其仓储系统已经达到终极无人仓的技术标准,可以实现全品类、全业务类型无人作业，达到自感知、自适应、自决策、自诊断、自修复的五大能力。运输管理系统 TMS 快运可以实现车辆追踪、自动化运力筛选，全面管理运输过程，并且借助目前已升级到 L4 级别自动驾驶技术京东第四代无人配送车，实现物流运营的最后一公里。

从消费端到产业端延伸的供应链物流

同样以菜鸟物流和京东物流供应链一体化建设为例。基于京东物流自身的能力，其一体式供应链涵盖了包括快递、整车及零担、最后一公里配送、仓储及其他增值服务等多种物流模式的服务，旨在整合冗杂的物流环节，提高物流整体效率。菜鸟物流网络在供应链的建设上更侧重于服务商家提供解决方案，方案从选品开始，菜鸟供应链可以帮助商家进行智能选品，通过前台数据，培育有竞争力的新产品，淘汰老产品，运营正常品，做到商品生命周期的管理。根据前端数据和商家的能力，菜鸟网络将为一年中大小促销活动进行预测，期间帮助商家管理库存，实现降低库存、加速周转、减小现金流的压力。根据商家的货品，将结合之前的预测和决策指导商家的补货规划和全国分仓的选择；在决策优化上，数智化供应链的决策大脑将提高相关信息的传输速度，加快决策效率；在数据基础上，一键数智化的连接可以实现商流、物流和现金流的重构，由菜鸟网络统一进行库存管理，实现快速发货、周转，以更低成本的现金流做生意。未来物流行业的发展趋势是对生产制造—分销—零售的一体化再造，实现从消费端到产业端全服务的解决方案。

资料来源：谢兰星.跨境电商视角下的智慧物流变革及走向——以京东和菜鸟物流为例[J].武汉商学院学报，2022,36(05)：58-63

思考题：

1. 菜鸟和京东是如何使用物联网技术打造供应链一体化建设的？
2. 菜鸟和京东的供应链物流给我们的启示是什么？

即 测 即 练

第9章 冷链物流

本章关键词

冷链物流(cold chain logistics)　　　　流通加工(distribution processing)
预冷(precool)　　　　　　　　　　　　冷链运输(cold chain transportation)
低温仓储(low temperature storage)　　　"T. T. T"理论("T. T. T" theory)
贮运温度(storage and transportation temperature)　冷链(cold chain)

> 构建以国内大循环为主体、国内国际双循环相互促进的新发展格局,迫切需要供应链和流通体系的畅通和完善,其中,冷链物流是支撑供应链和流通体系的重要内容,在国民经济和人民日常生活中发挥着十分重要的作用。推动冷链物流高质量发展,是减少农产品产后损失和食品流通浪费,扩大高品质市场供给,更好满足人民日益增长美好生活需要的重要手段,是满足城乡居民个性化、品质化、差异化消费需求,推动消费升级和培育新增长点,深入实施扩大内需战略和促进形成强大国内市场的重要途径。

9.1 冷链物流的概念及意义

随着我国城镇化进程不断加速,消费者的食品安全意识也在不断提升,根据中国物流与采购联合会冷链物流专业委员会公布的资料,2015—2019年,中国冷链物流市场规模持续扩大,年均复合增长率17%,2019年冷链物流行业市场规模达到3391亿元,同比增长17.5%。随着生鲜电商带动国内农产品、冷链食品的产地、加工地和消费市场重塑,冷链需求正在快速增加。

2020年新冠病毒感染疫情的发生,也给冷链行业带来了新的挑战,多起疫情发生由进口冷链产品引发,也对冷链物流管理提出了更高的要求。要做好"外防输入、内防反弹"的常态化疫情防控工作,突出加强冷链关键环节、重点领域防空措施,严防新冠病毒感染疫情的输入和传播风险,建立问题产品的快速精准反应机制,严格管控疫情风险,维护公众身体健康。

9.1.1 冷链物流的定义

1. 冷链内涵的变迁

冷链的起源要追溯至19世纪上半叶冷冻机的发明,随着冰箱的出现,各种保鲜和冷冻产品开始进入市场,进入消费者家庭。到20世纪30年代,欧洲和美国的食品冷链体系已经初步建立。随着人民对食品尤其是生鲜、易腐品质量要求不断提高,各国对冷链的研究也越来越多,提出了不同角度的定义。

欧盟对冷链的定义为:冷链是从原材料的供应,经过生产、加工或屠宰,直到最终消费为止的一系列有温度控制的过程。由于欧洲国家众多,更加注重冷链的操作,促进了冷链的运作在各国间的有效衔接,推动了欧洲冷链标准的进程和对接口的管理。

美国食品药物管理局对冷链的定义为:冷链是贯穿从农田到餐桌的连续过程中维持正确的温度,以阻止细菌的生长。美国物流的发展模式对世界其他国家和地区有很大影响,其冷链定义体现了供应链的管理思想,促进了供应链全球化的发展。

日本明镜国大辞典对冷链的定义是"通过采用冷冻、冷藏、低温贮藏等方法,使鲜活食品、原料保持新鲜状态由生产者流通至消费者的系统"。日本大辞典对冷链的定义是"低温流通体系",强调冷链技术的发展,普遍采用包括采后预冷、整理、储藏、冷冻、运输、物流信息等规范配套的流通体系,更加注重流通。

我国2006年国家标准《物流术语》(GB/T18354—2006)对冷链的定义为:冷链是指根据物品特性,为保持其品质而采用的从生产到消费的过程中始终处于低温状态的物流网络。该标准也对物流网络做出了明确定义:"物流网络是物流过程中相互关联的组织、设施和信息的集合。"

综上所述,冷链是指在某些容易腐烂变质物品的加工、贮藏、运输、分销和零售过程的各环节始终处于该物品所必需的特定低温环境下,减少损耗、防止污染和变质以保证物品品质安全的特殊供应链系统。

2. 冷链物流

冷链物流是指在生产、仓储或运输和销售过程中,一直到消费前的各个环节中始终处于产品规定的最佳低温环境下,保证食品质量,减少食品损耗的一项特殊的物流活动。一般情况下,冷链物流对象是指需要保持一定低温环境下的物品,如农产品、禽肉类、水产品、花卉、加工食品、冷冻或速冻食品、冰激凌和蛋奶制品、快餐原料、酒品饮料等,以及特殊的商品。冷链物流系统是以冷冻工艺学为基础、制冷技术为手段的低温物流系统,涵盖预冷、冷藏、冷链运输、冷链配送与冷藏销售等环节。

尽管对冷链的定义有所差异,但可归纳出冷链的共同特征如下:

① 时效性。由于冷链物流承载的产品一般易腐或不易储藏,因此要求冷链物流必须迅速完成作业,保证时效性。

② 高技术性。在整个冷链物流过程中,包含了制冷技术、保温技术、产品质量变化机理和温度控制及检测等,不同冷藏物品都有其相对应的温度控制和储藏温度。

③ 高资金性。冷链物流中需要投资冷库、冷藏车等基础设施,并且投资比较大,是一般库房和普通车辆的3~5倍。由于电费和油费是维持冷链的必要投入,冷链的运输成本较高。另外,随着可追溯及数据信息化的要求不断提高,冷链物流各环节中基础设施对技术水平及资金投入要求较高。

④ 连续性。冷链物流过程各环节的条件(主要是温度)必须保持统一的标准,并且不能中断。一旦断链将会造成前面的工作白费,即使补救,也难以恢复其品质。

⑤ 高政策性。最新的《食品安全法》就食品运输问题做了特别阐述,关注食品在整个供应流程中的安全监控,要求冷链不能断链。同时冷链作业安全性事关企业安全生产责任,也对物流企业的资质、硬件、软件等提出了更高的要求。

9.1.2 冷链物流的意义

我国是农业大国,果蔬产业在国内已成为仅次于粮食,生产总值占第二、第三位的农村经济支柱产业。国家统计局数据显示,2021年,我国水果产量29 970.2万吨,较上年增加7879万吨,年均增长3.4%,其中香蕉产量1172.42万吨,苹果产量4597.34万吨,柑橘产量5595.61万吨,梨产量1887.59万吨。

但是,由于我国果蔬产业基础薄弱,农民组织化程度低,果蔬采收和流通设施落后,果蔬优质率低,因此造成果蔬采收后腐损严重,物流成本高。发展冷链物流的重大意义体现在以下几个方面:

1. 降低农产品流通损耗

目前,我国果蔬冷链流通率为22%左右,果蔬损耗率高达30%,冷藏运输率为35%。若冷藏运输率提高10个百分点,则农产品流通损耗率将降低3个百分点。如果将果蔬损耗率从当前的30%降低到25%,则每年可节约1000多亿元,几乎可以节省1亿亩耕地。

2. 减少农产品流通费用

据测算,我国果蔬流通费用占终端产品市场价格的60%以上,其中损耗成本占整个流通费用的70%左右,远高于国际标准50%的水平。水果蔬菜市场销售价格中损耗成本占42%。若流通损耗率降低5个百分点,果蔬流通费用中损耗成本占比将减少到56%,最终销售价格也将明显降低。

3. 提高农产品质量安全

目前我国大部分初级农产品都是以原始状态投放市场,冷链物流技术发展十分滞后,直接影响到最终消费品的质量安全。食品冷链物流是一项系统工程,从生产到消费的各个环节均有一套严格的技术指标体系,对不同产品品种和不同品质均要求有相应的产品控制与储存时间,保证农产品流通过程的质量安全。

4. 促进农民增收

由于我国农产品产地冷链物流技术落后、产后损耗率高,导致"菜贱伤农",影响农民增收。发展食品冷链物流一方面有利于降低农产品损耗,直接提高农民收入;另一方面有利于提高农产品流通的产业化程度、组织化程度、信息化程度、标准化程度等,有利于解决目前我国农产品"小生产与大市场"的对接以及买卖双难等问题,引导农民科学生产、稳定供给,大大提高农民收入水平。

5. 提高人民生活质量

人民的生活水平不断提高,对生活质量要求提高,扩大对冷链物流的需求。冷链物流业升级,有利于提高人民的生活水平,生活节奏加快,使得人们对方便、快捷的物品的需求不断增加,方便、卫生、快捷的冷冻、冷藏商品受到人们的青睐,人们对冷藏、冷冻食品等的需求不断增加,使得冷链物流业的需求不断增加。

9.2 冷链物流的主要环节

易腐货物的特性决定了其供应链系统对冷链物流的特殊需求,发展冷链物流是易腐货物在供应链中质量保证的基础,要求冷链各环节具有更高的组织协调性。

冷链的主要环节如图 9.1 所示。

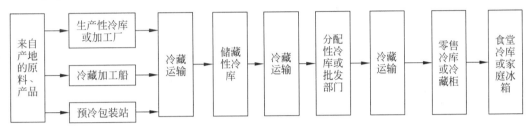

图 9.1 冷链物流的主要环节

1. 预冷

预冷是指易腐货物从初始温度(常温 30℃ 左右)迅速降至所需要的终点温度(0~15℃)的过程。即在冷藏运输和冷藏之前的冷却以及快速冻结前的快速冷却工序统称为预冷。

果蔬等易腐农产品在采摘之后含有大量的水分,对于高温季节采收的果蔬,本身带有大量的田间热,呼吸作用很旺盛,成熟衰老变化速度快。预冷可迅速有效地排出采后果蔬田间热,降低呼吸作用,抑制酶和乙烯释放,延缓成熟衰老速度,延长果蔬货架期。研究数据表明,果蔬在常温(20℃)下存放 1 天,就相当于缩短冷藏条件(0℃)下 7~10 天的贮藏寿命。而且不经预冷处理的果蔬在流通中损失率达到 25%~30%,经过预冷处理的果蔬损失率仅为 5%~10%。预冷对保证良好的贮运效果具有重要的意义。

由于预冷在冷藏运输当中的重要性,很多发达国家早已将预冷作为果蔬低温运输和冷藏的一项重要措施,广泛应用于生产中。在日本,强制通风、差压、水冷等多形式的预冷设施分布于全国各地的果蔬产地附近,采摘之后的果蔬会立刻进行产地预冷。目前,日本 90% 以上的果蔬都必须经预冷后贮藏、运输。

2. 流通加工

流通加工是指在产品从生产者向消费者流动的过程中,为了促进销售、维护产品质量和实现物流的高效率所采用的使物品发生物理和化学变化的功能,主要包括包装、分级、分割计量、分拣贴标签条码、组装等。

3. 冷链运输

冷链运输是指使用装有特制冷藏设备的运输工具来运送易腐货物。在整个运输过程中,通过低温降低货物的新陈代谢,抑制微生物的生长,以保持易腐货物的良好外观、新鲜度和营养价值,从而保证货物的商品价值,延长货架期。冷链运输与普通意义上的运输比

较而言,有以下突出的特点:

① 使用装有特制冷藏设备的运输工具;

② 运送的对象是易腐货物,主要指易腐食品(如水产品、畜产品、水果和蔬菜等生鲜食品)以及花卉苗木、药品疫苗等;

③ 在整个运输过程中要保证适宜的低温条件,通过降低温度抑制易腐货物自身的新陈代谢,抑制微生物的生长繁殖,以保持食品的原有品质,包括鲜度、色、香、味、营养物质。常见的冷链运输包括铁路冷链运输、公路冷链运输、水路冷链运输、航空冷链运输和多种方式联合运输。

4. 低温仓储

低温仓储主要指利用冷库技术,对低温货品进行有效保管,让商品处于规定的最佳温湿度环境下,保证存储商品的品质和性能,防止变质,减少损耗。

典型的冷库按建筑形式可分为土建式冷库和装配式冷库,按技术可分为气调冷库、自动化立体库和冰温冷库。

土建式冷库,主体结构和地基结构采用钢筋混凝土结构,围护结构墙体采用砖砌,就地取材,造价低,隔热材料选择范围大,热惰性大,建筑周期长,易出现建筑质量问题。

装配式冷库,主体结构采用轻钢,围护结构由预制的聚氨酯或聚苯乙烯夹芯板拼装而成,库体组合灵活,建设速度快,维护简单,可整体供应。

气调冷库,除了控制库内温度和湿度外,还要控制库内氧气、氮气、二氧化碳和乙烯的含量以抑制果蔬的呼吸作用和新陈代谢,但设备成本投入较高。

自动化立体冷库,在高架冷库中采用计算机控制技术、数字自动化制冷设备提高空间利用率、出入库能力。

冰温冷库,将食品储藏在 0℃ 至各自的冻结点,储藏时间增加 2~10 倍,不破坏细胞。

从冷库容量和储藏技术来看,土建式及自动化立体冷库容量均较大,储藏方法以冷藏保鲜为主。而气调冷库在冷藏的基础上增加了气体成分调节,通过控制贮藏环境的温度、湿度,二氧化碳、氧气和乙烯的浓度等,抑制果蔬的呼吸作用,延缓其新陈代谢过程,更好地保持果蔬的新鲜度和商品性,通常气调贮藏比普通冷藏贮藏期延长 50%~100%,货架期延长 3~4 倍,但要求库体具有一定的气密性和耐压能力,因此气调冷库容量不宜过大。冰温冷库将食品温度控制在冰温带,维持细胞活体状态,因此在保持食品的新鲜度和风味方面具有独特优势,但为防止干耗、冻害等现象发生,需要设置喷雾器等辅助装置,库容也不宜过大。装配式冷库多为中、小型冷库,因具有安装方便、建设速度快、维护简单等优点,在国内大量应用。

冷链仓储系统主要包括冷库,制冷各类货、架、搬运设备托盘,温湿度监控系统与管理信息系统等。规范冷链仓储的装载单元、集成单元,包括货品的包装单元尺寸、托板尺寸和其他配套设施,是确定整个冷链标准的基础。

5. 低温物流信息追溯

低温物流信息追溯技术将低温物流过程与信息技术相结合,实时监测食品流通环境参数,保障食品质量安全。信息技术主要包括传感器技术、包装标识技术、远距离无线通信技术、过程跟踪与监控技术以及智能决策技术等。不同技术在包装仓储、物流配送和批发零售等各个物流信息化阶段各司其职。

然而，我国整个物流行业信息化进程起步较晚，总体水平不高，具体到低温物流信息技术，与发达国家的差距尤其显著。环境信息感知、产品位置感知、产品品质感知、产品包装标识等传感器研发水平不足；已开发的质量追溯系统、物流配送系统、库存管理系统、货架期预测系统等应用软件，多具有独立性和唯一性，只适合特定用户使用；低温物流信息化管理由于信息共享限制，信息断链问题经常出现。因此，我国迫切需要在低温物流信息技术研究和推广应用等方面加大投入力度。

9.3 冷链物流的主要设备与设施

设备与设施是现代化冷链物流系统最重要的环节，先进的物流设备和设施是物流全程高效、优质、低成本运行的保证。

冷链物流设备与设施是贯穿于整个物流系统全过程、深入到每个作业环节、实现物流各项作业功能的物质基础要素。物流设施的布局及水平，物流设备的选择与配置是否合理，直接影响着系统的效益。主要的设备与设施如下。

9.3.1 冷藏运输工具

冷藏运输工具具有将货物在各个环节进行位置转移的功能，是物流系统中最基本的工具，它是冷链物流的基础，是物流得以流通的根本保证。运输工具主要包括船舶、铁路与车辆、汽车、飞机和冷藏集装箱。

冷链物流要求在运输全过程中，无论是装卸搬运、变更运输方式、更换包装设备等环节，都使所运输货物始终保持一定温度。冷链运输方式可以是公路运输、水路运输、铁路运输、航空运输，也可以是多种运输方式组成的联合运输。冷链运输成本高，而且包含了较复杂的移动制冷技术和保温箱制造技术，冷链运输管理包含更多的风险和不确定性。

(1) 冷藏船(舱)

船舶是水路运输的工具。水路运输的特点是运量大，成本低，但运输速度慢。在综合运输体系中，水路运输的功能主要是：承担大批量货物的运输，特别是集装箱的运输。水路运输是国际贸易的主要运输方式之一。

(2) 铁路冷藏车

铁路车辆是铁路运输的装载工具。铁路运输的运量大，成本较高，货损率高，不能实现门对门运输。在运输体系中，铁路运输担负的功能主要是：大宗货物运输、长途运输等。

(3) 冷藏汽车

汽车运输快捷、灵活、方便，可实现门对门运输，但运量小，成本高。汽车运输的功能主要是：承担中、短途运输，但随着高速公路的完善，汽车运输从短途渐渐形成短、中、远程运输并举的局面以补充和衔接其他运输方式。

(4) 飞机

飞机是航空运输的主要运输工具。航空运输速度快,能做到远距离直达运输,是运输速度最快的运输方式,但运价较高。一般用于价值高、时效性强的货物运输。

(5) 冷藏集装箱

冷藏集装箱是专为运输要求保持一定温度的冷冻货或低温货而设计的集装箱。它分为带有冷冻机的内藏式机械冷藏集装箱和没有冷冻机的外置式机械冷藏集装箱,适用于装载肉类、水果等货物。

冷藏集装箱可用于多种交通运输方式进行联运,可以从产地到销售点,实现"国到国""门到门"直达运输,一定条件下,可以当作活动式冷库使用。使用中可以整箱吊装,装卸效率高,运输费用相对较低,装载容积利用率高,营运调度灵活,有广泛适用性。

9.3.2 装卸和搬运设备

装卸是在同一地域范围内(如车站范围、工厂范围、仓库内部等),改变物品的存放、支承状态的活动。改变物品的空间位置的活动称为搬运。装卸活动的基本动作包括装车(船)、卸车(船)、堆垛、入库、出库以及连接上述各类活动的短程运输,是随运输和保管等过程而产生的必要活动。

(1) 装卸机械设备

装卸机械设备具有自行装卸功能或具有转载装置和连续装卸功能。根据其使用特点装卸机械设备又可分为装载设备和卸载设备。按工作对象或工作方式,装载机械可分为装船机、装车机;卸载机械可分为卸船机、卸车机、翻车机、堆料机、堆包机等。常用的装卸机械设备有铲斗装载机、固定式装载机、链斗卸车机、叉车等。冷链物流中主要用的是叉车。

(2) 输送机械设备

输送机械设备是物流设备的重要组成部分。输送设备通常是指使物料或物品沿该机的整体或部分布置线路所确定的方向或走向、连续或间断地进行,以实现自动搬运的机械设备。在各种现代化的工业企业中,输送机械是使生产过程组成有节奏的流水作业生产线所不可缺少的组成部分。

根据被运送的物流或物品分类,常见的输送机械设备有:用于输送散粒物料的输送机,如螺旋输送机;用于输送成件物品的输送机,如辊子输送机;两者兼可输送的输送机,如带式输送机、板式输送机等。

9.3.3 仓储设备与设施

冷链物流仓储系统一般包括收货、存货、取货、配货、发货等环节。在收货环节,配备了供应铁路冷藏汽车停靠卸货的月台和场地,以及升降平台,托盘搬运车和叉车等各种吊车在收货处一般设有计算机终端,用来输入收货的信息,并打印出标签和条码,贴在货物或者托盘上,以便在随后的储运过程中进行识别和跟踪。

在发货、配货环节,物流中心根据服务对象不同,向单一用户或多个用户发货。一般来说,拣出的货品通过运输机械运到发货区,识别装置阅读贴在货品上的条形码,把所判别货品的户主信息输入计算机,计算机控制分选运输机上的分岔机构把货品拨到相应的包装线上,包装人员按照装箱单核查货品的品种和数量后装箱封口,然后装车发运。

仓储设备包括制冷仓库及其配套设备,如封闭式月台、货架系统、巷道堆垛起重机、分拣设备、出入库输送机系统、自动监控系统,还包括托盘、货箱、集装单元等设备。

9.3.4 包装与流通加工设备

包装可以分为内包装和外包装。包装作业包括装箱、封口、捆扎等作业。此外,还有使用托盘堆码机进行的自动单元化包装,以及用塑料薄膜加固托盘的包装等。

冷链流通加工是为了提高冷链物流速度和物品的利用率,在物品进入流通领域后,按客户的要求进行的加工活动,即在物品从生产者向消费者流动的过程中,为了促进销售、维护商品质量和提高物流效率,对物品进行一定程度的加工。流通加工通过改变或完善流通对象的形态来实现"桥梁和纽带"的作用,因此流通加工是流通中的一种特殊形式。流通加工设备是指用于物品包装、分割、计量、分拣、组装、价格贴附、商品检验等作业的专用设备。

9.4 冷链物流的范围及操作流程

9.4.1 冷链物流的范围

目前,冷链物流的适用商品一般分为三类:一是初级农产品,包括蔬菜、水果、肉、禽、蛋、水产品、花卉等;二是加工农产品,如速冻食品、肉、水产等,以及冰激凌和奶制品等;三是特殊商品。如药品和疫苗,以及部分电子器件、加工产品等。

1. 水果和蔬菜

水果和蔬菜采摘后仍为有生命体,果实组织中仍进行着活跃的新陈代谢过程,但当这种生命体发展到后期即过熟阶段,新陈代谢变慢甚至停止。果实成分与组织均发生了不可逆转的变化,使其失去营养价值和特有风味。水果和蔬菜的呼吸实质上是果实内有机物缓慢地氧化。在有氧条件下,果实内作为基质的糖、有机酸以及复杂的碳水化合物被完全氧化分解为二氧化碳、水和热量,维持正常的生命活动。

水果和蔬菜高质量的运输始于采摘。首先应在理想的时间和成熟状态下采摘,然后细心地拣选、整理和清洗,再是降温减缓果蔬成熟过程到最慢,最后是正确地使用包装材料对果实迅速进行包装,使水果和蔬菜处于低温状态,在正确的温度、湿度、气体成分环境下运输。

根茎蔬菜(如胡萝卜)、水果(如橙、香蕉)和一些活植物属于温度敏感货物,在运输期间温度必须保证在其高于冰点或损害点1℃之内。装运这些货物对冷箱应进行预冷,并且用"冷风通道"迅速装妥货物。

2. 畜禽肉类

畜禽肉类主要包括牛、羊、猪、鸡、鸭、鹅肉等,畜禽经屠宰后即成为无生命体,对外界的微生物侵害失去抗御能力,同时进行一系列的降解等生化反应,出现僵直、软化成熟、自溶和酸败等四个阶段。其中自溶阶段始于成熟后期,是质量开始下降的阶段。特点是蛋白质和氨基酸分解、腐败微生物大量繁殖,使质量变差。肉类贮藏的作用是尽量推迟其进入自溶阶段。

冷冻贮藏是一种古老的、传统的保存易腐食物的方法。食物由于酶的分解、氧化和微生物生长繁殖而失去使用价值。冷冻可以钝化酶的分解、减缓氧化、抑制微生物生长繁殖,使食物处于休眠状态,在产品生产数周甚至数月后仍保持原始质量。

通常肉类在-18℃以下即达到休眠状态,在-23℃以下的低温成倍延长冷藏期。在-30℃下的冷藏期比在-18℃下冻藏期长一倍以上。其中猪肉最明显。许多国家明确规定,冷冻食品、制成品和水产品必须在-18℃或更低的温度下运输。

3. 水产品

水产品主要包括鱼、虾、贝类。水产品死后不仅会出现僵直、成熟、自溶和酸败等四个阶段,而且鱼类在僵直前还有一个表面黏液分泌过程,这种黏液是腐败菌的良好培养基。上述四个阶段持续时间较短,尤其是软化成熟阶段极短,这是因为多种酶和微生物在较低的温度下仍有很强的活性。在自溶阶段,蛋白质和氨基酸分解,腐败微生物大量繁殖,使质量变差。水产品的贮藏时间与温度密切相关。在正常情况下,温度每降低10℃,冻藏期增加3倍多。脂鱼类较低脂鱼类冻藏期短,红色肌肉鱼类冻藏期更短。一般冻藏温度是:少脂鱼和其他大多数水产品在-23~-18℃之间;多脂鱼在-29℃以下,部分红色肌肉鱼可能要求达到-60℃的低温。在冻藏和运输期间应使用尽可能低的温度,并应避免大范围的温度波动。包装和操作方法对冻藏期也有影响,应避免货物暴露在空气中造成脂肪氧化和脱水干耗,装、拆箱作业应快速进行,避免温度波动影响质量。

4. 冰激凌和其他奶制品

冰激凌是人们用于清凉解暑、充饥解渴的营养价值很高的食品,需要低温灭菌操作、清洁的运输、适当的温度设置和完整的包装。

冰激凌包装材料有涂蜡纸、纸箱和塑料桶等。外包装对避免冰激凌损坏和热袭起重要的保护作用。冰激凌通常使用20英尺(1英尺=0.3048米)的冷箱运输,温度应设置在低于-25℃,并应避免温度波动。

冷冻奶油通常是大宗货物,习惯做法是将奶油装在纸箱内,纸箱装在货盘上,然后再装入冷箱内运输。虽然有些奶制品可在较暖的温度下运输,但实际温度一般设置在低于-14℃或更低,因为大部分奶油在低于-8℃温度下没有微生物损坏,并且保持良好的质量。可长期贮存的硬奶酪通常在1~7℃温度下运输,这取决于奶酪的种类、包装、运输距离和为加工或零售的用途。其他奶酪通常用冷箱在0~13℃温度下运输。

5. 药品

冷藏温度敏感性的药品,从生产企业成品库到使用前的整个储存、流通过程都必须处于规定的温度环境(控温系统)下,以保证药品质量。医药药品安全直接关系着民生和社会稳定,同时对我国的物流供应链特别是冷链物流提出更高的要求。一般的冷藏药品的温度要求是2~8℃;加工药品温度要求是8~15℃;冷冻药品温度要求是-20℃,比如常见的疫苗；深度冷冻药品的温度要求在-70℃，这些药品基本上是药品的原液，比如赫赛汀是2~8℃的储存状态，但它的原液储存在-70℃环境中。

9.4.2 冷链操作流程

冷链操作流程主要包括冷链物品从生产到销售的一系列操作活动及相应的需求。下面列出了一些基本流程，具体操作时有所差异，但其中的关键是温度的正确控制和各环节的紧密衔接。

1. 果蔬冷链操作流程

如图9.2所示。

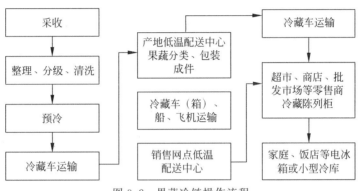

图9.2 果蔬冷链操作流程

2. 冷鲜肉冷链操作流程

如图9.3所示。

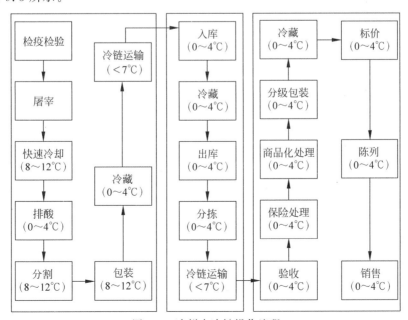

图9.3 冷鲜肉冷链操作流程

3. 水产品冷链操作流程

如图 9.4 所示。

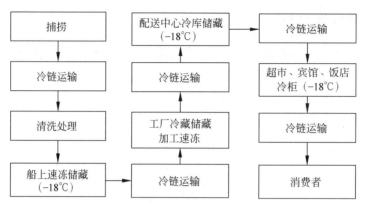

图 9.4　水产品冷链操作流程

4. 乳制品冷链操作流程

如图 9.5 所示。

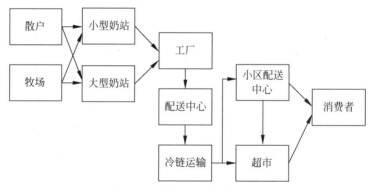

图 9.5　乳制品冷链操作流程

5. 疫苗冷链操作流程

如图 9.6 所示。

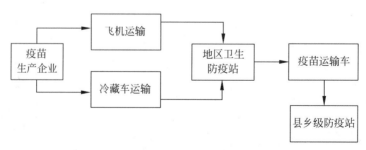

图 9.6　疫苗冷链操作流程

9.5 实现冷链物流的关键因素和条件

9.5.1 实现冷链物流的关键因素

1. 贮运温度

所有的冷冻商品根据储存温度的不同都有一个腐败的周期,大部分的冷冻食品在$-18℃$以下,其保质期会相对较长。但是相比之下,冷冻水产品需要更低的温度才能达到同样的状况。根据生产的条件不同,冷冻、冷藏以及保鲜食品在储存和运输过程中要保持在$-1.5\sim14℃$。很多商品都有低温下限,低于这个温度,商品质量就会受到影响。对于那些在临界温度运输的商品,低温会给商品带来冷冻伤害。对于肉类等商品来说也是这样。而对于水果类商品,即使并未达到临界温度,也会给商品带来冻伤等损害。如果在比较高的温度下装货,则只能通过比较低的车辆预冷温度来达到货物快速降温的目的,这种做法可能出现的最大问题就是部分商品会因此产生冻伤。

2. 运输设施

使用的运输设施应该是密闭的,安装有良好的温控设备、合适的空气流通设施和冷冻能力,运行状态良好。对于冷冻集装箱,应该在装货之前一个月对集装箱进行状态检查。对于冷藏船、冷冻集装箱和冷藏运输车等冷链物流设施的操作方法是不同的,承运人应该对运输工具的操作有非常详细的了解。由于运输的货物数量庞大,设施的安全可靠性是非常重要的。

3. 产品质量

冷链物流过程可以最大限度地保持产品的质量,但是却不能提高质量。如果产品本身质量不高,则使用高质量的冷链会极大地提高产品的价格,使得销售成为一个难题。产品质量取决于生产者的质量标准和检验标准,也取决于相关的销售要求。

4. 装运前处理

对于水果和蔬菜,装运前处理包括:收获前恰当的处理方法的应用,装运前短期的储存。对于冷冻商品,首要的要求就是在整个冷链中温度的控制,不能出现温度失控的环节。这其中就包括了装运前的预处理环节。

5. 包装

包装必须能够对商品进行保护,因此纸箱必须在温度失控导致商品融化、包装受潮的时候有足够的强度,同时,包装还要结合捆扎等措施来最大限度地减少潮湿带来的损失。包装材料不能包含产生污染或异味的成分,纸箱必须是合适的尺寸,其形状必须能够在移动中保护商品,同时防止外来压力对货物造成损害。对于托盘化运输,纸箱相对于托盘必须是安全的。

6. 预冷

预冷包括两个方面:一方面是针对商品的;另一方面是针对运输车辆的。

一般来说,在农产品收获之后就要马上将温度降到合适的运输温度。如果货物进行了预冷,而运输设施没有进行相应的预冷,这对于商品而言也是极不安全的。在所有的运输设施上,制冷率都会相对比较低,并且货物处于不同的位置,制冷效果也不尽相同。在专业冷却设施里达到一定的温度只需要几个小时,但在运输途中却需要几天时间。

对于某些高代谢率的商品,如果事先并没有进行合适的预冷,呼吸的热量可能非常高。并因此导致整个运输过程中车厢内不能达到合适的温度,因而导致商品品质的下降。

7. 冷空气循环

冷空气的循环使得透过车辆厢壁进入的热量得以消散,去除呼吸作用所带来的热量冷链运输设施应该能够为包装良好的货物提供适合的冷空气循环。不当的包装和随意的堆放可能会忽略这个问题,并因此导致商品全部或者部分的质量损害。

冷空气循环在商品的展示销售上也很重要,开放式的多层货架就依赖于良好的空气流通来保持货物汽运的温度。

8. 温度控制

与冷冻货物相比,温度控制对于冷藏货物更为重要。冷冻食品要求最高温度不能高于-18℃,而冷藏货物通常要求在运输中温度控制在2℃上下的范围内。在展示销售中,冷藏食品通常要求温度控制在5℃上下的范围内。因此,对于冷藏货物的运输车辆温度控制能力要求是很高的。然而,如果是冷冻运输车辆用于冷藏货物运输,则可能会获得更大的温度控制范围。更大的范围意味着比计划更高或者更低的温度,高温会导致保质期的缩短,低温可能意味着结冻或者由于低温给货物带来损害。

9. 来自其他货物的交叉污染

最为明显的是由一种货物传播给另一种货物的污染或者异味。另外一种是由于某种激素的存在而导致货物提前成熟或腐败。

10. 运输时间

海洋运输一般来说是非常可靠的,但是从本质上来讲,船舶故障和暴风雨有时也会导致延误,这是承运人所不能控制的。如果类似这样的情况导致了延误,那么对于易腐败货物来讲损失就是不可避免的。类似的一些自然灾害、罢工、政变等都会导致货物运输时间的延长,并因而造成损失。

11. 零售

随着运输过程的进行,商品在冷链上通过批发商到达零售商,进而销售给消费者,在商店里,合适的冷藏设备也是非常必要的。在这个阶段如果商品发生了损失,那就意味着所有前面针对冷链所做的努力和耗费的能源全部损失了。

在冷链物流的全过程中,任何一个环节的缺失和失控都会导致商品品质的变化,进而导致公共卫生安全问题。随着人们对于食品安全问题越来越多的关注,对于冷链物流中的关键性控制因素的认识也越来越深刻,除了上述 11 个因素之外,还有其他因素会对冷链造成影响,从供应链的角度认识冷链,是冷链物流发展的当务之急。

9.5.2 实现条件

虽然不间断的低温是冷链的基础和基本特征,也是保证易腐食品质量的重要条件,但并不是唯一条件。因为影响易腐食品贮运质量的因素还很多,必须综合考虑、协调配合才能形成真正有效的冷链。冷链的目标是保鲜,因而归纳起来实现保鲜链的条件有以下几方面:

1. "三 P"条件

"三 P"条件即易腐食品原料的品质(produce)、处理工艺(processing)、货物包装(package)。要求原料品质好,处理工艺质量高,包装符合货物的特性,这就是食品在进入冷链时的"早期质量"要求。

2. "三 C"条件

"三 C"条件即在整个加工与流通过程中对易腐食品的爱护(care)、清洁卫生(clean)的条件以及低温(cool)的环境。这是保证易腐食品"流通质量"的基本要求。

3. "三 T"条件

"三 T"条件即著名的"T.T.T"理论[时间(time)、温度(temperature)、容许变质量(或耐藏性)(tolerance)]。在 1948—1958 年间,美国西部农产物利用研究所阿尔斯德尔(Arsdel)等人通过大量的实验,总结出了对于冻结食品的品质保持所容许的时间和品温之间所存在的关系,其理论要点如下。

第一,对每一种冻结食品而言,在一定的温度下食品所发生的质量下降与所经历的时间存在着确定的关系。根据大量的实验资料(主要是通过感观鉴定和生化分析),大多数冷冻食品的品质稳定性是随着食品温度的降低而呈指数关系增大。温度对于冻结食品品质稳定性的影响,用温度系数 Q_{10} 来表示。Q_{10} 是指温差 10,品质降低速度的比,亦即温度下降 10℃,冷冻食品品质保持的时间比原来延长的倍数。如 Q_{10} 的值为 5,品温从 -15℃ 降到 -25℃,品质降低的速度减少到原来的 1/5,或者说冷藏期比原来延长 5 倍。Q_{10} 值随食品的种类而异。在实用冷藏温度(-15~25℃)的范围内,其值为 2~5。

第二,冻结食品在贮运过程中,因时间温度的经历而引起的品质降低量是累积的,也是不可逆的,但是与所经历的顺序无关。

第三,对大多数冻结食品来说,都是符 T.T.T 理论的。温度越低,冻品的品质变化越小,贮藏期也越长。它们的温度系数 Q_{10} 值几乎都在 2~5 之间。但是也有温度系数小于 1 的食品,此时 T.T.T 理论就不适用了(如腌制肉)。冻结食品从刚生产出来后直到消费者手上,如果品温能稳定不变,则是保持食品质量的理想条件,但在实际的流通过程中,在贮藏运输、销售等各个环节,温度经常会上下波动,这对冻品的品质会带来很大的影响。因此了解冻结食品在流通中的品质变化,在实用上就显得十分重要。把某个冻结食品在流通过程中所经历的温度和时间记录下来,根据 T.T.T 曲线即可计算确定食品的品质情况。T.T.T 计算方法,是根据食品的温度时间经历所带来的影响累积变大的原则来进行的。在一些例外的情况下,其实际发生的质量损失要比如此计算的质量降低量更大。例如,冰激凌由于温度反复上下波动,温度升高时达到其融化点而融化或变软,温度降低时又再一次冻结变硬。这种反复如果频繁的话就会产生大冰晶,原来滑溜的口感变得粗糙而失去了商品价值。

再如冷藏室内如温度波动并且湿度过小的话,冻品内的冰晶成长,表面冰晶升华,干耗也就特别严重。结果不仅食品重量减轻,而且质量恶化,比用 T.T.T 计算方法所求得的质量降低率损失要大得多。

4. "三 Q"条件

冷藏设备数量(能力)(quantity)的协调就能保证易腐食品总是处在低温的环境之中。因此,要求产销部门的预冷站、各种冷库、铁路的冷藏车和冷藏车辆段、公路的冷藏汽车、水路的冷藏船,都要按照易腐货物货源货流的客观需要,互相协调地发展。

在设备的质量(quality)标准上的一致,是指各环节的标准,包括温度条件、湿度条件、卫生条件以及包装条件应当统一。例如,包装与托盘、车厢之间的模数配合就能充分发挥各项设备的综合利用效率。

快速(quick)的作业组织,是指生产部门的货源组织、运输车辆的准备与途中服务、换装作业的衔接、销售部门的库容准备等都应快速组织并协调配合。

"三 Q"条件十分重要,并且有实际指导意义。例如,冷链各环节的温度标准若不统一,则会导致品质的极大降低。这是因为在常温中,1 小时暴露的质量损失量可能相当于在 -20℃ 下贮存半年的质量损失量。因此,应避免冻品在高温下的暴露,或者尽量缩短暴露时间。由于成本、空间、水源等一系列的问题运输工具难以保持与地面冷库完全一致的温湿度条件,这时的补救办法就是尽量加快作业过程与运输速度。例如,在铁路冷链运输中可通过缩短装卸作业时间、加速车辆取送挂运等方法来进行弥补。

5. "三 M"条件

"三 M"条件即保鲜工具与手段(means):在"保鲜链"中所使用的贮运工具的数量要求、技术性能与质量标准等均应协调一致;保鲜方法(methods):在保鲜贮运过程中所采用的气调、减压、保鲜剂、冰温、离子和臭氧、辐照和冻结真空干制等保鲜方法应符合食品的特性并应能取得最佳保鲜效果;管理措施(management):要有相应的管理机构和行之有效的管理措施,以保证各作业环节之间的协调配合.并促成各环节的设备能力、技术水平和质量标准的协调发展与统一。

9.6 冷链物流的发展趋势

9.6.1 冷链物流标准化体系建设

按照重点突出、结构合理、层次分明、科学适用、基本满足发展需要的要求,完善冷链物流管理的标准体系框架,加强冷链物流管理标准的制定工作,形成一批对全国冷链物流业发展和服务水平提升有重大促进作用的冷链物流标准。如原料基地生产标准与规范、预冷与储藏标准、加工标准、运输标准(特别是农产品运输温度标准)、销售标准、标签标准、以及检测方法标准、环境标准、服务标准等,并制定以 GAP(良好农业规范)、GVP(良好兽医规范)、GMP(良好生产规范)、HACCP(危害关键控制点分析)、ISO(国际标准化组织)为基本原理的农产品冷链物流全程质量与安全控制技术规程,实现从田间到餐桌的全程控制。注重冷链物流标准与其他产业标准以及国际冷链物流标准的衔接,科学划分强制性和推荐性冷链物流标准,加大冷链物流标准的实施力度,努力提升冷链物流服务、冷链物流枢纽、冷链物流设施设备的标准化运作水平。

9.6.2　冷链物流产业集群化

培育多元化的农产品/食品冷链物流企业融资渠道,加速冷链物流各环节区域化协作、专业化分工、一体化运作的市场机制。整合城乡物流资源,强化农村物流与城市物流的资源、环节的对接,建立布局合理、相互协调、分工协作的城乡一体化冷链物流产业集群,形成农产品/食品冷链物流的技术研发、信息共享、功能各异、运作专业化的冷链物流产业链条。尤其是结合地区特色经济和特色农产品之优势,建立冷链物流产业集群,走产业化、集约化、规模化的道路,延伸农产品的产业链、价值链、信息链以及组织链。

9.6.3　冷链物流信息化建设

冷链物流领域应加强北斗导航、物联网、云计算、大数据、移动互联等先进信息技术的应用。加快企业冷链物流信息系统建设,发挥核心冷链物流企业整合能力,打通冷链物流信息链,实现冷链物流信息全程可追踪。加快冷链物流公共信息平台建设,积极推进全社会冷链物流信息资源的开发利用,支持运输配载、跟踪追溯、库存监控等有实际需求、具备可持续发展前景的冷链物流信息平台发展,鼓励各类平台创新运营服务模式。进一步推进交通运输冷链物流公共信息平台发展,整合铁路、公路、水路、民航、邮政、海关、检验检疫等信息资源,促进冷链物流信息与公共服务信息有效对接,鼓励区域间和行业内的冷链物流平台信息共享,实现互联互通。

9.6.4　冷链物流信息追溯系统

依托现代前沿网络技术——物联网资源,尽快建立农产品冷链物流追溯信息系统,构建农产品冷链物流信息备案制度,实施在农产品冷链物流运作中,任何环节的信息备案以备查询,不仅对农产品生产环节加以控制,而且对其冷链物流环节的质量和安全予以全程监控,追溯任何环节和过程的问题,找出真正的原因。最终实现政府相关主管部门、冷链物流行业及其物流执行组织企业对农产品物流活动的检测、监督和控制。

9.6.5　质量认证体系建设

首先,加强冷链物流运输主干线及其附属场站的基础设施改造,尽快形成与多式联运相适应的配套综合冷链运输网络及完善的冷链仓储配送设施;其次,鼓励GPS、自动识别等技术的应用,通过网络平台和信息技术将冷链物流承运人、用户、制造商、供应商及相关的银行、海关、商检、保险等单位联结起来,实现对农产品的全程监控和资源共享、信息共享,提高全社会整体运输效率;最后,引进、推广自动化冷库技术和库房管理系统、真空预冷技术、无损检测与商品化处理技术、运输车温度自动控制技术等先进技术,提高技改能力和技术更新能力。

9.6.6 冷链物流安全预警机制

建立符合科学发展观和经济社会发展规律的冷链物流科技创新体系,通过构建物流安全预警机制及其系统,确保政府对农产品/食品的安全控制,以达到实现规模经济或范围经济,降低政府宏观调控的成本。通过运用应急管理、预报预警、网络信息技术等技术,建立冷链物流安全预警系统,以提高农产品物流安全管理的效率与效益。此外,遵循"农产品安全第一,兼顾效率"原则,在《中华人民共和国农产品质量安全法》的指导下,完善监管体系,建立面向全社会的农产品物流安全预警机制。通过对农产品物流安全风险进行分析、评价、推断、预测,根据风险程度事先发出警报信息,提示农产品生产、经营和决策者(政府部门)警惕风险,并提出相应的预控和应急对策。

本章小结

冷链物流是指在生产、仓储或运输和销售过程中,一直到消费前的各个环节中始终处于产品规定的最佳低温环境下,保证食品质量,减少食品损耗的一项特殊的物流活动。

冷链物流要求冷链各环节具有高度的组织协调性,关键环节包括预冷、流通加工、冷链运输、低温仓储、低温物流信息追溯等。

冷链物流设备与设施是贯穿于整个物流系统全过程、深入到每个作业环节、实现物流各项作业功能的物质基础要素。物流设施的布局及水平、物流设备的选择与配置是否合理,直接影响着系统的效益。主要的设备与设施包括冷藏运输工具、装卸和搬运设备、仓储设备与设施以及包装与流通加工设备。

冷链物流的适用商品一般分为三类:一是初级农产品,包括蔬菜、水果、肉、禽、蛋、水产品、花卉等;二是加工农产品,如速冻食品、肉、水产等,以及冰激凌和奶制品等;三是特殊商品。如药品和疫苗,以及部分电子器件、加工产品等。

复习与思考

1. 什么是冷链物流?
2. 冷链物流对我国经济和人民生活有哪些影响?
3. 描述冷链物流的主要环节。
4. 描述冷链物流的适用范围。
5. 冷链物流的发展趋势是什么?

案例分析

上海郑明麦肯食品温控供应链一体化服务项目

上海郑明现代物流有限公司(以下简称"郑明公司")由郑明集团物流事业部版块整合而成,前身是 1994 年成立的上海郑明汽车运输有限公司,是一家以冷链物流、汽配物流为核心,电商物流、医药化工物流、商贸物流及供应链金融共同发展的专业供应链解决方案提供商。

麦肯集团是加拿大麦肯食品集团的简称,成立于1957年,总部设在加拿大多伦多,是全球最大的法式薯条及冷冻食品生产商。2004年在黑龙江省省会哈尔滨成立哈尔滨麦肯食品有限公司(以下简称"麦肯食品公司"),是麦肯在亚洲的第一个工厂及中国总部。

对郑明公司来说,与麦肯食品公司的合作可谓是机缘巧合。正当郑明公司迫切寻求相关业务时,得知麦肯食品公司因运营问题和资金压力,想要寻找有实力的第三方物流公司合作。磋商过程中郑明公司以其过硬的运营能力和雄厚的资金实力成为麦肯食品公司第三方物流合作方。

麦肯食品公司薯条生产所需原材料土豆来自于内蒙古多伦、蓝齐和呼伦贝尔陈旗等地种植基地。土豆种植采用"公司+农户"模式,根据采购合同协议,麦肯食品公司提前支付协议农户30%预付款用于购买化肥、农药及租赁机器,解决农户种植土豆面临的资金压力。土豆成熟后,农户将土豆运送到麦肯收购场地,土豆经过质检环节进入麦肯收购仓库,作为薯条原材料等待被加工。

麦肯公司正是基于上述这种供应链管理模式开展业务。但原有薯条供应链从上游土豆种植、采摘、包装、运输开始,到检验、收购、加工制作成薯条半成品及储存,再到末端下游的销售、配送环节都存在一些问题,包括土豆运输问题、麦肯工厂现场收购管理问题、薯条库存积压严重、下游配送难以及资金管理困难重重等问题,严重影响物流效率和客户服务水平。麦肯供应链结构及问题如图9.7所示。

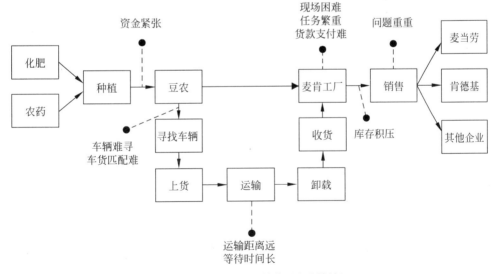

图9.7 麦肯供应链结构及问题剖析

根据以上麦肯食品供应链存在的问题,郑明公司给出全链温控服务策略如下:

(1) 采购环节——供应链金融。基于预付30%账款给麦肯带来的财务负担,郑明公司提出采购执行供应链金融业务。其本质在于郑明公司作为全链温控服务商代替麦肯食品公司完成采购业务,实现资金垫付功能。

(2) 车辆整合方案。郑明公司专门开发车辆招标平台和车辆调度系统,确认车辆符合标准后系统会自动将车辆纳入运输车辆范畴。利用GPS技术实现全程物流运输可视化,并优化车辆运输路径。通过对车辆资源整合,郑明公司迅速扩大运力规模,及时满足土豆采购业务和产成品配送业务,有效解决运力不均衡问题。

(3) 收购环节——SOP管理。郑明公司根据到货后的作业流程如卸货、质检、称重、移库等,将区域进行依次划分,依据工作量配置人员。同时对各个流程也进行了标准化规定,加大检验检疫力度,做到土豆进库前无损、无害、无变质的目标。

(4) 物流配送环节。郑明公司建立三级配送网络,以哈尔滨为中央配送中心,二级配送节点涵盖天津、北京、上海等城市,三级配送网络节点延伸至城市各行政县区。做到配送中心、库、车与线路的集约、有效衔接,实现对下游客户的敏捷响应。

郑明公司对麦肯食品供应链项目在供应链结构优化、供应链资金运作、车辆整合、土豆收购检验检疫及物流配送方面都取得了很好的效果。

供应链结构方面,麦肯食品公司将非核心的采购业务、运输业务等外包给郑明公司,集中资源发挥生产优势,优化了供应链结构。

在供应链资金方面,明显缓解麦肯食品公司资金紧张问题,麦肯食品公司将资金应用于扩大土豆生产及产品安全检测方面,保障食品安全,同时农民收款账期从60天缩短到15~30天。

车辆整合效果显著,在用车数量、排队等待时间、运输监管、土豆损失、货物超载等方面做出很大改善,如表9.1所示。

表9.1 车辆整合效果

整合指标	整合效果
用车数量	从2000辆减少到1200辆
排队等待时间	从48小时缩短到8~12小时
运输监管	全程温度可视化监管
土豆损失	损失量大大降低
货物超载	无

从最初制定供应链解决方案提供商愿景,到全链温控物流服务的实践,虽然郑明公司建立起来的战略实施步骤走得独特而艰难,但现今郑明公司企业面貌焕然一新,承接全链温控物流服务项目越来越多,公司营收结构中,单纯的运输、仓储收入比例呈下降趋势,而全链温控物流服务业务收入明显上升。

资料来源:https://www.sohu.com/a/160101093_99896421

思考题:

1. 麦肯公司的供应链存在哪些问题?
2. 郑明公司为麦肯公司制定的温控供应链服务策略有哪些,取得了什么效果?

即 测 即 练

第 10 章　绿色供应链管理

本章关键词

绿色供应链(green supply chain)　　　　绿色战略(green strategy)
绿色分销(green distribution)　　　　　　绿色回收(green reclaim)
绿色营销(green marketing)　　　　　　　绿色设计(green design)
绿色制造(green manufacture)　　　　　　绿色渠道(green channel)

> 可持续发展思想是人类在其自身改造与适应自然界过程中出现资源、环境、人口三者之间的矛盾时提出的发展战略，绿色供应链管理是可持续发展思想在制造业中的体现。绿色供应链管理作为一种创新型环境管理方式，在传统供应链管理中融入了全生命周期、生产者责任延伸等理念，依托上下游企业间的供应关系，以核心企业为支点，通过绿色供应商管理、绿色采购等工作，持续带动链上企业提升环境绩效。

10.1　绿色供应链及其发展意义

10.1.1　绿色供应链管理的产生

人类物质文明发展中对资源使用量的急剧扩张，已经造成了对环境和资源的破坏及绿色平衡的失调。因此，进入 20 世纪 90 年代以来，大多数国家先后相应地调整了自己的发展战略，全球性的产业结构呈现出绿色战略趋势，绿色工艺、绿色产品、绿色产业不断出现。由于一个产品从原材料开采到最终消费，其间经历了很多生产和流通过程，因而，绿色战略就不仅是某个工艺、某个产品、某个企业所能解决的问题，它涉及整个供应链中所有企业的各项活动，绿色供应链管理在这个时候便应运而生。传统的供应链管理仅仅是基于供应链上企业利益最大化的管理，虽然它也涉及原材料、能源的节约，但这只是考虑到企业的成本和企业内部环境的改善，并没有充分考虑过在制造和流通过程中所选择的方案会对周围环境和人员所产生的影响，并没有考虑到使用产品的废弃物和排放物如何处理、回收与再利用等。因此，其对资源和环境的可持续发展的作用十分有限。

传统工业像一把双刃剑在给人类带来财富和文明的同时，也带来了负效应。靠高投入、高消耗求得增长，结果导致极度物耗和污染。有鉴于此，作为创造人类财富的制造业如何在最大限度地利用资源和最低限度地产生污染的前提下生产出产品，已成为制造企业界和学术界最关心的问题之一。开始有一些学者对返回物流进行研究,要求制造商通过环境准则来选择合适的原材料,合理回收利用产品和包装物,以达到成本最低、对环境影响最小的目的。研究逐渐地从供应商的选择、逆向物流向产品及工艺流程的设计、加工制造到物流管理、产品营销、废弃物的回收处理等整条供应链的各个环节扩展。在供应链中,考虑环境因素的研究最早在20世纪70年代即被提出,当时只是作为物流管理研究的一个次要方面。大规模、有意识地研究绿色化物流是在20世纪90年代初。1994年,Webb研究了一些产品对环境的影响,建议通过环境准则来选择合适的原材料,同时注重再生利用,并提出了绿色采购的概念。与此同时,英国工程和物理研究委员会(EPSRC)和英国汽油股份有限公司等20多个公司资助一项名为"ESRC全球环境变化计划"的研究,也将绿色供应链作为主要方向。美国国家科学基金(NSF)资助40万美元在密歇根州立大学的制造研究协会(MRC)进行一项"环境负责制造(ERM)"研究,于1996年正式提出了绿色供应链的概念,并将绿色供应链作为一个重要的研究内容。绿色供应链管理是在供应链管理的实践和理论日趋完善的基础上,融入了"绿色"概念发展而来,可以说,供应链管理技术和实践的完善为绿色供应链管理的实施提供了有力的技术支持;另外,可持续发展理论,特别是循环经济理论在企业管理实践中的发展,为绿色供应链管理的产生奠定了良好的思想理论基础。

10.1.2 绿色供应链管理的定义

在对绿色供应链管理的研究过程中,国内外学者都试图对其做出一个明晰的定义。

Narasimhan 和 Carter 把绿色供应链管理定义为:"采购部门在废物减少再循环再使用和材料替代等活动中的努力。"

Zsidisin 和 Siferd 对绿色供应链管理的定义为:"一个企业的绿色供应链管理是对供应链管理方针、采用的行动以及形成的关系的设定,所形成的各种关系是应对公司产品和服务有关设计、材料采购、生产、分发、使用以及处置方面的环境问题。"

刘斌等人认为:"绿色供应链管理是一种在整个供应链内综合考虑环境影响和资源效率的现代管理模式,它以绿色制造理论和供应链管理技术为基础,涉及供应商和用户,其目的是使产品从物料获取、加工、包装、仓储、运输、使用到报废处理的整个过程中对环境的影响(副作用)最小,资源效率最高。"绿色供应链管理(GSCM)考虑了供应链中各个环节的环境问题,注重对于环境的保护,促进经济与环境的协调发展。

朱庆华认为:"绿色供应链管理就是在供应链管理中考虑和强化环境因素,具体说就是通过与上、下游企业的合作以及企业内各部门的沟通,从产品的设计、材料的选择、产品制造、产品的销售以及回收的全过程中考虑环境整体效益最优化,同时提高企业的环境绩效和经济绩效,从而实现企业和所在供应链的可持续发展。"

概括而言,绿色供应链管理主要指在供应链的计划、组织、协调、控制等过程中,以节约资源、保护环境,提高供应链企业的综合效益为主要目的,充分发掘和利用各种现代管理技术手段,有效整合企业资源,实现供应链企业的可持续发展。

参考汪应洛等人的研究成果,建立绿色供应链管理的概念模型如图10.1所示。

在该模型中绿色供应链管理被划分为生产系统、消费系统、环境系统及社会系统四个

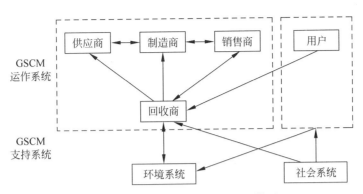

图 10.1　绿色供应链管理的概念模型

子系统。绿色供应链管理的生产系统包括从资源的投入到产品制造的全过程,消费系统包括消费者最终消费的过程,环境系统包括资源的获取与废弃物的回收与再生,社会系统主要从规制、文化和伦理等因素方面提供引导、激励、约束进而使得其行为主体的活动实现与环境相容。在各个节点之间流动的不仅是物质还包括各种信息并最终达成一种动态的平衡。

绿色供应链管理的最初目的是提高企业的环境绩效,以适应日益严格的环境法规以及日益提高的公众环境意识的要求。其最终目标是实现企业在经济效益、社会效益和环境效益方面的"共赢",进而促进企业的可持续发展。如果说企业实施绿色供应链管理之初多少还有些迫于外界的压力,那么,随着绿色供应链管理的实施,效率提高带来的经济收益、创新重塑的竞争优势、持续改进的产品质量、不断提升的企业形象等一系列综合效益,则使企业逐步认识到实施绿色供应链管理是企业可持续发展的一种有效途径。

关于"绿色供应链管理"这一概念的定义,目前尚没有公认的说法,我国颁布的中华人民共和国国家标准《物流术语》中也没有涉及这一概念。关于绿色供应链,除了可以基于供应链的定义加以理解外,更为重要的是应该站在管理的视角下加以理解。也就是说,绿色供应链仍然是供应链,无外乎是其管理的视角和出发点有所不同。因此,有了绿色供应链管理的定义,绿色供应链就无须再行定义描述了。借鉴众多研究学者的提法,绿色供应链管理可以做如下定义。

绿色供应链管理(green supply chain management,GSCM),又可以称为环境意识下的供应链管理(environmentally conscious supply chain management),是指导人全新的设计理念,对产品开发与设计、原材料采购、生产组织、分销供应直至最终消费、废弃物回收再利用的整个供应链过程进行生态设计,通过供应链中各企业之间以及企业内部各部门的紧密协作,使得整个供应链系统在内外部环境管理方面实现最优化的协调统一。

对于这一定义的理解,应该把握以下几个方面。

(1) 绿色供应链管理是"面向未来"的供应链管理模式。面向未来发展,企业需要秉持一系列的前沿发展理念,绿色供应链管理便是其中之一。在坚持可持续发展理念和社会生态市场营销导向的前提下,企业需要在供应链各个环节中综合考虑环境影响和资源利用效率的问题。其目的是使产品从原料获取、加工、包装、存储、运输、使用到报废处理的整个过程中,注重对环境的保护,进而促进经济与环境的协调发展。并防止企业因过度追求经济效益,大量消耗人类社会的有限资源,从而导致环境污染和生态失衡。因此,绿色供应链管理是企业管理面向未来的发展方向。

(2) 绿色供应链管理是"全过程"的绿化管理。在整条供应链中,虽然一些位于关键环节的企业,对于环境管理制定并实施了严格的内部标准,但他们的上游供应商和下游分销商却并不一定遵守同样的标准,这就使得供应链环境管理的整体性和系统性遭到了破坏,根本无法达到关键环节企业的环保目的,并造成了一定程度的资源浪费。为了解决这个问题,应该将有关系统整合的思想引入到供应链环境管理中。因此,绿色供应链管理不仅是一个企业的问题,而且是一个涉及从资源获得到最终消费的整个供应链下所有企业的问题。

(3) 绿色供应链管理的核心。绿色供应链管理的核心是"生态管理"视角下的协调与合作。能否从真正意义上构建起一个绿色供应链,关键取决于供应链下企业的协调与合作能否顺利开展。一方面,在供应链中应该有一个面向市场的龙头企业或者下游企业发挥牵引作用,从而使得整个供应链"绿化"开展具有基于市场的"牵引动力";另一方面,在统一的"生态管理"视角下,在内外部环境兼顾的前提下,还要深化企业间的协调与合作的关系,通过成本利益共享,达到对包装工艺、包装材料的更新,以最大限度降低对原材料的浪费,并共同创造出绿色企业间的合作形象。

10.1.3　绿色供应链与传统供应链的关系

1. 绿色供应链与传统供应链的相同之处

供应链是由供应商、制造商、分销商、零售商以及最终消费者等所有成员组成的一个网链结构。这些成员之间是组成供应链的各个节点,上、下节点之间是一种需求与供应关系。供应链主要具有以下特征。

(1) 复杂性。因为供应链节点企业组成的跨度(层次)不同,供应链往往由多个、多类型甚至多国企业构成,所以供应链结构模式比一般单个企业的结构模式更为复杂。

(2) 动态性。供应链管理因企业战略和适应市场需求变化的需要,其中节点企业需要动态地更新,这就使得供应链具有明显的动态性。

(3) 面向用户需求。供应链的形成、存在、重构,都是基于一定的市场需求而发生,并且在供应链的运作过程中,用户的需求拉动是供应链中物流、信息流和资金流运作的驱动源。

(4) 交叉性。节点企业可以是这个供应链的成员,同时又是另一个供应链的成员,众多的供应链形成交叉结构,增加了协调管理的难度。

绿色供应链与传统供应链一样,由所有加盟的节点企业组成,其中一般有一个核心企业,在需求驱动下,通过节点企业的分工与合作,以物流、信息流和资金流为媒介实现整个绿色供应链增值,同样具有如上四个特点。

2. 绿色供应链与传统供应链的不同之处

(1) 研究的领域不同。绿色供应链管理涉及的问题领域包括三部分:供应链管理问题、环境保护问题、资源优化问题。绿色供应链管理就是这三部分内容的交叉和集成,而传统供应链管理很少涉及环境保护和资源优化的问题。

(2) 获得的效益不同。传统上,企业的唯一目标是追求最大的经济效益。企业为了追求自身利益,势必以牺牲外部利益为代价,却不愿意承担社会责任。绿色供应链管理则综合考虑经济效益、环境保护、资源节约三个效益的统一。

(3) 传递的信息不同。传统供应链的信息传递非常普遍,几乎无处不在,无时不有,而绿色供应链管理还增加了环境影响信息和资源保护信息的传递,并且将供应链管理的信息流、物流、能量流有机地结合,系统地加以集成和优化。

(4) 管理的过程不同。绿色供应链管理经历设计、采购、制造、包装、销售、使用、回收处理的整个闭合循环过程,它涵盖了产品生命周期的每一个过程。但是传统供应链管理则只是从供应商到消费者的一个单向过程,其过程可形象地称为从摇篮到坟墓。

(5) 追求的目标不同。传统供应链管理的功能目标只包含 T(时间)、Q(质量)、C(成本)、S(服务)四个目标。而绿色供应链管理的功能目标则包括 T(时间)、Q(质量)、C(成本)、S(服务)、E(环境)和 R(资源)这六个因子的目标。

10.1.4 绿色供应链的发展意义

1. 绿色供应链的发展有利于我国"生态社会"的建立,并促进经济的可持续发展

随着我国经济的高速增长,对自然资源的消耗必然会急剧增加。与此同时,由于缺少必要的保护措施,对环境资源的过度开发和废弃物对环境的过度污染,又严重地破坏了自然生态系统。在政府的督促和规制下,严重的环境问题必将迫使企业为治理污染而增加投入,从而提高产品的成本;而与企业的损失相比,社会成本则显得更大。此外,我国已加入 WTO,由于关税壁垒的消除,我国的产品又将面临国际"绿色壁垒"的严峻挑战。在这样的背景下,实现供应链的"绿色化"就显得格外重要。只有对原材料供应、产品制造、销售和废弃物回收整个过程进行环境管理,实现整条供应链"绿色化"才能真正提高我国产品在国际市场上的竞争力。

绿色供应链管理所采用的全新的生态设计使企业减少了对能源和原材料的使用,因此为企业节约了生产成本,同时也减少了环境治理的费用,如排污费、废弃物处理成本等,同时也可以降低最终产品的生命周期成本,而最终消费者只需付出更低廉的价格就能得到更安全、更环保的产品。因此,从供应链的源头抓起,强调绿色供应链的战略合作伙伴关系,特别是加强与上游供应商在环保方面的合作关系,对于帮助我国企业走出"末端治理"的误区,真正实现没有资源与废弃物之分的完全循环的生产方式,从而降低我国企业和整个社会的内部和外部环境成本,构筑起循环型的"生态社会"有着极其重大的意义。正如供应链管理能在激烈的市场竞争中为企业带来竞争优势和巨大的经济效益,融入了环境理念的绿色供应链管理将不仅给企业带来比以往更大的经济效益,更重要的是将给社会带来无价的环境效益和社会效益。

2. 实施绿色供应链管理将使我国企业的"绿色营销"迈向更高的发展平台

21 世纪是绿色的世纪,绿色的消费将成为一个重要的发展主题。近年来绿色营销在我国发展迅速,一些企业纷纷打出这一旗帜来抢占市场。然而,在我国企业绿色营销活动开展的众多层面,存在着许多不规范、不完善的地方,比如,绿色营销的开展缺少政策鼓励支持和绿色分销通路的支撑等。无论是绿色产品的开发和绿色品牌的培育,还是绿色企业形象的树立和绿色企业文化的发展,如果脱离了绿色供应链管理的发展支撑,都将失去发展的根基。

在绿色供应链管理下,企业的所有行为都是建立在全体供应链节点企业之间对话基础上的,通过系统整合下最优化的生态设计,每个企业的环境管理难度和所承担的环境风险都会有所降低。并且,供应链上游所取得的生产绿色化方面的成就可以在供应链后续过程中得到放大。因此,实行绿色供应链管理的企业不仅自身更容易达到环保标准,而且还可以促进供应链上其他企业环保达标,进而给供应链上企业带来良好的声誉和绿色产品的品牌形象,从而扩大了产品的市场。

绿色营销呼唤着绿色供应链管理,绿色供应链管理所带来的"全过程绿化管理"将使得供应链下的企业"群体性绿色营销活动"成为可能,并为客户或顾客提供更多的让渡价值和增值服务。可以认为,绿色供应链管理是个别企业绿色营销的发展升级,只有在绿色供应链管理支撑下的企业绿色营销才是真正意义上的绿色营销。

3. 实施绿色供应链管理将极大地提高我国企业"供应链竞争"的能力

随着经济全球化进程的推进,产品更新换代的速度不断加快,柔性制造系统的使用日趋普遍。企业为了保持自身的竞争力,向上联合原材料供应商并向下联合产品分销商形成了一条从原材料供应商起、经由产品制造商再到产品分销商的供应链。在当今社会经济环境下,供应链管理在一定程度上提升了企业的市场竞争力,并使得竞争超出了传统范畴内的企业与企业之间单个的竞争,进而演变成一种规模化的竞争,是一个市场和另一个市场的竞争,是一条供应链与另一条供应链的竞争。而供应链竞争能力主要体现在三个方面:一是低成本能力,即供应链下所有企业的综合成本的竞争;二是快速反应能力,即供应链企业间的反应速度的竞争;三是顾客价值创造能力,即面向终端的最大化的顾客让渡价值创造的竞争。绿色供应链管理实施,在原有的供应链管理基础上,将极大地提高上述能力。

企业界应该建立这样一个共识,末端的环境治理支出是一种纯粹的成本,而有效的环境管理对企业而言则是一种提高核心竞争力的新机遇。绿色供应链管理正是这样一种可实现经济和环境双赢的管理模式,这种"双赢"将扩展到供应链下的所有企业,对提高我国企业在世界经济中的竞争力,具有重要的现实意义。

10.2 绿色供应链管理的主导内容及关键技术

虽然供应链管理涉及商流、物流、信息流和资金流这"四流",从管理构成内容上来看并不仅仅是物流的管理,但有些人还是愿意站在物流管理的角度来看待它,并认为供应链管理是跨企业的物流管理。从管理层面上来看,绿色供应链管理是一种战略管理,而从经营管理过程来看,供应链管理侧重于物流的管理,因为"供应"二字表明了在供应链中物流的主导性。同样,绿色供应链管理也是一种战略管理,只不过其要求在从产品设计、原材料采购、产品制造,到产品销售以及回收的全过程中考虑环境整体效益最优化。因此,要成功地实施绿色供应链管理,使之成为企业取得竞争力的武器,就必须抛弃传统的环境管理的思想确立其战略地位,把企业内部及供应链企业之间的各种业务看作一个整体功能过程,形成一个集成化的环境管理体系。

10.2.1 绿色供应链管理的主导内容

绿色供应链管理的主导内容包括:绿色战略、绿色设计、绿色材料选择、绿色制造、绿色分销以及绿色回收。

1. 绿色战略(green-strategy)

绿色供应链管理虽然可能由一个主导企业来集中管理,但其实现并不是由一个企业单独来完成的,而是由供应链上的所有企业一起努力来完成的。这便对供应链中的企业提出了更高要求。常见的情况是:首先,供应链中的一个主导企业按照其发展战略要求实现自身的"绿化";其次,该企业向外部延伸,以自我为主导培育自身的供应链条,并配合自身战略的实施向供应伙伴提出"绿化"要求;最后,基于供应链中各个企业的协调努力,建立起一条完整的绿色供应链。

因此,绿色供应链管理并不在于单个企业的"绿化管理",更主要的是整个供应链的"全过程"的绿化管理。为了有效地实施绿色供应链管理,企业必须确定绿色发展战略,并在企业内确立绿色供应链管理的战略地位。这便要求企业的高层领导对其给予足够的重视,并将其纳入企业的总体发展战略规划之中。同时,还要加强对员工理念的培训,使得这一发展理念成为企业文化中的一部分。

2. 绿色设计(green-design)

绿色设计又可以称为面向环境的设计或生态设计,是指在产品开发及其生命周期的全过程设计中,充分考虑产品对资源和环境的影响,优化有关设计因素,从而使其产品在制造和使用中对环境的总体影响和资源消耗减少到最低限度。绿色设计是绿色供应链管理的关键一环,这是因为要想从根本上防止污染、节约资源和能源,关键就是把住产品的设计关。而目前一些企业经常采用的"亡羊补牢"式做法,即在产生不良环境影响后再进行末端处理,是不符合绿色设计理念的。因此,在绿色设计这一环节,要求企业设计人员充分考虑到产品在制造、销售、使用及报废后可能对环境产生的各种影响,积极进行协作安排,重塑制造工艺、装配方案、拆卸方案、回收处理等业务流程,并建立相应的环境评价约束准则。

3. 绿色材料选择(green-material-selected)

绿色材料是指具有良好使用性能,并在产品的制造、加工、使用乃至报废后回收处理的全生命周期过程中能耗少、资源利用率高、对环境无污染且容易回收处理的材料。这一定义要求绿色材料要具备以下几个要素特征:①依托高科技材料本身所体现的先进性,如低能耗或给产品带来的优质性;②应用于生产过程的安全性,如低噪音和无污染性;③材料使用的合理性,如降低成本或可回收利用等。尽可能选择对生态环境影响小的材料是绿色设计中应该充分考虑的问题。因此,绿色材料有无或能否开发利用是绿色设计的关键和前提,也是体现绿色设计水平的重要层面。

实施绿色供应链管理，就必须要重视对供应端的"绿色管理"，这是因为理论和案例研究表明，供应端在环境方面取得的成就可以在后续供应链中得到放大，即供应端绿色化的努力比末端处理的效率要高，所以供应端绿色化是绿色供应链管理的核心内容，这势必要求企业评估、选择好的供应商，并通过垂直培训或要求进行第三方组织培训等手段加强对供应商的"绿色管理"。

4. 绿色制造（green-manufacture）

绿色制造是指一种综合考虑环境影响和资源、能源消耗的现代制造模式，其手段是借助于各种先进制造技术、制造工艺、管理技术，其目标是使得产品在从设计、生产、包装、运输、使用到报废处理为止的全生命周期中，对环境负面影响最小，资源利用率最高，并使企业经济效益和社会效益协调优化。广义的绿色制造包括了前面所介绍的绿色设计和绿色材料选择，还包括绿色包装，甚至还涉及产品的整个生命周期，是个"大制造"的概念。这里指的绿色制造是狭义的，即绿色的生产制造、绿色的工艺流程规划、绿色包装等。绿色生产制造又可以理解为工业生产管理上的清洁生产，指在生产过程中关注生产本身及产品对环境的影响。绿色工艺流程规划是指根据制造系统的实际，探求物料和能源消耗少、废弃物少、对环境污染小的工艺方案和工艺路线，追求企业内供应链的优化。而包装物的绿色化是实施绿色供应链管理的重要组成部分。在绿色供应链管理中，针对包装供应链节点企业应该做到以下几点：

（1）在减少产品的包装上进行协商，适度的包装不仅有助于供应商降低成本，也减少了采购商的拆装和处理包装物垃圾的费用。

（2）认真选择包装材料，不同的材料具有不同的再使用和再循环价值，但循环次数最多的包装材料不一定好，要用生命周期分析的方法来选择。从再循环的角度看，包装物的材料品种越少越好。

（3）包装物的标识图案和文字应体现绿色化，注明包装物的材料、用法以及回收处理方法，使包装物的使用和处理变得简单易行。

5. 绿色分销（green-distribution）

随着我国经济的发展，流通主导权发生了渐次转移，由改革开放初期的卖方市场条件下的生产者主导渐次转变为批发主导和零售主导。伴随着近年来流通主导权向零售领域的转移，流通产业在经济发展中的作用也发生了转变，即由过去的末端产业变成目前的先导产业。现代零售主导权的确立以及流通先导性地位的不断加强，使得一些企业为了控制市场，开始重视面向市场前端的分销体系的建设，同样，一些流通企业为了构筑自身的流通体系，也开始了向上游的垂直延伸。上述流通系列化的发展趋势使得一些企业的供应链有了进一步延伸，随着未来消费者流通主导权的确立以及消费者的组织化，供应链的终端很可能就是消费者。

因此，面向市场的分销供应链的发展与建设已经成为供应链管理的一个重要构成部分，趋势表明，绿色供应链管理更需要向消费者进行延伸。于是，传统的分销活动与现代绿色供应链管理相整合，使得绿色分销活动及绿色分销体系建设成为绿色供应链管理的重要内容。基于绿色供应链管理下的绿色分销活动主要包括：绿色营销推广努力、绿色运输和配送、绿色渠道体系建设与管理等。绿色分销活动的开展对于绿色供应链管理的意义主要有以下内容。

(1) 绿色营销推广努力。通过绿色营销推广活动，让公众了解企业的绿色产品及所进行的环境努力，让顾客理解产品的生命周期环境成本分析，并提供途径让他们提出改进意见。从而让市场的拉力成为绿色供应链建设的动力，并让绿色分销体系更适应市场的需求实际。

(2) 绿色运输和配送。除了绿色产品本身的运输和配送，其他产品运输和配送过程中可能伴随着能源的消耗和废气的产生，以及产品的泄漏，这些都对环境产生影响，却又经常被忽视。因此，绿色运输和配送是绿色物流和供应链管理的重要内容。

(3) 绿色渠道体系建设及管理。分销活动的开展要有相应的渠道体系来支撑，特别是面向市场的绿色供应链的建设更需要有稳定的渠道体系与之相对应。因此，绿色渠道体系的建设与管理直接决定了绿色供应链面向市场的延伸程度。绿色渠道体系建设主要包括渠道模式确定、中间商选择、绿色终端与反向渠道开发和建设等内容。

6. 绿色回收（green-reclaim）

完整的绿色供应链管理还应包括绿色回收活动，这些绿色回收主要是对产品、包装物开展的回收活动。

(1) 产品的回收。产品的回收一般是顾客驱动型的，既包括损坏的产品、顾客不满意的产品的返回，又包括旧产品的返回。其中旧产品返回到供应商后可能进行以下某种处理：再销售、修理、回收原材料、再循环等。

(2) 包装物的回收。包装物回收一般是为了再使用或再循环，是制造商驱动型的包装物的返回，有多种回收渠道，不一定返回至供应商。德国双元回收系统提供了两种可选的回收渠道：①供应商自己回收包装物；②成立了一个专门负责组织包装物回收的私营、非营利组织，供应商可以申请加入，并交纳一定的管理费成为会员。会员企业的包装物上都印上了可回收标志。印有可回收标志的包装物由该组织负责回收。

随着产品更新换代速度越来越快，旧产品的处理将成为一个难题。企业具体采用何种方式进行绿色回收，要根据企业条件、产品、包装物的特性以及回收品的分散程度等因素来决定。

作为逆向物流构成的一种，绿色回收不但代表着企业的发展理念，而且还展示着企业的环保形象。作为逆向物流的主导构成，回收物流更多地应该由生产企业或组织来进行，而废弃物物流则应该由政府统一处理。

10.2.2 绿色供应链管理的关键技术

任何管理思想的实施都离不开具体技术的支持，绿色供应链管理也不例外，因此，绿色供应链管理的关键技术也是绿色供应链管理的体系结构的重要组成部分之一。绿色供应链管理的关键技术包括供应链管理技术、绿色技术、信息技术、集成技术及重组技术。

1. 供应链管理技术

绿色供应链管理本质上是在供应链管理过程中增加了"绿色"的思想，即融入了环境保护意识,因此供应链管理技术仍然是绿色供应链管理的关键技术。供应链管理是以客户为中心,使整个供应链成为一个具有高度竞争力的、能为消费提供最大价值的源泉。常用的供应链管理技术有生产运作技术,例如企业资源规划(ERP);物流运作技术,例如库存管理、第三方物流管理、车辆计划与线路安排等;营销运作技术,例如优化促销、优化新产品引进等;财务运作技术,例如应付款系统、应收款系统、电子资金转账等。在绿色供应链管理中,也需要运用这些技术,实现对绿色供应链中的生产过程管理、财务管理、物流一体化管理以及营销管理等。

2. 绿色技术

在供应链管理中加入环境保护的思想,即绿色供应链管理,如何贯彻环境保护的思想最终实现"绿色"? 这就需要在供应链管理的各个环节中实施绿色技术。GSCM 中的绿色技术包括绿色设计、绿色生产、绿色化管理、合理处置等,根据"绿色度"的不同,这些绿色技术可以分为两类,一类是"浅绿色"技术,即减少废弃物产生的技术;另一类是"深绿色"技术,即处置废弃物的技术,如资源回收与再利用技术以及以合理的方式处理废弃物等技术。不过,要实施绿色技术,必须要求管理者有绿色观念,并将绿色技术的思想渗透到供应链管理中,引导企业把追求利润目标和减轻对周围环境不利影响的目标结合起来,只有这样才能实现绿色技术从理论到实践,有效地运用绿色技术。

在运用绿色技术时,如何来判断其"绿色"呢? 这就需要绿色标准。近年来,环境管理实践的非官方规范已开始作为企业绿色管理中的主要推动力而出现。其中,最有代表性的是由国际标准化组织规定的 ISO14000 体系。ISO14000 标准的全称是环境管理工具及其体系系列标准,包括:环境管理体系标准(EMS)、环境审核标准(EA)、环境标志标准(EL)、环境行为评价标准(EPE)、生命周期评估标准(LCA)、产品标准中的环境指标(EAP)等。在绿色供应链管理中,需要严格贯彻环境标准,实施绿色技术,这样不仅节约能源、资源,降低生产成本,提高产品的环境价值,而且可以减少由于污染事故或是违反环境法律、法规所造成的环境风险和环境费用开支,最终提高企业的环境效益与经济效益。

3. 信息技术

供应链管理概念的产生和发展与信息技术的应用密不可分,可以说没有当今高速发展的信息技术,供应链管理就不可能实施。目前,在供应链中广泛应用的信息技术主要包括:电子商务、电子数据交换 EDI、条码和扫描技术、数据仓库与数据挖掘技术、联机数据分析技术、互联网技术、外联网/内联网技术、WWW 技术和决策支持系统。同样,在绿色供应链管理过程中,这些信息技术也是至关重要的,它们不仅可以提高绿色供应链管理的运作效率,而且可以增强其决策能力。信息技术可以使绿色供应链管理者通过与它的顾客和供应商之间构筑信息流和知识流来建立新型的顾客关系:用互联网技术可以了解消费者和市场需要的信息,可以开发高效率的营销渠道;管理者在进行经营革新或模拟决策结果的时候,可以使用信息技术对信息进行有效的管理。不过,在实施绿色供应链管理的过程中,如何运用信息技术将环境信息与其他信息有机集成,实现数据和信息的共享是一个必须解决的关键问题。为此,需要加强绿色供应链节点企业之间的联系与合作,将绿色供应链中的信息节点连接在一起,形成网络,联网的信息节点越多,信息共享程度越高,绿色供应链中的决策越有效。另外，需要研究建立合适有效的绿色供应链管理数据库、知识库及信息系统，把显性的信息和隐性的信息集成管理起来，使信息真正成为发挥效益的生产力，帮助管理人员做出定性和定量的正确的分析决策。

4. 集成技术

绿色供应链中各个节点企业内部存在着不同类型的信息系统，它们之间的信息交换有赖于 GSCM 提供一种异构信息系统的集成技术。目前 ERP 系统很好地实现了企业内部信息和业务流程的集成，将企业的财务、制造、分销等功能模块有机地结合在一起，共享企业的基础信息，从而达到提高企业的运作效率、加快客户反应速度的目的。但 ERP 并不能实现所有信息的集成，它还需要与其他信息系统集成以实现更高程度的信息共享。如 ERP 与 CADC/AN/ICAPP 系统的集成、ERP 与办公自动化 OA 系统的集成等。同时为了更好地应对商业环境的变化，在激烈的市场竞争中取得主动，整个绿色供应链的成员都需要和自己的商业合作伙伴的系统实现集成，以共同对最终客户提供更好的服务。随着供应链管理技术 SCM、客户关系管理技术 CRM 和企业应用集成技术 EAI 的发展和成熟，通过 SCM、CRM 和 EAI 将整条绿色供应链在 Extranet/Intranet 的基础上集成形成所谓的 BZB，甚至"协同商务"的新的商业模式已经受到越来越多的关注。

集成技术在绿色供应链中的应用可以分为四个级别：信息集成、同步计划、协同的工作流以及全面的绿色供应链集成。表 10.1 是对这四个级别的分析比较。

表 10.1 绿色供应链管理中的集成技术

集成级别	目的	效益
信息集成	信息共享和透明，绿色供应链成员能直接实时地获取数据	快速反应 问题的及时发现 减少信息的"牛鞭效应"
同步计划	同步进行绿色供应链的预测和计划	降低成本 优化能力使用 提高服务水平
协同的工作流	协同的生产计划、制造、采购、订单处理，协同的产品工程设计和改造	更快速的市场反应，并提供相应的服务 高效准确、自动化的商业流程
全面的绿色供应链集成	建立虚拟的 GSC 组织，以实现全新的商业模式	更快速高效地应对商业环境的变化，创造更多的市场机会

5. 重组技术

在 GSCM 的供应链构造和再造过程中，重组技术用来对产品生产和流通过程中所涉及的供应商、制造商、批发商、零售商、消费者以及回收商之间的关系和业务流程进行重新整合，以便实现对现有绿色供应链的优化。企业在实施绿色供应链管理之后，必须重新检视从企业内部到外部的业务运作方式。对于整个绿色供应链来说，要重新审视各成员企业，选取重视环保的企业作为链上成员，从而进行成员企业的重组。在确定成员企业之后，同样需要进行 GSC 的内部重组。例如需要重新进行流程规划、设施规划、厂址规划，并对所有供应商的制造资源以及经回收处理后的可再生资源进行统一的集成和调配，使绿色供应链中每个环节上的活动尽可能实现最大化增值,减少各种无效和不增值的活动,并从经济效益和社会效益最优的目标出发,设计和优化绿色供应链中的各项活动。因此重组技术也是实现 GSCM 的关键技术,它能帮助绿色供应链的核心企业在动态的外部环境中,不断地优化整个 GSC 的组织机构、物流、信息流和资金流,以追求绿色供应链的全局最优。这方面可借鉴业务流程重组的 BPR 技术来实现 GSCM 的构建与再造过程。

10.3 绿色供应链管理的实施策略及注意问题

10.3.1 绿色供应链管理的实施策略

1. 与供应商或分销商结成战略合作伙伴关系

正如前述,绿色供应链管理包括诸多环节的内容,每个环节的运作都少不了供应链上相关企业的合作。供应链管理本身就已经将相关企业联系在一起,绿色供应链管理更是增加了这一"联系"的紧密性。因此,不管是供应链中前向的供应商还是后向的分销商,在某种程度上说都是主导企业的战略伙伴,并且,这一关系是维系绿色供应链得以顺利运作的重要保障。

我们不能仅将绿色供应链管理下的战略合作伙伴关系理解为是一种"信息和利益共享"关系,还应该是一种"标准和意识同步"的协议关系。在绿色供应链全程的绿化管理中,标准和意识的同步性是其成败的关键。供应商和分销商是垂直供应链上的构成主体,供应商位于整条供应链的上游,因此他们的行动将传递到整条供应链的每一个节点;而分销商则处于供应链的下游甚至直接面对消费者,其不但涉及对分销供应及绿色产品价值实现的保证,还涉及面向终端市场的产业或企业形象的树立等。

因此,在绿色供应链管理中,如何选择绿色供应链的战略合作伙伴,特别是对供应商和分销商的选择显得极为重要。一个理想的绿色供应链战略合作伙伴不仅应该保证本企业的环境符合法规要求,而且应该具备从源头减少、防止环境污染的意识。选择这一合作伙伴的过程就是从重视环境管理的企业中,选择和培育具有这种积极的环境管理意识的企业,然后与它们结成绿色供应链管理的战略伙伴。而就战略合作展开来讲,可以结合具体情况在培训和技术支持、合作研究开发及合作创新等层面进行。

2. 进行全过程的"生态设计"合作,优化供应过程

一旦与主导供应商或分销商结成战略合作伙伴关系,实施绿色供应链管理的企业就应该将其融入环境管理,并站在供应链"全程绿化"的角度,对供应链的整个运作业务及其相应业务流程进行生态设计合作。生态设计包括原材料生态设计、产品生态设计、工艺生态设计及分销生态设计等。在绿色供应链管理战略下,生态设计活动不只是制造商的事,而是制造商与供应商和分销商共同的责任。从某种角度上说,绿色供应链管理的程度和水平很大程度上取决于生态设计水平和合作力度。而体现绿色供应链管理的生态设计模式需要设计人员、采购人员和供应商、分销商之间的通力合作,即在多方之间的充分沟通协作的基础上共同改进设计。

在绿色供应链管理的生态设计实施中,要充分体现"优化供应过程"这一思想。这是因为,供应过程的优化与否直接决定了供应链运营的效率和成本。因此,在绿色供应链整合生态设计的基础上,进行必要的流程再造进而优化供应过程是十分必要的。

3. 构筑面向供应链的绿色标准化体系

在通常的供应链管理中,考虑的主要因素往往是产品质量、价格、交货期、批量柔性和品种多样性等,而在绿色供应链管理中,环境因素则是着重考虑的主要因素之一,它包括环境法规指标和积极的环境管理指标两部分。因此,构筑面向供应链的绿色标准化体系(供应商评价指标以及企业自身的评价指标)是实施绿色供应链管理的关键一环。美国的一项调查表明:材料经理认为谨慎开发供应评估标准非常重要。他们认为供应方环境评估中的十大重要标准是:①环境记录中的公众揭发;②第二层供货方的环境友好实践(environmentally-friendly practices,EFP)评估;③危险物管理;④有毒废物污染管理;⑤在美国环保署(EPA)中要求标注的17种危险材料;⑥是否通过ISO14000;⑦反向的物流计划;⑧产品组装中的EFP;⑨OODS管理;⑩危险气体排放管理。

同样,在美国,有的公司用自己的评价系统去监测供货方的环境过程,甚至派出专门管理人员负责供货方的环境问题。如施乐公司历来重视顾客需求,公司在产品开发时就注重顾客要求,尽量减少顾客使用施乐产品后的副产品,也就是最大限度地关心产品的使用效率以及环境效益,尽可能地减少产品对环境带来的损害。此外,除了对供货方的环境过程监控或评估,企业还通常制定一些指标来评估自身的环境管理水平,诸如资源回收率、核心回报率、废物比、生态有效性等指标的应用。上述各种指标体系的制定,确保了绿色供应链管理的规范性。当然,由于企业所处行业及产品类别的不同,所建立和应用的指标体系也有所不同。

4. 构筑面向绿色供应链管理的物流信息平台

企业物流信息平台主要处理供应商、企业、客户以及配送单位之间的物流业务关系,是跨企业内部信息管理系统、跨计算机操作系统和跨数据库平台的信息交流平台。供应链下的企业通过信息系统的连接和整合,可以实现完全自动化、从端点到端点的企业间的物流信息传递。构筑供应链物流信息平台的目的是优化企业间的物流业务过程,高度共享分布在供应链中各节点的物流信息,节约物流运作成本,提高物流运作的效率。供应链中,任何一个完整的企业都具有销售和采购部门,都将扮演供应商和客户的角色。对于供应链中任何一个企业而言,销售物流信息管理和采购物流信息管理是企业物流信息管理的主要环节。

在绿色供应链管理中,信息平台的构筑是实现供应过程优化管理的重要支撑点。与一般的供应链物流信息管理所不同的是,基于生态设计的绿色供应链物流信息管理更加强调了对绿色物流信息的管理。因此,该信息平台建设不但要考虑采购和销售物流信息管理,还要充分考虑绿色信息流以及反向物流信息的管理。

10.3.2 实施绿色供应链管理应该注意的几个问题

1. 在宏观上注重绿色产业链条的发展布局

在供应链的培育和发展中,供应链上的企业可能属于不同的产业范畴。如某奶制品企业,在上游通过战略联盟发展了奶牛饲养基地,这就使得该供应链横跨了第一和第二两大产业,当然,该企业如果发展向下的分销体系,那就进入了第三产业。事实上,一个成功的供应链,基本上都会发展触及不同的产业或行业范畴。于是供应链和产业链就有了某种必然的发展联系。

相应地,在绿色供应链发展中,势必也会有着某种层次上的绿色产业链条与之相对应。从某种程度上讲,两者互为因果关系。因此,在宏观上进行有关经济发展规划时,如果结合本地或周边的实际情况,注重绿色产业链条的发展布局,那么势必会推动绿色供应链的发展,并为主导企业实施绿色供应链管理提供了良好的外部环境。

2. 在微观上注重开发企业自身的绿色价值链

绿色价值链、绿色供应链和绿色产业链三者之间有着紧密的发展联系。绿色价值链是绿色经营的起点,绿色供应链是绿色经营的延伸,绿色产业链是绿色经营的发展布局。因此可以认为,绿色价值链的开发是企业开展绿色供应链的前提。就一个企业来讲,可开发的绿色价值节点主要有绿色技术、绿色产品、绿色包装、绿色品牌、绿色渠道等。因此,想要实施绿色供应链管理的企业,首先,要将自身的价值链进行分析,找到可开发的绿色价值链节点进行开发;其次,借助外部因素推动企业价值链的绿化;最后,还需要用绿色品牌将努力成果固定下来。

3. 依据资源情况选择不同的发展模式

如图10.2所示,绿色产业链条的构筑依托于资源及产业条件有着不同的发展路径,同样,绿色供应链的发展,也要依据资源情况选择不同的发展模式。

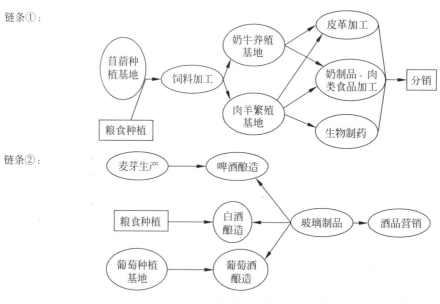

图 10.2 可发展的绿色产业链条

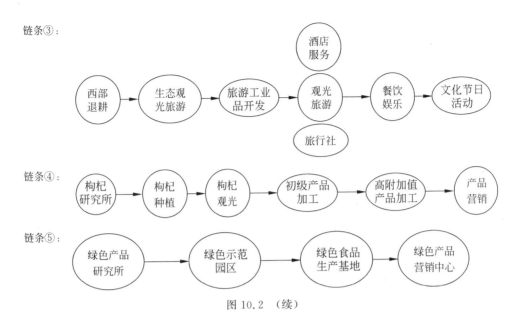

图 10.2 （续）

在我国，各地的资源状况不尽相同，因此也就有了不同的发展模式。有的地区立足绿色资源优势，通过合理开发利用资源，发展绿色产品，创建了一批绿色品牌，走出了一条"绿色资源—绿色产品—绿色品牌"发展之路，如我国的黑龙江省。对于生态脆弱地区，如宁夏、甘肃等地，可以通过生态环境建设，开发绿色产品，发展绿色品牌，带动绿色产业的发展，走"生态环境建设—绿色品牌—绿色产业"之路，进而促进生态良性循环，实现生态效益、经济效益和社会效益的有机结合。

然而，就绿色供应链管理来讲，必须要有标兵企业或龙头企业的带动，"龙头企业—绿色品牌群—绿色原料基地建设—生态环境建设"是培育绿色供应链的一个重要的发展路径，即借助龙头企业相对稳定的市场和销售渠道，突破市场瓶颈的约束，通过绿色产品的开发及绿色品牌的培育，把构建绿色原材料基地与当地生态环境保护和建设结合起来，带动农民脱贫致富。因此，在条件适宜的地区，应该培养和利用强势企业，开发绿色产品，创建绿色品牌，建设绿色原材料基地，带动当地资源合理开发和有序利用，进而促进产业结构调整和生态环境建设。

10.4 绿色渠道体系

10.4.1 绿色渠道的含义

在企业管理中，涉及"渠道"概念的，目前主要有流通渠道、营销渠道和分销渠道（通路）三个概念。流通渠道是指专门从事流通活动的商业企业所组成的网络体系，广义的流通渠道还包括生产企业面向市场建设的直销体系在内。营销渠道则是指企业向上采购原材料和向下分销产成品所经由的路径。分销渠道（通路）则是指企业将产成品经过中间商或径直卖给消费者所经由的路径。

应该说,这三个概念是有区别的,其中流通渠道含义最广,涉及的层面也最多,既包括批发、零售等渠道环节,又包括代理、经销等渠道内容;既有农产品流通渠道问题,又有工业品流通渠道问题。因此,流通渠道是宏观或者社会意义上的概念。营销渠道和分销渠道(通路)是对于个别企业而言的,不过营销渠道比分销渠道要长。也就是说,流通渠道最广、营销渠道最长、分销渠道(通路)最接近市场。

相应的,关于绿色渠道,也就有了三层表述,即绿色流通渠道(如绿色批发市场、绿色零售商店、绿色零售专柜等)、绿色营销渠道(绿色供应链)和绿色分销渠道(通路)。这三个新概念除了相对应地分别延续了前述概念的各自含义外,同时又增添了绿色环保的新内涵。也就是说,绿色渠道是指涉及将绿色的原材料、零部件和产成品送到用户手中的所有路径的总称,并且,在渠道自身的管理上注重了环境保护。

绿色流通渠道涉及的范围和层面比较多,本节探讨的所谓"绿色渠道体系"主要是指企业面向终端市场进行绿色产品分销所进行的绿色分销渠道选择与组合。

绿色渠道具有如下特征:

1. 渠道的客体应该是绿色的

渠道的客体应该是绿色的,即在绿色渠道中流通的应该为绿色原材料或绿色产成品,否则绿色渠道就失去了其存在的意义。从某种意义上说,绿色渠道的建设就是为了保障绿色产品(原材料)的这一"绿色"专有属性的,而绿色供应链的发展也是如此。因此,绿色渠道上流通的客体本身应该具有"绿色"属性,并通过专有渠道将其这一属性向下游转移直至最后到达消费者面前。

2. 渠道的主体即渠道成员应该十分注重环保与环境协调

除了产品自身的绿色要求外,绿色渠道的发展要求渠道的主体要有相应的发展及管理理念支持,即自主维护或发展与环境协调,并十分注重面向终端的客户(消费者)价值的创造,并依托市场需求的牵引动力不断深化理念和加强自身的建设。

3. 绿色渠道在运行上应该是畅通无阻的

绿色渠道在运行上应该是畅通无阻的,即渠道畅通无阻并形成与其他渠道不同的特色和对客户或消费者的信誉保障。这是因为绿色渠道构筑的本质动因就是保障绿色产品在不影响环境的前提下安全快速地到达,而作为绿色产品的绿色(有机)食品在目前流通中占相当比例,并有着一定流通时限要求。因此,渠道的畅通无阻是其保鲜并快速到达消费者面前的重要保证。

正如前面所述,绿色供应链建设除了其社会意义和竞争意义外,就本质来讲,其发展的原动力主要来自需求市场的拉动。也就是说,只有在绿色需求的拉动下,企业才能充分发挥自己的主观能动性去建设绿色供应链,进而为社会和消费者创造尽可能多的"绿色价值"。问题是,对于一些绿色产品特别是绿色食品,绿色供应链不仅要保证其在原材料采购以及生产过程中的安全和环保,更要保障其在向终端市场分销进程中的安全和快捷。

因此,绿色渠道作为绿色产品分销的保障,其建设已被提上企业绿色营销和绿色供应链发展的日程。也就是说,当一些龙头生产企业完成供应端的"绿化"和"链接"以后,就应该考虑面向终端市场的绿色分销体系的建设了。并且,这一发展延伸会为企业带来更好的市场形象和价值,同时也让消费者有了更深的信任。作为概念,绿色供应链与绿色渠道是有区别的。绿色供应链一般为供应链下企业所专享,而绿色渠道则可以为相关企业所共享。就面向终端市场的分销而言,有的供应链可能涉及,有的供应链可能还没发展到那一程度。这完全取决于企业的发展战略选择。因此绿色供应链不能简单地理解为就是绿色渠道,同样绿色渠道也不仅仅停留在供应链层面。不过,作为一些绿色产品向下分销的保障,绿色供应链却有着向下(前)延伸的必要,绿色供应链的发展使得绿色渠道的建设成为必要,一旦绿色渠道得到顺利发展并有了紧密的供应链节,意味着绿色供应链获得了成功延伸。

可以预言,在我国市场发展的未来几年里,基于绿色供应链的绿色渠道体系将成为一些企业绿色营销制胜的关键。

10.4.2 绿色渠道的发展意义

1. 绿色营销与绿色渠道

在绿色营销体系中,绿色渠道的建设十分重要,也就是说再好的产品也需要恰当的通路来实现销售。同样,绿色产品也需要以一定的绿色价格在有关绿色推广活动的支持下,并通过相应的绿色渠道(通路)到达消费者面前。绿色渠道作为绿色营销组合中的一个关键要素,绿色渠道建设得如何,在很大程度上决定了企业绿色营销活动的成功与否。目前,虽然国内的一些企业纷纷打出了绿色营销旗帜,但其"绿色产品"往往和其他产品混同在一起,利用传统的渠道进行分销,让消费者很难辨识真假。基于此,一些开展绿色营销的龙头企业直接切入零售终端市场,开始依托品牌优势发展"绿色终端",即在一些零售卖场里开辟绿色品牌专柜(专卖),并获得了成功。可以预见,在未来的绿色营销中,绿色渠道体系将成为企业的竞争支点,有关企业通过积极探索各种绿色渠道改进方案,可能对其渠道系统产生根本性的创新。

2. 绿色食品与绿色渠道

绿色消费是 21 世纪的消费主流之一,绿色食品消费更是其主导构成之一。绿色食品的消费与经济发展、收入水平、生活方式、消费观念、政策引导以及宣传活动都有一定的关系。

绿色食品流通需要绿色流通渠道的支撑。绿色渠道是衔接绿色生产和绿色消费的中间环节,如果没有绿色渠道与之相对应,再"绿"的产品也只能鱼目混珠地与其他产品去分享传统的渠道。即使在欧洲绿色食品市场最发达的德国,农户直销的绿色食品市场份额也仅占 20%,其余均需通过绿色流通渠道来销售。这也就是说,发展绿色食品必须要有强势的绿色品牌和组织化的流通渠道来识别和保证,否则,就会像农民一样,虽然生产出了"非常绿色"的农副产品,但是挑到市场去卖却没人理会,原因是缺少品牌识别和组织信誉担保,缺乏可信度。

3. 绿色物流与绿色渠道

包括绿色包装、绿色运输与绿色流通加工等活动在内的绿色物流对绿色分销起到了一定的支撑作用,因此,绿色分销要求有绿色物流与之相对应。然而,在绿色分销中,绿色渠道模式选择的不同,所要求的绿色物流的组织与运作也会有所不同,绿色渠道选择要考虑绿色物流能力;同样,绿色物流的发展也需要一定形式的渠道(通道)与之相对应,如返回物流,这也就是说,绿色物流本身也构成了绿色渠道模式选择要考虑的内容。所以,从某种层面上讲,绿色物流的发展也要依托于绿色渠道(通道)的建设与发展。

10.4.3 绿色渠道体系的构筑

1. 绿色渠道模式的选择

(1) 直接渠道(direct channel)。直接渠道又可以称为零阶渠道,是指不通过中介,生产者直接将产品零售给消费者的渠道类型。事实上直接渠道就是无中间渠道下的直销,随着新技术在流通领域中的广泛应用,使邮购、电话电视销售和网络销售等方式逐步展开,进一步促进了直销方式的发展。传统的直销方式在绿色产品,特别是农产品类的绿色食品渠道中仍占据重要地位。如,日本绿色食品流通方式中很重要的一种就是产地直送和共同购买方式;农业高度发达的美国也采用绿色市场,即地摊市场开展绿色农产品直销,定期集中周围地区的农民向市民出售水果、蔬菜、海鲜、奶制品、花卉等农副产品。此外,举办博览会也是一种有效的绿色直销渠道。

(2) 间接渠道(indirect channel)。间接渠道指产品经由中间商销售给消费者。绿色中间商主要包括绿色商店和绿色专柜。绿色商店是指专门以某一类或几类绿色产品作为业务经营内容的零售商;绿色专柜是指在超市百货商店等零售商业中划出专门的柜台陈列一系列的绿色产品,以产生群体效应,便于消费者识别和购买。绿色商店和绿色专柜市场覆盖面大,可以满足更大的市场需求,尤其适用于大规模顾客人口分布广泛的市场,而且在适应消费者要求方面具有时间、地点上的市场灵活性。发达国家较多采用绿色商店和绿色专柜的渠道策略,如瑞士的绿色食品店直接与农场签订合同,由农场专门生产绿色食品,日本的大食品店里都有绿色专柜。

(3) 逆向渠道(reverse channel)。逆向渠道是指专门为逆向物流而建设的渠道,也就是说,逆向渠道是开展逆向物流的企业专门开辟的通路。发达国家的一些大公司比较重视逆向渠道的建设,如美国三大汽车公司共同创立了汽车回收开发中心,专门从事服务于拆卸的设计工作,目前美国每辆汽车重量的75%的零部件被重新利用起来;德国宝马公司也把一辆汽车可回收的零部件重量提高到整车的80%,并把目标定为95%,为环境保护做出了积极的贡献。

就宏观层面而言,我国绿色渠道体系建设刚刚起步,除了政府给予积极的扶持和引导外,微观层面企业的努力必不可少。企业选择什么样的绿色渠道模式,取决于企业的发展战略导向和产品性质以及回收利用价值大小等因素。一般而言,直接渠道比较容易控制终端,但企业需要投入很大的人力和物力,且市场推广较慢;间接渠道虽然可以借助中间商减少费用并扩大市场覆盖面,但如果缺乏对渠道的有效控制和绿色管理,很容易造成渠道混乱和失控;逆向渠道的建设取决于旧产品或旧包装回收的可再生或可再利用价值的大小,如果回收利用价值不大,企业的积极性很难保障。因此,绿色渠道模式的选择,是企业的问题；而绿色渠道体系的建设，则是社会的问题。

2. 我国企业构筑绿色渠道体系应注意的问题

（1）绿色渠道选择应与我国国情相适应。我国幅员辽阔，各地经济发展参差不齐，流通格局有待于进一步整合。除非企业的绿色供应链发展已经成型，否则由于外部的配套性较差，就近期发展来讲，企业适合选择少环节的或具有直营性质的短渠道，不适宜选择长宽渠道；待外部流通环境好转后，如绿色批发市场以及绿色零售体系有所发展后，再进行渠道拓展和延伸。此外，绿色食品，特别是绿色农产品在流通中应当加强组织化建设，进而通过组织化来完善绿色渠道建设，如由产业化龙头企业带动，走"基地＋龙头＋绿色渠道"的路子，从而不断培育起我国的绿色农产品流通渠道体系。

（2）绿色渠道选择应与分销渠道创新相结合。正如前面所言，有关企业通过积极探索各种绿色渠道改进方案，可能对其渠道系统产生根本性的创新。因此，绿色渠道选择与分销渠道创新相结合是有关企业势必要考虑的发展问题，其中，绿色分销渠道一体化是主导发展方向。绿色分销渠道一体化是指在绿色产品分销过程中，将生产商与分销商联合起来作为一个统一体，围绕绿色分销渠道的整体利益目标，各成员并不只是单纯考虑自身的利益，通过成员之间的相互合作来提高整个绿色分销体系的效率与竞争力，进而促进渠道成员的长久合作。可采取的方式有：①生产商与分销商联合开发和改进绿色产品；②生产商与分销商联合推销绿色产品；③生产商与分销商形成紧密的战略联盟等。

（3）绿色渠道选择应与绿色物流发展相协调。近年来，电子商务的不断发展加速了企业渠道系统的演进，并引发了流通渠道的变革。信息网络革命使得最终用户能跳过传统分销商与厂家直接打交道，可靠有效的隔夜快递和即时跟踪经销商库存信息系统等革新开始淘汰原有的产品和零部件库存系统，对企业的物流系统提出了新的发展要求。因此，企业在选择绿色渠道时应尽可能顺应流通渠道的变革和分销渠道网络的再造的需求，使得绿色渠道选择与绿色物流的发展相协调。

本章小结

绿色供应链与传统供应链一样，由所有加盟的节点企业组成，一般有一个核心企业。节点企业在需求驱动下，通过彼此的分工与合作，以物流、信息流和资金流为媒介实现整个绿色供应链增殖。但研究的领域、获得的效益、传递的信息、管理的过程以及追求的目标都不同。

绿色供应链管理的主导内容包括绿色战略、绿色设计、绿色材料选择、绿色制造、绿色分销与绿色回收。绿色供应链管理的关键技术包括：供应链管理技术、绿色技术信息技术、集成技术与重组技术。

绿色渠道有三层表述，即绿色流通渠道（如绿色批发市场、绿色零售商店、绿色零售专柜等）、绿色营销渠道（绿色供应链）和绿色分销渠道（通路）。

复习与思考

1. 如何理解绿色供应链管理?
2. 简述绿色供应链发展的意义。
3. 陈述绿色供应链管理的主要内容。
4. 实施绿色供应链管理应注意哪些问题?
5. 什么是绿色渠道?有哪些特征?
6. 分析绿色供应链与绿色渠道的区别和联系。

案例分析

天合光能绿色供应链管理

作为全球领先的光伏智慧能源整体解决方案提供商,天合光能通过开展绿色供应链管理工作,获得了良好的经济和环境效益。

1. 绿色供应链管理顶层设计

(1) 绿色可持续发展长期目标

天合光能建立了环境管理体系和能源管理体系,不断识别经营活动可能对环境产生的影响,最大限度地减轻自身业务运营对全人类共享的地球的负面影响。天合光能设立了"2020年环境可持续发展目标",确保以环保、负责任、可持续的方式发展业务,在工厂及电站的选址、设计、建设、研发、生产、包装、物流、产品回收等全生命周期各个阶段践行绿色理念,与所有合作伙伴共建天蓝、地绿、水清的美丽地球。

(2) 绿色供应链管理机构

天合光能的绿色供应链可持续性管理工作由多个部门共同负责。项目部与海内外光伏电站建设部门负责工厂及光伏电站所在社区的生态环境和生物多样性保护;技术研发部门负责研发更高转换效率的产品;制造部门负责持续提升能源、资源的利用效率;EHS和设施部门负责废水、废气、废弃物的合规处理和达标排放;物流仓储部门负责在不影响交付的情况下降低产品运输过程中对环境的影响。

2. 绿色供应链管理实施情况

(1) 绿色供应商管理

天合光能注重供应商的可持续发展能力,通过全面的供应商审核评估流程和全方位的供应商沟通互动来不断提升供应链的整体竞争力,构建持续共赢的供应链系统。

天合光能对供应商实施状态管理,在采购系统里分为五种状态:批准、研发、质量异常、冻结、排除。其中,只有批准状态才可以批量采购,研发状态只能以试验单的形式少量采购,质量异常、冻结和排除状态不能采购。天合光能开发了 DQMS 数字化质量管理系统,其中一个模块是供应商管理,帮助其行之有效地管理供应商信息、状态以及绩效考核等内容,与供应商在线互动,促进供应商改善。

① 重点供应商管理

天合光能制定了《供应商CSR管理程序》,每年评估供应商风险,识别供应商的风险等级,列出重点施加影响供应商。重点供应商包括所供应产品、服务与天合光能的可持续发展目标、重要环境因素或重大风险相关的供应商;所供应产品含国家限制使用或可能导致职业病的物质的供应商;所供应的产品、设备和服务对公司能源绩效具有重大影响的供应商。

② 供应商绩效考核

天合光能建立了《供应商绩效评价管理规范》,根据供应商在质量、成本、交付、服务、创新等多方面的表现定期考评,并根据物料风险等级高低分为每月、每季度及不定期跟踪。根据考评结果,将供应商分为五星级(优秀)、四星级(良好)、三星级(一般)、二星级(待改进)及一星级(不合格)。对于星级较低的供应商,会提供针对性的沟通、辅导,以促进其改善;对于长期无改善的供应商,会逐步限制采购、冻结、淘汰。根据供应商的年度综合考评结果,评选年度优秀供应商奖、卓越质量奖、技术创新奖等奖项,将单向的引导转变为更积极的双向协作与沟通,以逐步提升供应商各方面的表现。

③ 供应商质量培训

自2013年起,天合光能每年组织对供应商相关人员进行质量培训,培训内容包含QC七大工具、8D、测量系统分析、精益六西格玛等。2013—2018年间,天合光能的供应商中约360人参与了天合光能组织的质量培训并取得了天合光能发放的培训证书。此外,天合光能每年还组织"天合杯"供应商改善项目大赛,以促进供应商不断提升产品质量,降低制造成本,共享改善成果,共创卓越质量。

④ 供应链合作共赢

天合光能不仅关注自身绿色发展,更积极向全球合作伙伴传达与沟通天合光能可持续发展的愿景与目标,将可持续发展全面融入采购业务,致力于与全球合作伙伴一起从实际情况出发集思广益,为光伏行业可持续发展贡献灵感与创新性的解决方案。例如,天合光能与非洲贸易中心签署战略联盟协议,在光伏+解决方案、储能、智慧能源和能源互联网领域挖掘潜力和机会,共同推动低碳、绿色清洁能源在非洲的开发和利用。

(2) 绿色生产和资源可持续利用

天合光能始终致力于在产品全生命周期内践行可持续发展的生产模式,通过天然资源的可持续利用、合规处理,达标排放废气、废水、废弃物循环利用等实施绿色运营。

作为实现可持续发展的重要内容,天合光能在运营中始终坚持最高标准的环保准则。天合光能中国及海外工厂均建立了完善且有效的ISO14001环境管理体系,从工厂、光伏电站选址开始,就考虑如何保护当地的生态环境和生物多样性,通过一系列环境管理制度和流程有效地管理公司产品、活动和服务相关的环境因素,将环境责任纳入公司整个业务流程。

天合光能常州总部工厂按照国际标准在光伏行业中率先建立了ISO50001能源管理体系,通过制定节能目标、细化节能责任、识别主要能源使用,实施节能项目,持续降低能源消耗,提高能源利用效率,推动行为节能,有计划地将节能措施和节能技术应用于实践。

在生产废水达标排放方面,天合光能利用硅片车间产生的废水中的有机物作为生化反硝化处理所需的碳源,利用电池扩散产生的少量偏磷酸作为生化硝化所需的磷源,成功地实现了"以废治废",降低对环境的影响。为持续降低污染物排放,天合光能常州工厂投资740万元完成酸性废气净化塔改造。天合光能所有制造工厂每年均按照工厂运营所在地法律法规的要求请有资质的第三方机构进行监测,监测指标的排放浓度和速率远低于当地标准和行业标准。在废弃物管理方面,天合光能将废弃物作为资源来管理,坚持减量、重复利用、回收利用的原则将其分类收集和存放。

为持续推动节能降耗工作,天合光能建立和实施了内部碳交易制度,为各个部门设立年度综合能耗目标,并按月度进行考核,致力于实现"零"碳排放,实现用清洁能源生产清洁能源产品。

(3) 绿色回收

光伏组件的平均寿命在25年以上。相关研究机构的调查表明,光伏组件的报废量将从2020年开始呈爆发式增长,到2030年达到80万吨/年的规模。天合光能充分认识到在合规处置废弃光伏产品方面应承担的责任,严格遵守相关国家的废弃电子设备管理规定,积极推动废弃光伏产品的回收及循环利用,提高资源利用效率,保护环境。

光伏组件中的硅、银、铜、铝等有价值的资源,大部分都能够通过回收实现循环再利用。由此,可节约资源,减少对原生资源开采并降低资源提炼耗能,减轻对生态环境的影响和破坏。天合光能关注产品延伸者责任,积极开展废弃光伏组件的回收研究,研究实验阶段取得了如下进展:组件拆解自动化设备开发,正进行样机调试;背板塑料材料的回收利用,正尝试分离+离心整体系统整合;电池片材料回收利用,已完成碎片电池提纯回收实验,正尝试电池粉末提纯实验。

3. 绿色供应链管理的实施成效

天合光能从厂房建设、原材料选用、生产工艺、废物利用到能源资源消耗等各方面推行绿色制造,努力构建厂房集约化、原料无害化、生产洁净化、废物资源化、能源低碳化的绿色工厂,2018年入选工业和信息化部第二批绿色工厂。

天合光能不断提高能源使用效率,以持续降低生产和商业运营过程中的能源消耗及温室气体排放。2015—2019年,每兆瓦生产所使用电力减少了47%,每兆瓦生产所使用水资源减少了32%,温室气体排放下降了46%。

天合光能常州西南厂区的35KV变电所于2005年投入使用,变电所内两台主变压器的型号较老,能耗较高,且负载率较低。经评估,可将35KV变电所的负载直接接入35KV变电所上游的110KV变电所,以减少电力消耗,同时可减少35KV变转供电环节,提高安全和可靠性。2018年12月,项目完成改造,改造后每年节省电力20万度,减少二氧化碳排放160吨。

凭借在环境保护、劳工实践和员工权利、商业道德及可持续采购等4个方面的突出表现,天合光能在EcoVadis发布的2017年和2018年全球企业社会责任评估中,连续两年荣获"全球企业社会责任成就金奖"。

资料来源:https://business.sohu.com/a/477527659_418320

思考题:

1. 天合光能的绿色供应链管理实践包含哪些举措?
2. 天合光能的绿色供应链管理实践对你有哪些启示?

即 测 即 练

参 考 文 献

[1] [美]苏尼尔·乔普拉等.供应链管理:战略、规划与运营[M].吴秀云,等,译.北京:清华大学出版社,2014.
[2] 王叶峰.供应链管理[M].北京:机械工业出版社,2021.
[3] 陈兵兵.SCM供应链管理——策略、技术与实务[M].北京:电子工业出版社,2004.
[4] [美]苏尼尔·乔普拉,[美]彼得·迈因德尔.供应链管理[M].陈荣秋,等,译.北京:中国人民大学出版社,2017.
[5] 刘宝红,赵玲.供应链的三道防线:需求预测、库存计划、供应链执行[M].北京:机械工业出版社,2018.
[6] 陈东,顾培亮.供应链管理若干问题研究与进展评述[J].系统工程理论与实践,2003(10).
[7] 谢家平,梁玲.供应链管理[M].上海:上海财经大学出版社,2015.
[8] [美]雅各布斯,[美]蔡斯.运营管理[M].任建标,译.北京:机械工业出版社,2015.
[9] 刘宝红.采购与供应链管理:一个实践者的角度[M].北京:机械工业出版社,2019.
[10] [印]苏曼·沙克.供应链管理:新零售时代采购和物流的优化方案[M].杨建玫,勒琼,赵会婷,译.杭州:浙江大学出版社,2019.
[11] [美]戴夫·纳尔逊.供应链管理最佳实践[M].刘祥亚,等,译.北京:机械工业出版社,2003.
[12] 陈荣秋,马士华.生产运作管理[M].北京:机械工业出版社,2017.
[13] 邓世祯.高效库存管理技法[M].广东:广东经济出版社,2002.
[14] [美]唐纳德·J.鲍尔索克斯等.供应链物流管理[M].李习文,等,译.北京:机械工业出版社,2004.
[15] [美]菲利浦·科特勒.市场营销管理[M].北京:中国人民大学出版社,2001.
[16] 侯书森,孔淑红.企业供应链管理[M].北京:中国广播电视大学出版社,2002.
[17] 施先亮,王耀球.供应链管理[M].北京:机械工业出版社,2016.
[18] 宋华.智慧供应链金融[M].北京:中国人民大学出版社,2019.
[19] 林勋亮.物流与供应链管理[M].北京:电子工业出版社,2009.
[20] [英]肯尼斯·莱桑斯,迈克尔·吉林厄姆.采购与供应链管理[M].鞠磊,等,译.北京:社会科学文献出版社,2003.
[21] 曹雄彬.供应链管理[M].北京:机械工业出版社,2005.
[22] 徐杰,鞠颂东.采购管理[M].北京:机械工业出版社,2009.
[23] 李飞.分销渠道:设计与管理[M].北京:清华大学出版社,2003
[24] 马士华,林勇.供应链管理[M].北京:机械工业出版社,2020.
[25] 李苏剑,游站清,郑利强.物流管理信息系统理论与案例[M].北京:电子工业出版社,2005.
[26] [加]米歇尔·R.利恩德斯,[美]哈罗德·E.费伦等.采购与供应管理[M].张杰,张群,译.北京:机械工业出版社,2001.
[27] 刘景江,唐豪.论企业核心业务的外包——以网络时代的软件产业为例[J].经济问题,2003(1).
[28] 梁志才.供应链管理环境下的联合库存管理[J].科技情报开发与经济,2005(9).
[29] 刘伯莹,周玉清,刘伯均.MRPⅡ/ERP原理[J].天津大学出版社,2001.
[30] 刘从九.供应链环境下库存管理的问题与策略[J].中国棉花加工,2003(4).
[31] [美]Ronald H.Ballou.企业物流管理——供应链的规划、组织和控制[M].王晓东等译.北京:机械工业出版社,2002.

[32] 邵晓峰,张存禄,李美燕.供应链管理[M].北京:机械工业出版社,2006.
[33] [美]唐纳德·鲍尔索克斯.供应链物流管理[M].马士华,黄爽,赵婷婷,译.北京:机械工业出版社,2010.
[34] 李葵,陈铭,钱炳等.供应链与物流管理[M].北京:电子工业出版社,2010.
[35] 宋方,蒋长兵,黄顺全,陈葵.现代物流案例教学与实例.北京:中国物资出版社,2007.
[36] 倪志伟.现代物流技术.北京:中国物资出版社,2006.
[37] 刘伟.供应链管理教程.上海:上海人民出版社,2008.
[38] 徐琪.供应链管理:理论与实验.上海:上海人民出版社,2008.
[39] 徐冰.中国供应链现状:理论与实践.北京:北京大学出版社,2005.
[40] [荷]威尔.采购与供应链管理——分析、规划及其实践.北京:清华大学出版社,2002.
[41] 翟光明.采购与供应商管理[M].北京:中国物资出版社,2009.
[42] 王夏阳.供应链库存管理:基于提前期不确定性的研究[M].北京:经济管理出版社,2010.
[43] [美]华莱士·J.霍普.供应链管理:获取竞争优势的科学方法[M].徐捷,吴琼译.北京:机械工业出版社,2009.
[44] [英]保罗·卡曾斯等.战略供应管理:原则、理论与实践[M].李玉民,刘会新译.北京:电子工业出版社,2009.
[45] SUNIL C,PETER M. Supply Chain Management[M]. 2nd ed. New Jersey: Upper Saddle River, 2004.
[46] HARTMURT S,CHRISTOPH K. Supply Chain Management and Advanced Planning[M]. Berlin: Springer,2004.

教师服务

感谢您选用清华大学出版社的教材！为了更好地服务教学，我们为授课教师提供本书的教学辅助资源，以及本学科重点教材信息。请您扫码获取。

▶ 教辅获取

本书教辅资源，授课教师扫码获取

▶ 样书赠送

物流与供应链管理类重点教材，教师扫码获取样书

 清华大学出版社

E-mail: tupfuwu@163.com　　　　　网址：https://www.tup.com.cn
电话：010-83470332 / 83470142　　　传真：8610-83470107
地址：北京市海淀区双清路学研大厦 B 座 509　　邮编：100084